"十三五"国家重点出版物出版规划项目
交通安全科学与技术学术著作丛书

重载车辆状态辨识与控制

贺 宜 著

科学出版社

北 京

内 容 简 介

本书分析重载车辆的动力学特性和运行状态特征，介绍国内外车辆状态辨识和控制技术，基于车辆动力学估计、人工智能、机器视觉、车联网数据分析挖掘等方法，从车载、路侧和云平台等多角度、多维度，深入剖析重载车辆状态辨识方法。以车辆横向和纵向控制为目标，研究基于 MPC 的防侧翻控制方法、ACC 和 CACC 纵向车辆列队控制方法。通过仿真和实车数据分析等手段，论述重载车辆状态辨识和控制方法的实际应用。

本书可供交通工程和车辆工程领域的科研人员、教师参考，也可作为相关专业本科生和研究生的教学用书。

图书在版编目（CIP）数据

重载车辆状态辨识与控制 / 贺宜著. —北京：科学出版社，2023.12
（交通安全科学与技术学术著作丛书）
"十三五"国家重点出版物出版规划项目
ISBN 978-7-03-072753-4

Ⅰ. ①重… Ⅱ. ①贺… Ⅲ. ①重型载重汽车–交通信息系统–系统辨识②重型载重汽车–交通信息系统–控制系统 Ⅳ. ①U469.2

中国版本图书馆 CIP 数据核字（2022）第 128524 号

责任编辑：姚庆爽 / 责任校对：崔向琳
责任印制：师艳茹 / 封面设计：无极书装

科学出版社 出版
北京东黄城根北街 16 号
邮政编码：100717
http://www.sciencep.com

中煤（北京）印务有限公司印刷
科学出版社发行 各地新华书店经销

*

2023 年 12 月第 一 版 开本：720×1000 1/16
2024 年 9 月第二次印刷 印张：13 1/4
字数：260 000
定价：110.00 元

"交通安全科学与技术学术著作丛书"序

交通安全作为交通的永恒主题，已成为世界各国政府和人民普遍关注的重大问题，直接影响经济发展和社会和谐。提升我国交通安全水平，符合新时代人民日益增长的美好生活需要。

"交通安全科学与技术学术著作丛书"的出版体现了我国交通运输领域的科研工作者响应"交通强国"战略，把国家号召落实到交通安全科学研究实践和宣传教育中。丛书由科学出版社发起，我国交通运输领域知名专家学者联合撰写，入选首批"十三五"国家重点出版物出版规划项目。丛书汇聚了水路、道路、铁路及航空等交通安全领域的众多科研成果，从交通安全规划、安全管理、辅助驾驶、搜救装备、交通行为、安全评价等方面，系统论述我国交通安全领域的重大技术发展，将有效促进交通运输工程、船舶与海洋工程、汽车工程、计算机科学技术和安全科学工程等相关学科的融合与发展。

丛书的策划、组织、编写和出版得到了作者和编委会的积极响应，以及各界专家的关怀和支持。特别是，丛书得到了吴有生院士、范维澄院士、翟婉明院士、丁荣军院士、李骏院士和郑健龙院士的指导和鼓励，在此表示由衷的感谢！科学出版社魏英杰编审为此丛书的选题、策划、申报和出版做了许多烦琐而富有成效的工作，特表谢意。

交通安全科学与技术是一个应用性很强的方向，得益于国家对交通安全技术的持续资金投入和政策支持。丛书结合 973 计划、863 计划和国家自然科学基金、国家支撑计划、重点研发任务专项等国家和省部级科研成果，是作者在长期科学研究和实践中通过不断探索撰写而成的，汇聚了我国交通安全领域最新的研究成果和发展动态。

我深信这套丛书的出版，必将推动我国交通安全科学与技术研究工作的深入开展，在技术创新、人才培养、安全教育和工程应用等方面发挥积极的作用。

中国工程院院士

武汉理工大学交通运输工程学科首席教授

国家水运安全工程技术研究中心主任

前　言

重载车辆作为重要的出行和运输工具，是国家经济和社会发展的重要支撑。我国重载车辆规模与客货运量均居世界第一，但是重特大事故频发，安全问题形势严峻。重载车辆尺寸大、重心高、惯量大等自身因素，以及使用频次高、运行强度大等外部挑战，致使车辆动力学特性复杂、控制难度高、事故风险大、运输效率低等问题突出，因此实现重载车辆状态智能辨识与主动控制一直是交通和车辆领域的科学难题。车联网、大数据、人工智能等技术的发展为此提供了新的技术途径。本书聚焦于车辆安全提升技术，提出重载车辆运行状态的辨识和控制方法。

全书共 6 章。第 1 章着重介绍车辆状态参数估计和控制方法研究现状，使读者系统了解车辆状态估计理论和方法。第 2 章从车辆本身的视角研究车辆运行过程中的参数演化规律，围绕重载车辆惯性参数辨识开展论述，阐述车辆质心位置、质量和道路坡度估计方法等。第 3 章从路侧的视角，基于机器视觉和深度学习方法对车辆运行过程进行识别和跟踪。第 4 章从云平台的视角，基于海量车联网数据，研究特征值聚类、支持向量机、神经网络，以及图像化建模等方法识别驾驶行为和车辆运行风险。第 5 章从车辆横向控制角度介绍车辆防侧翻控制方法。第 6 章从车辆纵向控制的角度论述自适应巡航和协同式自适应巡航控制方法。

本书的撰写得到许多专家的热心帮助和大力支持，他们是我的博士生导师、中国工程院院士、武汉理工大学首席教授严新平；我的硕士生导师、武汉理工大学吴超仲教授；我的博士联合培养导师、加州大学伯克利分校 PATH 研究中心 Xiao-Yun Lu 教授；我的博士后合作导师、加州大学伯克利分校 PATH 研究中心 Ching-Yao Chan 和 Weibin Zhang 教授等，借此机会，一并表示诚挚的感谢！

本书的出版得到国家自然科学基金(52072292，51605350)和国家重点研发计划(2021YFC3001502，2020YFE0201200)等项目的资助，参考了国内外学者公开出版的相关教材及成果，在此一并表示衷心的感谢。杨鑫炜、高林、孙昌鑫等博士生，杨硕、曹博、李继朴、冯奇、鲁曼可等硕士生做了大量的工作，在此一并表示谢意。

限于作者水平，书中难免存在不妥之处，恳请读者指正。

作　者

目　　录

第1章　重载车辆状态观测方法导论

1.1　概　　述

重载车辆作为重要的出行和运输工具，是国家经济和社会发展的重要支撑。我国重载车辆规模与客货运量均居世界第一，但是重特大事故频发，造成重大人员伤亡和广泛社会影响。

重载车辆行驶安全是经济社会发展的基础保障，是关系国计民生的重大问题。然而，由于重载车辆尺寸大、重心高、惯量大等自身因素，以及使用频次高、运行强度大等外部挑战，车辆动力学特性复杂、控制难度高，导致事故风险大、运输效率低、能耗高等问题突出。另外，重载车辆驾驶人个体差异性大、行为机理复杂，导致驾驶行为量化分析与状态评估难，给重载车辆安全运行带来巨大的挑战。如何围绕车辆运行过程中的状态进行精准辨识、实时监测预测和安全控制是当前科技研究和工程应用的技术热点。

当前，智能网联汽车技术已成为全球汽车产业发展的技术高地，提升重载车辆安全技术创新水平有利于加强汽车产业转型升级，保障生命安全。《中国制造2025》重点领域技术路线图提出将智能网联汽车作为重点任务。2016 年 9 月，我国交通运输部印发《全国重点营运车辆联网联控系统考核管理办法》，明确要求提升重载车辆等营运车辆的监控和安全技术水平。2020 年 2 月，11 个国家部委联合出台《智能汽车创新发展战略》，重点提出开展复杂环境感知、智能决策控制等基础前瞻技术研发，到 2025 年实现车用无线通信网络区域覆盖，新一代车用无线通用网络逐步开展应用。我国道路运输需求前景广阔，路网规模、车用通信网络和 5G 通信等基础设施保障有力，重载车辆技术创新符合安全、高效、绿色、文明的智能汽车强国愿景和人民日益增长的美好生活需要。

重载车辆是防范重特大恶性交通事故的重点车型。道路交通安全的发展历程表明，只有以零死亡愿景的交通安全理念为指导，运用先进技术(车联网、人工智能、大数据等)提高车辆行驶的安全性，实现车载-路侧-云平台三位一体的主动型动态监管方式，对不良驾驶行为、侧翻、侧滑等重载车辆危险状态进行辨识及控制，才能有效地遏制或减少道路事故，保证交通安全。本书就重载车辆状态辨识与控制进行深入探究。重载车辆状态辨识和控制方法是车辆安全保障控制的基石，其准确性在很大程度上决定车辆行驶的安全性。针对重载车辆的复杂运行特征,需要综合考虑人-车-路-环境复杂系统对车辆运行安全带来的影响,打破传统车辆动力学估计和控制方式只能依托车辆本身传感器进行参数估计和问题控制,构建车载-路侧-云平台三位一体的状态辨识和控制技术体系,形成新的重载车辆状态辨识与控制理论和方法。如果将这种新型状态辨识与控制系统应用于重载车辆安全监管,将大幅提升重载车辆行驶的安全性。

1.2 研 究 现 状

1.2.1 质心位置估计

精确地获取车辆参数是进行重载车辆运动控制器设计的关键,可以为车辆先进驾驶员辅助系统提前干预和控制输入提供支撑[1]。近年来,随着社会对车辆安全需求的日益提升,对在线车辆参数估计提出更高要求。为了保证车辆行驶安全性,重载车辆质心高度是重要的实时监测信息之一[2,3]。典型的车辆质心高度有助于准确估计制动情况下每个车轮的垂直轮胎力,提高电子制动分配系统的性能[4]。当设计基于车辆纵向动力学模型的防抱死系统(antilock braking system,ABS)和牵引控制系统(traction control system,TCS)时,车辆质心高度是必需的参数[5]。在车辆转向或载货的情形下,车辆的惯性参数和几何参数会受到显著的影响。在所有的参数中,质心的位置,如质心到前轴的位置和质心高度是两个重要的参数,前者涉及计算车辆横摆扭矩动力学,后者在车辆侧翻估计、垂直轮胎载荷转移率中起到关键的影响作用[6]。

车辆质心估计是研究的热点。常用的关于横向、横摆、侧倾三自由度车辆动力学模型的车辆质心位置估计的方法有传递函数法、递归最小二乘法(recursive least-squares,RLS)、卡尔曼滤波方法、观测器法等[7-12]。

① 传递函数法。基于横向、横摆、侧倾三自由度车辆动力学模型可以获得车辆转向角和车辆侧倾角的传递函数模型。此外,用最小二乘法拟合自回归模型,通过实验可以确定相同的传递函数[8]。这种方法的局限性在于悬架参数难以被获取。结果表明,利用不同组合下的估计增益可以得到车辆质量、质心纵向位置和轮胎侧偏刚度等未知参数[7]。

② 递归最小二乘法。文献估计车辆质心高度是基于精确的侧倾角状态观测和一种可变遗忘因子的递归最小二乘法[9]。类似地,研究提出一种线性递归最小二乘法估计车辆质心高度,但是这类方法的缺点是需要购买昂贵的侧倾角传感器获取车辆侧倾角[13,14]。

③ 卡尔曼滤波方法。相关文献提出最小化扩展卡尔曼滤波(extended Kalman filter,EKF)状态预测误差估计车辆质心高度[10],提供探究车辆垂直载荷的转移

和轮胎有效半径间的关系，设计基于卡尔曼滤波估计器的质心高度估计。此外，还有通过 EKF 和无迹卡尔曼滤波的质心高度估计算法；综合卡尔曼滤波法获取反映车辆纵向动力学的最优估计；采用自适应观测器观测侧倾角和质心高度。这些方法都未充分考虑车辆质量带来的不确定性[6,7,15-17]。

1.2.2　侧翻/侧滑状态估计方法

由于重载车辆相对于轿车质心高度明显增加，车辆侧倾的风险也随之增大。据统计，近 33%的交通事故死亡是车辆侧翻导致的。2019 年，侧翻事故的年死亡率百分比为 28.3%，在美国各种类型交通事故中的增幅最大[18-21]。由于车辆侧翻的高死亡率，美国国家公路安全交通管理局在新车评估计划中提出侧翻阻力评级，等级从一星级(最高风险)到五星级(最低风险)标定车辆侧翻风险[22]。近年，车辆电子防侧翻技术作为一个新兴的研究领域应运而生。目前的防侧翻技术可分为两类。一类是被动预警系统[20]。在这个系统内，侧翻倾向的监测或预测以侧翻指标(rollover index，RI)为标准，并为驾驶员提供一个预警信号，提示驾驶员需要转向纠正。另一类是主动防侧翻系统，由先进的车载传感器和驱动技术驱动，如主动转向控制、差分制动、主动悬架等。车辆主动防侧翻系统由侧翻指标触发，自动产生转向控制信号来预防侧翻。因此，研究可预测和准确的侧翻指标是保证车辆横向稳定性的关键，也是防止侧翻的关键技术[23-27]。

1. 侧翻指标

目前，车辆的侧翻指标可分为静态侧翻指标和动态侧翻指标。

① 静态侧翻指标。基于静态阈值的预测方法主要通过分析车辆侧向加速度、侧倾角，以及横摆角速度等静态指标进行侧翻预警，一旦超过阈值，预警器或执行机构便会触发。阈值因车型和车况而异。重载车辆更易发生侧翻危险，其静态阈值小于小型车辆[28]。

1990 年，Rakheja 等[29]开发了一套基于侧向加速度的重型半挂车稳定性预警系统，通过检测车辆的侧向加速度阈值衡量侧翻危险状态，对驾驶员发出告警。作为侧翻预警系统的雏形，该系统实现了侧翻预警功能，但是方法较简单，预警准确度较低。随后科研人员不断研究不同阈值来提高预警算法的精度。1999 年，Winkler 等[30]的研究显示，车辆的侧倾稳定性与侧翻状态有密切关联性，车辆侧倾稳定性在一定程度可以反映车辆侧翻危险状态。2001 年，美国汽车工程师学会(Society of Automotive Engineers，SAE)通过车辆的静态侧倾稳定性分析，提出静态稳定系数(static stability factor，SSF)，通过推导车辆最大横向加速度评估车辆侧翻风险。随后，为改进侧翻阈值采用定值处理方法的局限性，王建强[31]在 2009 年探索将侧翻危险程度分为 3 个级别来预警，是一种对侧翻阈值的扩展方法。

静态阈值方法可以对车辆的侧倾稳定性进行判断，前提是假设车辆为刚性物体，忽略车辆的动态特性对车辆侧翻的影响。车辆并非完全刚体，其自身的动态特性对侧翻有决定性的影响。同时，以单一侧倾角、横摆角速度、侧向加速度作为侧翻稳定性判定标准，不能全面反映车辆侧倾状态，精度较低。

② 动态侧翻指标。动态侧翻指标体现车辆动力学的瞬时特性。换句话说，这类指标相比静态指标更符合车辆的真实特性。有研究提出用侧翻预测时间指标来量化侧翻风险，通过神经网络预测未来车辆的侧翻时间[32]。但是，这种指标的实时性能较差。此外，还有研究提出一种侧翻指标函数，包含车辆横向加速度、侧倾角、侧倾角速率、车轮离地时间及其对应的恒定阈值[33]。这些指标虽然综合考虑车辆的状态变量，但是忽略了车辆在转向过程中一些常量参数的动态变化，如车辆的质心高度、侧倾中心、悬架系数等。

2. 侧翻状态估计模型

(1) 车辆侧翻的概率估计模型

相关文献提出一种基于支持向量机(support vector machine，SVM)的经验模型来表征车辆侧翻风险[34]。其特点在于综合考虑人车路耦合的非线性模型及外部的不确定输入。然而，这种方法的缺点是无法筛选车辆参数，导致较大的计算量和计算时效性。有研究提出基于灰度理论和蒙特卡罗概率估计的车辆侧翻预测指标[35-37]。

(2) 车辆垂直载荷转移的侧翻状态估计

车辆垂直载荷转移率(lateral-load transfer rate，LTR)的估计是关于车辆左右侧轮胎的 LTR。车辆侧翻指标是目前应用最广泛的[38]。然而，这种指标仅能监测车辆当前时刻的侧翻风险，无法对下一刻的侧翻风险进行预估。在实际环境中，传统 LTR 模型中车辆轮胎的垂直载荷无法通过传感器测量，因此有研究提出一种基于车辆可观测状态变量的 LTR 模型，用来替代车辆的垂直载荷[39,40]。此外，还有一系列有预测性的 LTR 模型[41,42]，如等高线 LTR 模型、基于泰勒展开的 LTR 模型等可以对车辆的侧翻风险进行预测，为驾驶员和车辆稳定控制器提供精确的预警信息。

上述侧翻指标监测的风险都是驾驶员剧烈转向输入诱发的。在实际侧翻事故中，外部的障碍物撞击输入也是一个重要的诱因。前者称为非绊倒型侧翻，后者称为绊倒型侧翻。此外，有研究提出在 LTR 模型下，引入悬架模型的绊倒型侧翻指标[43,44]。

3. 防侧翻/侧滑控制系统

在车辆侧翻指标的基础上开发车辆防侧翻控制系统，可以确保车辆行驶的稳定性。

　　早期的研究注重车辆车轮在制动时刻的滑移控制，ABS 能避免车轮的锁定来维持车辆横纵向的稳定[45,46]。TCS 在牵引时提供滑移控制来防止车轮产生较大的滑移率[47,48]。ABS 和 TCS 在提升车辆纵向稳定性的同时，还考虑轮胎的纵向力和横向力耦合，并且在车辆的横向稳定性和操纵性在没有被高度缺失的区域中保持滑移率。差动制动法在车辆的左右两侧施加不同的制动力，能改善车辆的横向操纵稳定性[49]。与差动制动策略相似，横摆扭矩向量施加不同的牵引力在车辆的左右两侧，产生一个横摆力矩来保证车辆的稳定性[50,51]。此外，主动前轮转向、主动后轮转向、四轮转向系统也被开发，可以改善车辆的操纵性和横向稳定性[52,53]。

　　车辆技术的发展为开发更复杂和改进的控制器提供了机会。高级控制器旨在通过多个执行器同时控制不同的目标。然而，当互相独立地追求不同的稳定性目标时，它们的性能可能发生冲突，车辆的整体性能可能下降。综合车辆动力学控制器的设计可解决这种问题[54-56]。综合控制器通过将不同的控制目标和不同的执行器联合，改进车辆的驾驶稳定性。防侧翻主要通过控制车辆的平面运动来实现。一些研究将侧翻预防与横向稳定性和操纵性改进结合起来，或者结合自动驾驶的轨迹规划，提高操控性和横向稳定性[57,58]。

1.2.3　基于路侧的车辆状态估计方法

　　重载车辆的运行状态在一定程度上影响车辆的安全性。其状态估计方法也是状态参数估计的重要方向，主要对车辆的车型、位置和车身尺寸进行检测和辨识。目前，工程应用较广的是采用基于机器视觉的非接触式目标检测算法。

　　目标检测算法主要采用为卷积神经网络(convolutional neural networks，CNN)。基于 CNN 已发展了较多成熟的模型，包括一阶段的 YOLO(you only look once)系列算法、SSD(single shot mutibox detectior)算法、EfficientDet 算法和二阶段的区域卷积神经网络 (region-based convolutional neural networks，RCNN)算法、空间金字塔池化网络(spatial pyramid pooling network，SPP-Net)算法等[59-67]。

　　RCNN 算法将目标检测问题看作目标分类问题，包含候选区域选择、CNN 特征提取、SVM 分类和边界框回归等步骤。作为最初将 CNN 加入目标检测网络的模型，RCNN 奠定了后续一阶段和二阶段目标检测网络结构的基础。在 RCNN 中，首先需要通过选择性搜索(selective search，SS)算法，从原始图片中提取区域候选框，并将其缩放或裁剪成固定的大小，以便后续输入 CNN 模型，从而提取特征，然后利用分类器对区域目标进行分类和预测。Fast RCNN 和 Faster RCNN 均是在 RCNN 的基础上改进得到的。Fast RCNN 可以提升目标检测的速度和精度。Faster RCNN 进一步使检测流程精简到候选区域选择和目标检测两部分，并真正发展为端到端的目标检测框架。SSD 模型是一阶段目标检测模型，它借鉴了 Faster RCNN 的锚框机制，并取消候选框和特征重采样过程，能够同时兼顾速度和精度。YOLO 算法是 Joseph 等 2015 年设计的深度学习模型，它将目标框预测过程视为回归问题，将整张图像输入网络模型，并将图像划分为若干等分的网格，由每个网格负责预测目标边界框的中心坐标、宽高信息、置信度、类别概率。YOLO 算法在保持一定识别精度的同时有较快的检测速度，受到工业界的青睐。最新的 YOLOv5 模型提供了 4 种网络结构，可以满足检测速度和精度上的不同要求。

1.2.4 基于车联网数据的驾驶行为辨识方法

在重载车辆发生的重大事故中，驾驶人因素导致的事故占绝大多数。驾驶员在驾驶过程中发生的一系列与车辆操纵有关的动作，如加速、减速、转弯、换道，可用于驾驶行为特性分析[68]。车辆驾驶安全性与驾驶员驾驶行为直接相关。驾驶员驾驶行为受其人格特点的影响，呈现出鲜明的个性特点。驾驶员在驾驶经验成熟后，会形成稳定的具有个人特点的驾驶风格[69]。驾驶风格的形成主要由三方面因素构成，即个人因素、社会群体的文化价值观、技术因素[70]。

1. 基于时序传感器的驾驶行为分析

基于智能手机或车载诊断装置(on-board diagnostics，OBD)的终端传感器或驾驶数据采集装置通过多源时序数据，利用不同的数学方法或检测算法识别车辆危险驾驶行为并评估驾驶安全风险[71,72]。当前，实现传感数据采集的主流设备为 OBD 终端与智能手机。OBD 终端和智能手机传感器数据可以识别危险驾驶动作，如急左转、急右转、急刹车、急加速等[73]。

利用 OBD 终端对驾驶行为进行研究是通过 OBD 采集驾驶员驾驶数据，包括车速、节气门位置、发动机转速、输出扭矩、左转右转信号灯、方向盘转角、油门开度，分析驾驶员的驾驶习惯，从而对驾驶员的驾驶风格与驾驶风险做出评价。

利用智能手机对驾驶行为进行研究，主要通过智能手机的全球定位系统(global positioning system，GPS)、三轴加速度计、方向传感器和三轴陀螺仪等传感器设备采集车辆的运动状态数据，通过对该数据进行处理，找出与驾驶风格和安全性相关联的数据，对驾驶员驾驶行为进行分析[74]。利用智能手机内置传感器，以 0.02s 的周期采集数据。第一个是三轴加速度计采集的数据。第二个是三轴角速度。第三个是三轴陀螺仪与方向传感器采集的姿态角(欧拉角)，包括方位角，当智能手机朝上并转动时，方位角是 Y 轴正方向和北极方向之间的角度；俯仰角是智能手机绕 X 轴旋转时 Y 轴正方向和水平方向之间的角度；翻转角是

智能手机绕 Y 轴旋转时 X 轴正方向和水平方向之间的角度。欧拉角通过手机内置的方向传感器采集，可以为描述运动姿态提供一种简单的方法，广泛应用在各种控制系统中。

2. 基于视频数据与驾驶员生理特征的驾驶行为分析

基于视频数据对驾驶员驾驶行为的研究，是通过视频传感器采集驾驶员在驾驶过程中的面部信息与肢体动作信息，通过视觉图像的行为识别算法处理后，结合车辆的运动状态数据，分析驾驶员的分心驾驶、疲劳驾驶、危险驾驶，如吸烟、打电话[75]。但是，复杂的应用场景与环境、人体肢体动作的不确定性常常会影响识别效果。同时，由于摄像头及数据传输成本高，推广难度大，短时间内无法汇聚足够多的数据样本。当前有研究是将驾驶视频数据与驾驶员生理特征数据相结合，分析驾驶员在不同道路环境下的驾驶心理状态与驾驶习惯，将采集的驾驶员生理数据(脑电图、心率、眼电图等)、视频数据与车辆运行数据(车身状态信号、速度、角速度、加速度等)相结合，对驾驶员在不同场景下的实时驾驶动作和驾驶状态进行研究分析。

3. 基于交通事故数据的驾驶行为分析

基于交通事故数据的驾驶行为分析是通过车辆在发生交通事故前，以一段时间，以及交通事故发生过程中，车辆记录下的驾驶行为数据为研究对象[76]。在该研究中，数据通常来源于车险理赔数据与交管部门数据。研究者通过交通事故发生前、发生中、发生后，车辆记录的车身状态信号、速度、角速度、加速度、油门开度、发动机转速等数据分析交通事故发生与驾驶数据之间的关联性，分析导致交通事故发生的驾驶员不良驾驶动作，以及导致交通事故严重程度增加的驾驶行为。

1.2.5　车辆队列控制方法

研究表明，将车辆自动化和网联环境下的车间无线通信引入当前车辆系统，对于提高车辆安全性、减少交通拥堵、提高通行效率和降低能耗具有变革性的潜力[77]。其中，车辆编队行驶就是一个典型的应用。

1. 巡航控制

第一代车辆驾驶辅助系统是传统的巡航控制(cruise control，CC)，可以使车辆在驾驶员设定的车速下自主匀速行驶。驾驶员需要时刻保持对周围路况的注视，在危险情况下做出及时的制动操纵。

2. 自适应巡航控制

随着车辆控制技术的改进，车辆自适应巡航控制(adaptive cruise control, ACC)作为车辆巡航控制的扩展[78]，可使车辆跟随前方一辆车并自适应调节安全车距。ACC 系统的自动化程度相比巡航控制系统更高，硬件更为复杂，需要结合车载雷达或其他传感器测量当前车辆与前车的距离。ACC 系统最早由密歇根大学研究团队于 20 世纪 60 年代提出，但是受限于传感器、控制器、执行机构的功能，也只停留于理论阶段。第一代 ACC 系统由日本在 1997 年研发[79]。随着汽车电子技术的发展，到了 21 世纪，ACC 技术有了实质性突破，在许多品牌的车型上相继装载。

3. 协同自适应巡航控制

随着通信技术的发展，如车间通信(记为 V2V)、车路通信(记为 V2I)的兴起，ACC 的应用可以扩展到多辆车的协同式自适应巡航控制(cooperative adaptive cruise control，CACC)。CACC 系统相比 ACC 系统可以使车辆队列中的每一辆车保持更小的车间距。初期车辆的编队实验在 2001～2003 年由加州大学伯克利分校的 PATH 实验室展开[80]，车辆队列车车间距能保持在 3m 的恒定间距。随后，PATH 实验室设计了一种装载 ACC 和 CACC 两种设备的 8 辆卡车编队，在封闭的测试场地和开放式的混合交通场景进行测试[81]。此外，欧洲的研究团队在 2016～2018 年间展开了名为 SARTRE 和 KONVOI 的项目[82,83]，卡车列队横跨欧洲多个国家，这项研究具有卡车队列从技术转化到市场的里程碑意义。以验证队列节能效能为目的，欧洲 PROMOTECHAUFFEUR 等卡车编队项目也随之开展[84]，每辆车保持恒定的车速，并且能使车辆间距保持在 6～16m 的间距。结果表明，相比卡车单独行驶，车辆队列行驶能节省 21%的能耗。2016 年，欧洲展开大规模的卡车队列挑战赛[85]，并且在 2018 年开展大规模的联合多品牌卡车混合编队的项目[86]。在亚洲，日本和韩国也在近年开展卡车编队协同驾驶的路测实验，并积极推进项目进入市场[87,88]。

4. 现有车辆列队控制研究方法

在理论研究中，车辆队列控制以车辆的纵向控制为主。为了维持车车间的安全车距，实现协同控制的目标，车辆的纵向协同控制需要保证驾驶员在复杂驾驶环境(大雨、大雾等气候)中的安全。此外，车辆间保持较小的车距具有良好的空气动力学性能，能较大程度上降低能耗[89,90]。目前，在网联自动车(connected and autonomous vehicle，CAV)构成的队列中，有如下纵向控制的研究难点。

① 在车辆动力学方面，车辆的纵向非线性动力学、动力学构成异构性。

② 在无线通信方面，无线通信的丢包、延时对车辆队列协同控制的影响。

为了解决上述问题，不同类型的控制法，如分布一致性控制、分布式优化控制、模型预测控制(model predictive control，MPC)、分布式模型预测控制(distributed model predictive control，DMPC)、分布式 H_∞ 控制、模型参考自适应控制(model reference adaptive control，MRAC)、分布式滑膜控制等[91-105]被相继提出。

1.3　本书涉及的重载车辆状态辨识与控制方法

本书针对重载车辆，以重载车辆运行过程中的状态辨识和控制为核心研究内容，以提高车辆行驶安全性为研究目的，充分利用车辆动力学建模与控制、人工智能、大数据等技术手段，结合仿真和实车实验分析，对车辆状态辨识和控制问题进行深入研究，分别从车载、路侧和云平台三位一体的角度对车辆状态进行辨识，研究车辆横向和纵向控制方法，构建重载车辆状态辨识与控制技术体系，提高车辆行驶稳定性，降低事故风险。

1. 基于车载的侧翻/侧滑状态估计方法

综合考虑车辆在稳态和瞬态工况下的动力学模型，结合车辆簧上和簧下质心的垂直、侧倾动力学模型，用车辆的可测状态变量和已知结构参数的等式来等效替代车辆的垂直载荷。

在此基础上表达车辆 LTR 模型，通过加入悬架垂直方向动力学模型，表征外部路面不确定性输入下的车辆垂直载荷，以此推导出车辆绊倒-非绊倒型侧翻指标模型，同时结合车辆转向时的质心高度估计方法，精确描述车辆的侧翻状态响应。仿真分析表明，改进型车辆侧翻指标相比传统的稳态估计指标，车辆的侧翻状态检测更接近实际的侧翻状态，并且对绊倒型侧翻状态也能精确估计，可以为车辆的稳定性控制器提供精确的预警信号。

车辆侧翻状态概率预测模型借助车路协同思想，将侧向风、弯道线形、道路横坡角等道路环境信息引入车辆侧翻状态分析中，综合考虑车辆自身结构参数(车速、重心高度等)和道路环境等 11 个因素，将车辆侧翻描述为可量化的随机概率事件，建立重载车辆的侧翻概率预测模型。通过引入可靠性理论中的一阶可靠度方法(first-order reliability method，FORM)和二阶可靠度方法(second-order reliability method，SORM)对预测模型进行求解，实现对重载车辆侧翻概率的预测。利用蒙特卡罗(Monte-Carlo)方法对该预测模型进行验证，并通过 TruckSim 与 MATLAB/Simulink 开展联合仿真实验，为复杂环境下的重载车辆侧翻预警及防侧翻控制提供新的思路和手段。

基于 MPC 的防侧翻控制方法，常用的传统防侧翻控制方法是最优控制，如线性二次控制(linear quadratic regulator，LQR)等，但是这类控制方法往往需要精确的控制模型。众所周知，汽车是一个非常复杂的系统，在实际工程应用中都会根据情况对模型进行简化求解，这势必影响模型的精度。在车辆行驶的过程中，其车辆状态参数、道路环境等都存在很大的不确定性，在实际应用过程中也会导致按理想模型建立的最优控制算法无法始终保持最优，甚至导致严重的偏差。MPC 方法能够克服模型的误差和不确定环境干扰带来的影响，具有很强的鲁棒性和实时性。

2. 基于路侧的车辆状态识别方法

在高空视角下的货运车辆识别研究中，使用航拍拍摄设备以俯视角度对道路视频资料进行采集，使用的模型为 YOLOv5，基于 VisDrone 高空数据集对模型展开训练，识别货运车辆目标。基于目标跟踪算法及其应用的效果来看，能够对高空视角视频车辆进行跟踪，准确地跟踪车辆行驶的轨迹，具有良好的应用效果。

在货运车辆货载状态识别研究中，首先自制货运车辆货载状态数据集，根据现实场景需要，将货载状态划分为空厢货车、封厢货车、载货货车、不完整货车四类，然后对货运车辆载货状态进行识别，检测相应的货运车辆类别。通过所述的方法，道路监管人员可通过预先识别的不同货车载货类型，对易出现超载的车辆重点关注，提高道路监管人员对货车安全性监督的效率，增加道路货运的安全性。

3. 基于车联网数据的驾驶行为辨识方法

以驾驶员驾驶行为对象，驾驶员驾驶风格评价与风险识别为核心内容，发觉驾驶员不良驾驶行为，识别潜在驾驶风险，从而对驾驶员的驾驶行为进行纠正，降低驾驶风险。以驾驶员自然驾驶速度为基础，提取特征指标，利用聚类算法对驾驶员总体驾驶风格进行评价。基于提取的特征指标，对齐时间戳并归一化行程数据集后，利用反向传播(back propagation，BP)神经网络和 SVM 对驾驶员的不良驾驶行为进行识别。通过建立安全加速度模型对驾驶员潜在驾驶风险识别，并给出风险定量评价。为了更清晰地展示不同驾驶员的驾驶个性，对每位驾驶员进行个性化驾驶行为图谱画像。

4. 车辆列队控制方法

本书在 ACC 系统的基础上扩展并介绍 CACC 系统架构。研究采用图论表征 V2V 通信拓扑结构，结合通信拓扑结构模型，探究可变通信延时下车辆队列的协同控制器设计，以及异构动力学下车辆队列的协同控制器设计。

ACC 系统设计的关键是保证车辆的跟随特性，如单车稳定性、队列稳定性分析。在此基础上将 ACC 系统架构划分为环境感知、上层控制、下层控制器。

环境感知借助激光或雷达传感器来感知周围车辆的距离信息，上层控制器负责计算车辆的安全距离，由此推算发动机的期望扭矩输出，然后将此信号传递给下层控制器，计算所需的油门或节气门开度，以此控制车辆的纵向行驶。

CACC 系统架构是 ACC 系统架构的扩展，融合了 V2V 通信技术和高精度定位技术等关键技术，可划分为通信层、定位层、感知层、规划层、控制层。相比传统的 ACC 系统，CACC 系统更复杂，需要依赖更多的传感器和先进算法，因此能实现的群体智能的协同控制精度更高，实际应用性更强。

基于图论的通信拓扑结构可视为一个图 G，由节点集 V、边集 E、邻接矩阵 A 来描述通信拓扑结构。其中，通信结构的性质可用邻接矩阵、拉普拉斯矩阵、牵引矩阵描述。

可变通信延时下车辆队列的协同控制器设计是采用一致性原理表征车辆的队列策略。车辆队列的控制器基于分布式耦合协议，以距离误差的弦稳定性分析标定车辆队列控制器的控制参数。实验分析了领航车不受外部扰动时、系统存在时变同质延时、领航车受到外部扰动时的影响，以及 CACC 系统内部通信存在时变同质延时等两类工况。结果表明，基于分布式耦合协议的控制器能有效保证系统的弦稳定特性。

异构动力学下车辆队列的协同控制器设计，主要体现在车辆发动机输出时滞 τ_i 和发动机传动效能 Λ_i 的差异。为了消除队列中的动力学差异性，需要根据弦稳定性分析对每辆车进行控制器参数标定。研究结果表明，相比传统的 ACC 系统，CACC 的异构动力学控制器能有效消除动力学异构问题带来的车辆行为不一致问题，保证系统的协同性和距离误差递减收敛性。

从车辆列队协同的视角出发，以车辆通信拓扑结构、代数图论、控制理论为基础，根据延时环境和前馈多源信息设计车辆控制器，对 CACC 系统的一致性和稳定性进行分析。通过介绍 ACC 系统的原理和基本概念，以及 CACC 系统的架构，将 CACC 系统分为通信层、定位层、感知层、规划层、控制层，研究 CACC 系统的通信拓扑结构，通过代数图论分析几种经典的 CACC 列队的通信拓扑结构。考虑通信延时环境问题设计的 CACC，对不同工况进行仿真验证。根据前馈多源信息进行异构动力学 CACC 协同控制器设计和稳定性分析，对 ACC

系统和 CACC 系统进行对比实验分析。与 ACC 系统相比，CACC 系统的车速变化显现出良好的协同性和收敛性。

参 考 文 献

[1] Piyabongkarn D, Rajamani R, Grogg J A, et al. Development and experimental evaluation of a slip angle estimator for vehicle stability control. IEEE Transactions on Control Systems Technology, 2008, 17(1): 78-88.

[2] Phanomchoeng G, Rajamani R. New rollover index for the detection of tripped and untripped rollovers. IEEE Transactions on Industrial Electronics, 2013, 60(10): 4726-4736.

[3] Solmaz S, Akar M, Shorten R, et al. Real-time multiple-model estimation of center of gravity position in automotive vehicles. Vehicle System Dynamics, 2008, 46(9): 763-788.

[4] Kim D, Kim H. Vehicle stability control with regenerative braking and electronic brake force distribution for a four-wheel drive hybrid electric vehicle. Proceedings of the Institution of Mechanical Engineers Part D Journal of Automobile Engineering, 2006, 220(6): 683-693.

[5] Cho K, Kim J, Choi S. The integrated vehicle longitudinal control system for ABS and TCS// IEEE International Conference on Control Applications, 2012: 1322-1328.

[6] Choi S B. Practical vehicle rollover avoidance control using energy method. Vehicle System Dynamics, 2008, 46(4): 323-337.

[7] Wesemeier D, Isermann R. Identification of vehicle parameters using stationary driving maneuvers. Control Engineering Practice, 2007, 40(10): 33-40.

[8] Momiyama F, Kitazawa K, Miyazaki K. Gravity center height estimation for the rollover compensation system of commercial vehicles. Jsae Review, 1999, 20(4): 493-497.

[9] Rajamani R, Piyabongkarn D, Tsourapas V, et al. Parameter and state estimation in vehicle roll dynamics. IEEE Transactions on Intelligent Transportation Systems, 2011, 12(4): 1558-1567.

[10] Huang J, Lin W C. EKF-based in-vehicle estimation of relative CG height//ASME 2008 Dynamic Systems and Control Conference, 2008: 637-645.

[11] Wenzel, Thomas A. Dual extended Kalman filter for vehicle state and parameter estimation. Vehicle System Dynamics, 2006, 44(2): 153-171.

[12] Rath J J, Defoort M, Veluvolu K C. Rollover index estimation in the presence of sensor faults, unknown inputs, and uncertainties. IEEE Transactions on Intelligent Transportation Systems, 2016, 17(10): 2949-2959.

[13] Solmaz S, Martin C. A methodology for the design of robust rollover prevention controllers for automotive vehicles with active steering. International Journal of Control, 2007, 80(11): 1763-1779.

[14] Rajamani R, Piyabongkarn D, Tsourapas V, et al. Real-time estimation of roll angle and CG height for active rollover prevention applications//Proceedings of the American Control Conference, 2009: 433-438.

[15] Cheng C Z, David C. Parameter and state estimation for articulated heavy vehicles. Vehicle System Dynamics, 2011, 49(2): 399-418.

[16] Huang X, Wang J. Center of gravity height real-time estimation for lightweight vehicles using tire instant effective radius. Control Engineering Practice, 2013, 21(4): 370-380.

[17] 褚端峰, 田飞, 吴超仲, 等. 基于无迹卡尔曼滤波的车辆重心高度在线估计. 武汉理工大学学报(交通科学与工程版), 2016, (40): 623-627.

[18] Huang X, Wang J. Real-time estimation of center of gravity position for lightweight vehicles using combined AKF-EKF method. IEEE Transactions on Vehicular Technology, 2014, 63(9): 4221-4231.

[19] U.S. Department of Transportation. National Highway Traffic Safety Administration's National Center for Statistics and Analysis, "2015 Motor Vehicle Crashes: Overview". https://crashstats. nhtsa. dot. gov/Api/Public/ViewPublication/812318[2021-2-20].

[20] 贺宜, 杨鑫炜, Lu X Y, 等. 重载车辆侧翻预测和控制技术研究进展. 交通信息与安全, 2019, (4): 1-9.

[21] 贺宜, 杨鑫炜, 吴兵, 等. 中美交通事故数据统计方法比较研究. 交通信息与安全, 2018, 209(1): 7-15.

[22] Rajamani R. Vehicle Dynamics and Control. New York: Springer, 2006.

[23] Yim S. Design of a preview controller for vehicle rollover prevention. IEEE Transactions on Vehicular Technology, 2011, 60(9): 4217-4226.

[24] Parida N C, Raha S, Ramani A. Rollover preventive force synthesis at active suspensions in a vehicle performing a severe maneuver with wheels lifted off. IEEE Transactions on Intelligent Transportation Systems, 2013, 15(6): 1-10.

[25] Goldman R W, El-Gindy M, Kulakowski B T. Rollover dynamics of road vehicles: Literature survey. International Journal of Heavy Vehicle Systems, 2001, 8(2): 103-141.

[26] Mashadi B, Mostaghimi G. Active vehicle rollover control using a gyroscopic device. Proceedings of the Institution of Mechanical Engineers Part D Journal of Automobile Engineering, 2016, 230(14): 1958-1971.

[27] Khajepour A, Goodarzi J. Vehicle dynamics control by using a three-dimensional stabilizer pendulum system. Vehicle System Dynamics: International Journal of Vehicle Mechanics and Mobility, 2016, 54(10/12): 1671-1687.

[28] National Highway Traffic Safety Administration. Technical assessment paper: Relationship between rollover and vehicle factors. Washington, D.C.: National Highway Traffic Safety Administration, 1991.

[29] Rakheja S, Piche A. Development of directional stability criteria for an early warning safety device. SAE Transactions, 1990, (1): 877-889.

[30] Winkler C, Fancher P, Ervin R. Intelligent systems for aiding the truck driver in vehicle control. SAE, 1999, (14): 165-178.

[31] 王建强. 货车弯道防侧翻动态检测方法及预警装置. 中国: CN101612927, 2009-01-21.

[32] Chen B C, Peng H. Differential-braking-based rollover prevention for sport utility vehicles with human-in-the-loop evaluations. Vehicle System Dynamics, 2001, 36(4/5): 359-389.

[33] Yoon J, Kim D, Yi K. Design of a rollover index-based vehicle stability control scheme. Vehicle System Dynamics, 2007, 45(5): 459-475.

[34] Zhu T, Yin X, Na X, et al. Research on a novel vehicle rollover risk warning algorithm based on support vector machine model. IEEE Access, 2020, (99):1.

[35] Tao C, Chu T W. An improvement in rollover detection of articulated vehicles using the grey system theory. Vehicle System Dynamics, 2014, 52(5): 679-703.

[36] He Y, Yan X, Lu X Y, et al. Rollover risk assessment and automated control for heavy duty vehicles based on vehicle-to-infrastructure information. IET Intelligent Transport Systems, 2019, 13(6): 1001-1010.

[37] He Y, Yan X P. A probabilistic prediction model for the safety assessment of HDVs under complex driving environments. IEEE Transactions on Intelligent Transportation Systems, 2016, 18(4): 858-868.

[38] Ataei M, Khajepour A, Jeon S. A general rollover index for tripped and un-tripped rollovers on flat and sloped roads Journal of Automobile Engineering, 2017, 233(2): 304-316.

[39] Huang H H, Rama K, Yedavalli D A. Active roll control for rollover prevention of heavy articulated vehicles with multiple-rollover-index minimisation. Vehicle System Dynamics, 2012, 50(3): 471-493.

[40] Liang L, Lu Y, Wang R, et al. A three-dimensional dynamics control framework of vehicle lateral stability and rollover prevention via active braking with MPC. IEEE Transactions on Industrial Electronics, 2017, 64(4): 3389-3401.

[41] Larish C, Piyabongkarn J. A new predictive lateral load transfer ratio for rollover prevention systems. IEEE Transactions on Vehicular Technology, 2013, 62(7): 2928-2936.

[42] Zhang X, Yang Y, Guo K, et al. Contour line of load transfer ratio for vehicle rollover prediction. Vehicle System Dynamics, 2017, 55(11): 1748-1763.

[43] Phanomchoeng G, Rajamani R. Real-time estimation of rollover index for tripped rollovers with a novel unknown input nonlinear observer//IEEE ASME Transactions on Mechatronics, 2013, 19(2): 743-754.

[44] Jin Z, Lei Z, Zhang J, et al. Stability and optimised $H\infty$ control of tripped and untripped vehicle rollover. Vehicle System Dynamics, 2016, 54(10): 1-23.

[45] Wu M C, Shih M C. Simulated and experimental study of hydraulic anti-lock braking system using sliding-mode PWM control. Mechatronics, 2003, 13(4): 331-351.

[46] Johansen T A, Petersen I, Kalkkuhl J, et al. Gain-scheduled wheel slip control in automotive brake systems. IEEE Transactions on Control Systems Technology, 2003, 11(6): 799-811.

[47] Solyom S, Rantzer A, Lüdemann J. Synthesis of a model-based tire slip controller. Vehicle System Dynamics, 2004, 41(6): 475-499.

[48] Zheng S B, Tang H J, Han Z Z, et al. Controller design for vehicle stability enhancement. Control Engineering Practice, 2006, 14(12): 1413-1421.

[49] Tjonnas J, Johansen T A. Stabilization of automotive vehicles using active steering and adaptive brake control allocation. IEEE Transactions on Control Systems Technology, 2010, 18(3): 545-558.

[50] Yan C, Wang J. Design and evaluation on electric differentials for over-actuated electric ground vehicles with four independent in-wheel motors. IEEE Transactions on Vehicular Technology,

2012, 61(4): 1534-1542.

[51] Guo J, Luo Y, Li K. An adaptive hierarchical trajectory following control approach of autonomous four-wheel independent drive electric vehicles. IEEE Transactions on Intelligent Transportation Systems, 2017, 8: 1-11.

[52] Falcone P, Borrelli F, Asgari J, et al. Predictive active steering control for autonomous vehicle systems. IEEE Transactions on Control Systems Technology, 2007, 15(3): 566-580.

[53] Hiroshi F, Maeda K. Optimal yaw-rate control for electric vehicles with active front-rear steering and four-wheel driving-braking force distribution//IECON 2013-39th Annual Conference of the IEEE Industrial Electronics Society, 2013: 6514-6519.

[54] Yu F, Li D F, Crolla D A. Integrated vehicle dynamics control-state-of-the art review//2008 IEEE Vehicle Power and Propulsion Conference, 2008: 1-6.

[55] Her H, Koh Y, Joa E, et al. An integrated control of differential braking, front/rear traction, and active roll moment for limit handling performance. IEEE Transactions on Vehicular Technology, 2016, 65(6): 1.

[56] Ni J, Hu J, Xiang C. Envelope control for four-wheel independently actuated autonomous ground vehicle through AFS/DYC integrated control. IEEE Transactions on Vehicular Technology, 2017, 66(11): 9712-9726.

[57] Yoon J, Yim S, Cho W, et al. Design of an unified chassis controller for rollover prevention, maneuver ability and lateral stability. Vehicle System Dynamics, 2010, 48(11): 1247-1268.

[58] Nahidi A, Kasaiezadeh A, Khosravani S, et al. Modular integrated longitudinal and lateral vehicle stability control for electric vehicles. Mechatronics, 2017, 44: 60-70.

[59] Redmon J, Divvala S, Girshick R, et al. You only look once: Unified, real-time object detection//Proceedings of the IEEE Conference on Computer Vision and Pattern Recognition, 2016: 779-788.

[60] Redmon J, Farhadi A. YOLO9000: Better, faster, stronger//Proceedings of the IEEE Conference on Computer Vision and Pattern Recognition, 2017: 6517-6525.

[61] Redmon J, Farhadi A. YOLOv3: An incremental improvement. https://pjeddie.com/darknet/yolo [2018-6-30].

[62] Liu W, Anguelov D, Erhan D, et al. SSD: Single shot multibox detector//The 14th European Conference on Computer Vision, 2016: 21-37.

[63] Tan M, Pang R, Le Q V. Efficientdet: Scalable and efficient object detection//Proceedings of the IEEE Conference on Computer Vision and Pattern Recognition, 2020: 10781-10790.

[64] Girshick R, Donahue J, Darrell T, et al. Rich feature hierarchies for accurate object detection and semantic segmentation//Proceedings of the IEEE Conference on Computer Vision and Pattern Recognition, 2014: 580-587.

[65] Girshick R. Fast R-CNN//Proceedings of the IEEE International Conference on Computer Vision, 2015: 1440-1448.

[66] Ren S Q, He K M, Girshick R, et al. Faster R-CNN: Towards real-time object detection with region proposal networks. IEEE Transactions on Pattern Analysis and Machine Intelligence, 2016, 39(6): 1137-1149.

[67] He K M, Zhang X Y, Ren S Q, et al. Spatial pyramid pooling in deep convolutional networks for visual recognition. IEEE Transactions on Pattern Analysis and Machine Intelligence, 2015, 37(9): 1904-1916.

[68] Chen S W, Fang C Y, Tien C T. Driving behaviour modelling system based on graph construction. Transportation Research Part C: Emerging Technologies, 2013, 26: 314-330.

[69] Dabiri S, Heaslip K. Inferring transportation modes from GPS trajectories using a convolutional neural network. Transportation Research Part C: Emerging Technologies, 2018, 86: 360-371.

[70] 张俊. 基于车联网数据的驾驶行为识别与风险评估方法研究. 合肥: 中国科学技术大学, 2020.

[71] Kaplan S, Guvensan M A, Yavuz A G. Driver behavior analysis for safe driving: A survey. Journal of Robotics & Machine Learning, 2015, 16(6): 3017-3032.

[72] Abdennour N, Ouni T, Amor N B. Driver identification using only the CAN-Bus vehicle data through an RCN deep learning approach. Robotics and Autonomous Systems, 2021, 136: 103707.

[73] Liu H L, Taniguchi T, Tanaka Y, et al. Visualization of driving behavior based on hidden feature extraction by using deep learning. IEEE Transactions on Intelligent Transportation Systems, 2017, 18(9): 2477-2489.

[74] Carlos M R, González L C, Wahlström J, et al. How smartphone accelerometers reveal aggressive driving behavior—The key is the representation. IEEE Transactions on Intelligent Transportation Systems, 2019, 21(8): 3377-3387.

[75] 徐翠. 基于计算机视觉的汽车安全辅助驾驶若干关键问题研究. 合肥: 中国科学技术大学, 2009.

[76] Paefgen J, Staake T, Thiesse F. Evaluation and aggregation of pay-as-you-drive insurance rate factors: A classification analysis approach. Decision Support Systems, 2013, 56: 192-201.

[77] 严新平, 吴兵, 贺宜, 等. 我国"零死亡愿景"交通安全理念及实施战略研究. 交通信息与安全, 2019, 37(1): 1-6.

[78] Vahidi A, Eskandarian A. Research advances in intelligent collision avoidance and adaptive cruise control. IEEE Transactions on Intelligent Transportation Systems, 2003, 4(3): 143-153.

[79] Watanabe T. Development of an intelligent cruise control system. IEEE Transactions on Intelligent Transportation System, 2015, 16(6): 3017-3032.

[80] Lu X Y, Shladover S, Hedrick J K. Heavy-duty truck control: Short inter-vehicle distance following//American Control Conference, 2004, 5: 4722-4727.

[81] Lu X Y, Shladover S, Bergquist S. Truck CACC implementation and test to verify control performance. Transportation Research Record Journal of the Transportation Research Board, 2019, 2673(8): 353-364.

[82] France P A. Convoy of Self-Driving Trucks Completes First European Cross-Border Trip. The Guardian, 2016, 7: 1-10.

[83] Robinson T, Coelingh E. Operating platooning on public motorways: An introduction to the SARTRE platooning programme//The 17th World Congress on Intelligent Transport Systems, 2010: 1-12.

[84] Bonnet C, Fritz H. Fuel consumption reduction in a platoon: Experimental results with two electronically coupled trucks at C//Future Transportation Technology Conference & Exposition, 2000: 67-90.

[85] Aarts L, Feddes G. European truck platooning challenge. International Transport Revue, 2016, (5): 16.

[86] Lena K, Coda A, Schmidt F. Specifications for multi-brand truck platooning//The 8th International Conference on Weigh-In-Motion, 2019: 8-18.

[87] Lee Y, Ahn T, Lee C, et al. A novel path planning algorithm for truck platooning using V2V communication. Sensors, 2020, 20(24): 7022.

[88] Tsugawa S, Kato S, Aoki K. An automated truck platoon for energy saving//IEEE/RSJ International Conference on Intelligent Robots & Systems, 2011: 4109-4114.

[89] Ploeg J, Serrarens A, Heijenk G J. Connect & drive: Design and evaluation of cooperative adaptive cruise control for congestion reduction. Journal of Modern Transportation, 2011, 19(3): 207-213.

[90] Stanger T, Re L D. A model predictive cooperative adaptive cruise control approach// American Control Conference, 2013: 1374-1379.

[91] Arem B V, Driel C, Visser R. The impact of cooperative adaptive cruise control on traffic-flow characteristics. IEEE Transactions on Intelligent Transportation Systems, 2006, 7(4): 429-436.

[92] Bernardo M D, Salvi A, Santini S. Distributed consensus strategy for platooning of vehicles in the presence of time-varying heterogeneous communication delays. IEEE Transactions on Intelligent Transportation Systems, 2015, 16(1): 102-112.

[93] Bernardo M D, Falcone P, Salvi A, et al. Design, analysis, and experimental validation of a distributed protocol for platooning in the presence of time-varying heterogeneous delays. IEEE Transactions on Control Systems Technology, 2015, 24(2): 413-427.

[94] Wang Z, Wu G, Hao P, et al. Developing a platoon-wide eco-cooperative adaptive cruise control (CACC) system//Intelligent Vehicles Symposium, 2017: 1261-1269.

[95] Peng H, Wang Z, Wu G, et al. Intra-platoon vehicle sequence optimization for eco-cooperative adaptive cruise control//IEEE 20th International Conference on Intelligent Transportation Systems, 2017: 1-6.

[96] 秦晓辉, 王建强, 谢伯元, 等. 非匀质车辆队列的分布式控制. 汽车工程, 2017, 39(1): 73-78.

[97] 邹存名, 单慧, 李洪兴. 基于模型预测的车辆协同编队控制. 控制工程, 2022, 29(7): 1295-1301.

[98] 马芳武, 王佳伟, 杨昱, 等. 网联车辆协同编队控制系统研究. 汽车工程, 2020, 42(7): 860-866.

[99] Dunbar W B, Caveney D S. Distributed receding horizon control of vehicle platoons: Stability and string stability. IEEE Transactions on Automatic Control, 2012, 57(3): 620-633.

[100] Kianfar R, Falcone P, Fredriksson J. A receding horizon approach to string stable cooperative adaptive cruise control//International IEEE Conference on Intelligent Transportation Systems, 2011: 734-739.

[101] Feng G, Li S E, Zheng Y, et al. Robust control of heterogeneous vehicular platoon with uncertain dynamics and communication delay. IET Intelligent Transport Systems, 2016, 10(7): 503-513.

[102] Gao F, Dang F, Huang S S, et al. Decoupled robust control of vehicular platoon with identical controller and rigid information flow. International Journal of Automotive Technology, 2017, 18(1): 157-164.

[103] Harfouch Y A, Yuan S, Baldi S. An adaptive switched control approach to heterogeneous platooning with inter-vehicle communication losses. IEEE Transactions on Control of Network Systems, 2017, 5(3): 1434-1444.

[104] Baldi S, Liu D, Jain V, et al. Establishing platoons of bidirectional cooperative vehicles with engine limits and uncertain dynamics. IEEE Transactions on Intelligent Transportation Systems, 2020, (99): 1-13.

[105] Wu Y, Li S E, Yang Z, et al. Distributed sliding mode control for multi-vehicle systems with positive definite topologies//IEEE 55th Conference on Decision and Control, 2016: 5213-5219.

第2章 基于车辆动力学的重载车辆状态参数辨识

2.1 货运车辆质量和道路坡度估计

货运车辆载货之后整车质量相对于空载时质量会产生较大的变化。对于大型货运车辆,其质量变化比例一般都超过 100%,有时能达到 400%[1]。因此,载货后的大型货运车辆会对整车状态产生显著的影响。

本章以货运车辆为研究对象。货运车辆在正常行驶过程中可以分为货运车辆起步、匀速行驶、加速行驶、减速行驶和停车几个步骤。基于货运车辆正常行驶特性,将货运车辆匀速行驶阶段和加速行驶阶段作为估计器执行阶段。货运车辆质量和道路坡度估计算法框图如图 2-1 所示。

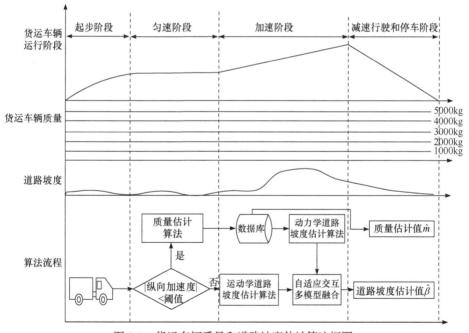

图 2-1　货运车辆质量和道路坡度估计算法框图

图 2-1 中的货运车辆质量和道路坡度由四部分内容组成。

第一部分为匀速行驶阶段,基于准静态模型的货运车辆质量估计,将其匀速阶段的质量估计作为已知值传入加速阶段，进行道路坡度估计。

第二部分为构建基于牛顿第二定律的货运车辆纵向动力学模型，并通过容积卡尔曼滤波进行道路坡度估计。

第三部分为利用加速度计的运动学模型，通过容积卡尔曼滤波进行道路坡度估计。

第四部分为通过自适应交互多模型(adaptive interacting multiple model，AIMM)融合算法得到最佳道路坡度值。

2.2　货运车辆仿真模型分析

2.2.1　匀速行驶时的货运车辆和车轮的准静态模型

当通过加速度计测得的加速度值小于阈值时，可以认为货运车辆在匀速水平道路上行驶，此时货运车辆和车轮准静态受力模型如图 2-2 所示。

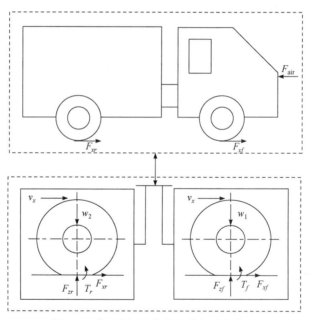

图 2-2　货运车辆和车轮准静态受力模型

对图 2-2 进行受力分析，货运车辆的受力分析方程为

$$F_{xf} + F_{xr} = F_{air} \tag{2-1}$$

$$F_{air} = 0.5\rho C_d A v_x^2 \tag{2-2}$$

其中，F_{xf} 为货运车辆的前轴纵向力；F_{xr} 为货运车辆的后轴纵向力；F_{air} 为空气阻力；ρ 为空气阻力系数；C_d 为货运车辆空气阻力系数；A 为货运车辆迎风面积；v_x 为货运车辆的纵向速度。

货运车辆的前后车轮受力分析方程为

$$T_f - r_e f F_{zf} - r_e F_{xf} = 0 \tag{2-3}$$

$$T_r - r_e f F_{zr} - r_e F_{xr} = 0 \tag{2-4}$$

$$T_r = T_{tq} i_g i_0 \eta \tag{2-5}$$

$$f = 0.0041 + (0.0000256 v_x) \times 3.6 \tag{2-6}$$

其中，T_f 为前轴车轮驱动力矩；T_r 为后轴车轮驱动力矩；r_e 为货运车辆车轮有效滚动半径；f 为车轮滚动阻力系数；F_{zf} 为货运车辆的前轴垂向力；F_{zr} 为货运车辆的后轴垂向力；T_{tq} 为发动机扭矩；i_g 为变速器传动比；i_0 为主减速器传动比；η 为传动系统效率。

将式(2-1)～式(2-5)合并整理，可得匀速阶段货运车辆的准静态模型，即

$$T_{tq} i_g i_0 \eta - r_e f m g - r_e 0.5 \rho C_d A v_x^2 = 0 \tag{2-7}$$

2.2.2 加速行驶时的货运车辆纵向动力学模型

根据牛顿第二定律可以构建货运车辆的纵向动力学模型，其中纵向动力学模型由驱动力、空气阻力、滚动阻力和坡道阻力组成货运车辆纵向动力学模型，如图 2-3 所示。

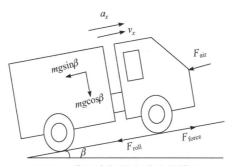

图 2-3 货运车辆纵向动力学模型

货运车辆的纵向动力学模型为

$$m \dot{v}_x = \frac{T_{tq} i_g i_0 \eta}{r_e} - 0.5 C_d A \rho v_x^2 - m g f \cos \beta - m g \sin \beta \tag{2-8}$$

其中，m 为货运车辆的总质量；g 为重力加速度；β 为道路坡度角。

考虑公路路线设计规范，道路坡度的设计一般较小[2]，设 $\cos\beta \approx 1$，$\sin\beta \approx \tan\beta \approx \beta$，可以将式(2-8)写成如下形式，即

$$m\dot{v}_x = \frac{T_{tq} i_g i_0 \eta}{r_e} - 0.5 C_d A \rho v_x^2 - mgf - mg\beta \qquad (2\text{-}9)$$

2.2.3　加速度计传感器的运动学模型

通过货运车辆装载加速度计传感器，当货运车辆在坡道上行驶时，重力加速度会产生一个包含道路坡度的纵向分量[3]。加速度计传感器的运动学模型如图 2-4 所示。

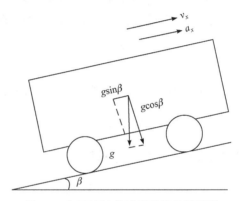

图 2-4　加速度计传感器的运动学模型

当货运车辆在坡道上行驶时，其加速度计传感器的表达式为

$$a_{\text{senx}} = g\sin\beta + \dot{v}_x \qquad (2\text{-}10)$$

其中，a_{senx} 为加速度传感器测量值；a_x 为货运车辆加速度。

考虑公路路线设计规范，道路坡度的设计一般较小，可以将式(2-10)写为

$$a_{\text{senx}} = g\beta + \dot{v}_x \qquad (2\text{-}11)$$

2.3　质量和道路坡度滤波器设计

基于货运车辆的纵向动力学模型和加速度计传感器的运动学模型，为了实现货运车辆质量和道路坡度估计，首先将式(2-9)和式(2-11)转化为非线性状态空间形式，即

$$\begin{cases} \dot{v}_x = \dfrac{T_{tq}i_g i_0 \eta}{r_e m} - \dfrac{0.5C_d A\rho v_x^2}{m} - gf - g\beta \\ \dot{\beta} = 0 \end{cases} \tag{2-12}$$

$$\begin{cases} \dot{v}_x = \dfrac{T_{tq}i_g i_0 \eta}{r_e m} - \dfrac{0.5C_d A\rho v_x^2}{m} - gf - g\beta \\ \dot{m} = 0 \end{cases} \tag{2-13}$$

$$\begin{cases} \dot{v}_x = a_{\text{senx}} + g\beta \\ \dot{\beta} = 0 \end{cases} \tag{2-14}$$

通过前向欧拉法对式(2-12)~式(2-14)离散化，离散化的表达式为

$$\begin{cases} v_x(k) = v_x(k-1) + \left[\dfrac{T_{tq}i_g i_0 \eta}{r_e m} - \dfrac{0.5C_d A\rho v_x^2(k-1)}{m} - gf - g\beta(k-1)\right]\mathrm{d}t \\ \beta(k) = \beta(k-1) \end{cases} \tag{2-15}$$

$$\begin{cases} v_x(k) = v_x(k-1) + \left[\dfrac{T_{tq}i_g i_0 \eta}{r_e m(k-1)} + \dfrac{0.5C_d A\rho v_x^2(k-1)}{m(k-1)} + gf + g\beta\right]\mathrm{d}t \\ m(k) = m(k-1) \end{cases} \tag{2-16}$$

$$\begin{cases} v_x(k) = v_x(k-1) + [a_{\text{senx}} + g\beta(k-1)]\mathrm{d}t \\ \beta(k) = \beta(k-1) \end{cases} \tag{2-17}$$

其中，$\mathrm{d}t$ 为采样时间。

2.4 匀速阶段的质量估计算法设计

为了实现对匀速行驶时货运车辆的质量估计，可以将货运车辆在匀速行驶时的准静态平衡方程(2-7)转换为递归最小二乘法的标准形式，即

$$y_{R,k} = \varphi_{R,k}^{\mathrm{T}} \theta_{R,k} + e_k \tag{2-18}$$

其中

$$\begin{cases} y_{R,1} = T_{tq}i_g i_0 \eta - r_e 0.5\rho C_d A v_x^2 \\ \varphi_{R,1} = r_e fg \\ \theta_{R,1} = m \end{cases} \tag{2-19}$$

其中，$y_{R,k}$ 为 k 时刻的测量值；$\varphi_{R,k}$ 为 k 时刻的可测量数据；$\theta_{R,k}$ 为 k 时刻的待辨识参数；e_k 为 k 时刻的白噪声。

根据上面的描述，第 k 步货运车辆质量递归形式为

$$\hat{\theta}_{R,k} = \hat{\theta}_{R,k-1} + K_{R,k}(y_{R,k} - \varphi_{R,k}^{\mathrm{T}}\hat{\theta}_{R,K-1}) \quad (2\text{-}20)$$

$$K_{R,k} = P_{R,k-1}\varphi_{R,k}^{\mathrm{T}}(\lambda_k + \varphi_{R,k}^{\mathrm{T}}P_{R,k-1}\varphi_{R,k})^{-1} \quad (2\text{-}21)$$

$$P_{R,k} = [P_{R,k-1}(1 - K_{R,k}\varphi_{R,k}^{\mathrm{T}})] / \lambda_k \quad (2\text{-}22)$$

其中，$P_{R,k}$ 为协方差矩阵；$K_{R,k}$ 为增益矩阵；λ_k 为遗忘因子，其取值范围为 $0.9 < \lambda_k \leqslant 1$ [4,5]。

遗忘因子的主要作用是衰减旧信息、增加新信息的内容。

2.5　基于容积卡尔曼滤波的质量和道路坡度估计

EKF 被广泛应用于对非线性系统滤波估计，但是 EKF 是在非线性系统模型状态的最佳估计点附近进行一阶泰勒展开，对非线性模型进行线性化处理，忽略高阶项会造成较大的截断误差[6]。对于强非线性的系统，EKF 滤波估计效果较差，可能导致滤波发散。容积卡尔曼滤波是一种利用 Sigma 点进行计算的滤波方法，由高斯函数假设的贝叶斯估计衍生而来，利用三阶球面-径向容积准则，将非线性滤波问题转化为高斯概率密度函数乘积的积分求解问题[7]。这样就可以避免 EKF 线性化带来的误差。其逼近非线性变换后的概率分布精度要优于无迹卡尔曼滤波[8]，能够满足货运车辆非线性动力学模型估计的需要。

建立容积卡尔曼滤波的状态方程和观测方程的表达式为

$$\begin{cases} x(k) = f(x(k-1)) + w_k \\ y(k) = h(x(k)) + v_k \end{cases} \quad (2\text{-}23)$$

其中，$x(k)$ 为观测器系统的状态向量；$y(k)$ 为量测向量；w_k 和 v_k 分别为系统噪声和测量噪声，为互不相关且均值为零的高斯白噪声，其中系统噪声和测量噪声的协方差矩阵为 Q 和 R。

容积点计算利用 $2N$ 个容积点进行加权求和来近似高斯积分，利用容积积分准则求解任意分布函数的积分问题，即

$$\int_{R^n} f(x)N(x;\mu,P)\mathrm{d}x \approx \frac{1}{2n}\sum_{i=1}^{2n} f(\mu + \sqrt{P}\zeta_i) \quad (2\text{-}24)$$

其中，P 为协方差矩阵；μ 为均值；ζ_i 为传播的容积点集元素，即

$$\sqrt{n}\begin{bmatrix} \begin{pmatrix} 1 \\ 0 \end{pmatrix} \begin{pmatrix} 0 \\ 1 \end{pmatrix} \begin{pmatrix} -1 \\ 0 \end{pmatrix} \begin{pmatrix} 0 \\ -1 \end{pmatrix} \end{bmatrix} \quad (2\text{-}25)$$

对货运车辆状态时间更新，已知 $K-1$ 时刻的协方差为

$$p_{k-1|k-1} = s_{k-1} s_{k-1}^{\mathrm{T}} \tag{2-26}$$

选择容积点为

$$X_{i,k-1,k-1} = S_k \xi_i + \hat{x}_{k-1|k-1}, \quad i = 1, 2, \cdots, 2n \tag{2-27}$$

容积点传播为

$$X_{i,k|k-1}^* = f(X_{i,k-1,k-1}) \tag{2-28}$$

计算 k 时刻状态变量的预测值，即

$$\hat{x}_{k|k-1} = \sum_{i=1}^{2n} \frac{1}{2n} X_{i,k|k-1}^* \tag{2-29}$$

计算先验误差协方差矩阵，即

$$p_{k|k-1} = \sum_{j=1}^{2n} \frac{1}{2n} X_{i,k|k-1}^* (X_{i,k|k-1}^*)^{\mathrm{T}} - \hat{x}_{k|k-1}(\hat{x}_{k|k-1})^{\mathrm{T}} + Q_{k-1} \tag{2-30}$$

对货运车辆状态量测更新，并对更新后的状态误差协方差矩阵 $p_{k|k-1}$ 进行分解，即

$$p_{k|k-1} = s_{k|k-1} s_{k|k-1}^{\mathrm{T}} \tag{2-31}$$

计算容积点 $X_{i,k,k-1}$，即

$$X_{i,k,k-1} = S_{k|k-1} \xi_i + \hat{x}_{k|k-1}, \quad i = 1, 2, \cdots, 2n \tag{2-32}$$

通过量测方程传播容积点，即

$$y_{i,k|k-1} = h(X_{i,k,k-1}) \tag{2-33}$$

更新状态变量量测方程的预测值，即

$$\hat{y}_{i,k|k-1} = \sum_{i=1}^{2n} \frac{1}{2n} y_{i,k|k-1} \tag{2-34}$$

估计 k 时刻量测协方差矩阵，即

$$p_{yy,k|k-1} = \sum_{j=1}^{2n} \frac{1}{2n} y_{i,k|k-1} (y_{i,k|k-1})^{\mathrm{T}} - \hat{y}_{i,k|k-1}(\hat{y}_{i,k|k-1})^{\mathrm{T}} + R_k \tag{2-35}$$

计算互协方差矩阵，即

$$p_{xy,k|k-1} = \sum_{i=1}^{2n} \frac{1}{2n} X_{i,k,k-1}(y_{i,k|k-1})^{\mathrm{T}} - \hat{x}_{k|k-1}(\hat{y}_{i,k|k-1}) \tag{2-36}$$

计算容积卡尔曼滤波增益矩阵，即

$$K_k = p_{xy,k|k-1}(p_{yy,k|k-1})^{-1} \tag{2-37}$$

计算状态变量的估计值，即

$$\hat{x}_{k|k} = \hat{x}_{k|k-1} + K_k(y_{k|k} - \hat{y}_{i,k|k-1}) \tag{2-38}$$

计算状态变量协方差矩阵，即

$$p_{k|k} = p_{k|k-1} + K_k P_{yy,k|k-1} K_k^{\mathrm{T}} \tag{2-39}$$

将式(2-15)～式(2-17)代入式(2-23)～式(2-39)，可以对货运车辆的质量和道路坡度进行估计。

2.6　基于自适应交互多模型的道路坡度估计融合

基于运动学模型的道路坡度估计和基于动力学模型的道路坡度估计各有优长。AIMM 可以克服采用单一模型进行系统状态估计，有效对两个或者更多模型进行加权融合系统的状态估计。针对交互多模型中的马尔可夫概率转移矩阵参数都是预先设定的，并且不会随着模型的切换而改变，与实际情况不符[9]。人们在交互多模型算法的基础上通过滤波后验信息实时调整马尔可夫概率转移矩阵，从而实现马尔可夫转移概率矩阵的自适应调节[10]。

采用 AIMM 算法对两种模型进行加权融合，估计最佳道路坡度。道路坡度AIMM 流程图如图 2-5 所示。

设置每个滤波器模型的概率 μ_i 初值和模型的状态转移矩阵 G 初值，以及基于 CKF 的两种模型 $k-1$ 时刻的状态最优值和协方差矩阵，求出两种道路坡度估计模型的预测概率和两个模型之间的混合概率，即

$$c_j = \sum_{i=1}^{2} p_{ij}\mu_{i,k-1|k-1} \tag{2-40}$$

$$\mu_{ij,k-1|k-1} = \frac{p_{ij}\mu_{i,k-1|k-1}}{c_j} \tag{2-41}$$

其中，p_{ij} 为模型转换概率值，$j=1,2$ 为模型序列。

输入交互，得到两个模型各自的混合状态估计值和混合估计协方差矩阵，即

$$\hat{X}_{0j,k-1|k-1} = \sum_{i=1}^{2} \mu_{ij,k-1|k-1}\hat{X}_{i,k-1|k-1} \tag{2-42}$$

$$P_{0j,k-1|k-1} = \sum_{i=1}^{2} \mu_{ij,k-1|k-1}[P_{i,k-1|k-1} + (\hat{X}_{i,k-1|k-1} - \hat{X}_{0j,k-1|k-1})(\hat{X}_{i,k-1|k-1} - \hat{X}_{0j,k-1|k-1})^{\mathrm{T}}]$$

$$(2\text{-}43)$$

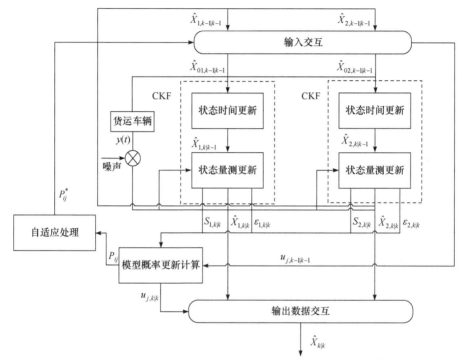

图 2-5　道路坡度 AIMM 流程图

对三种模型分别进行滤波，更新状态变量和协方差矩阵。

通过采用似然函数更新每个滤波器模型的概率，即

$$\Lambda_j(k) = \frac{\exp\{-0.5d_k^j(s_k^j)^{-1}(d_k^j)^{\mathrm{T}}\}}{\sqrt{2\pi|s_k^j|}}$$

$$(2\text{-}44)$$

$$s_k^j = p_{yy,k|k-1}$$

$$(2\text{-}45)$$

$$d_k^j = y_k - \hat{y}_{i,k|k-1}$$

$$(2\text{-}46)$$

则模型 j 的概率为

$$\mu_{j,k|k} = \frac{\Lambda_{j,k|k}c_j}{\psi}$$

$$(2\text{-}47)$$

$$\psi = \sum_{j=1}^{3} \Lambda_{j,k|k}c_j$$

$$(2\text{-}48)$$

其中，ψ 为归一化常数。

更新马尔可夫概率转移矩阵，计算每个模型的误差压缩率，即

$$\begin{cases} \gamma_{1,k|k} = \dfrac{p_{21}}{p_{11}\mu_{1,k|k} + p_{21}\mu_{2,k|k}} \\[4mm] \gamma_{2,k|k} = \dfrac{p_{12}}{p_{12}\mu_{1,k|k} + p_{22}\mu_{2,k|k}} \end{cases} \tag{2-49}$$

通过模型的误差压缩率修正马尔可夫概率转移矩阵，即

$$P_{ij}^* = \begin{bmatrix} 1 - \left(\dfrac{\gamma_1}{\gamma_2}\right)^{\tau} p_{12} & \left(\dfrac{\gamma_1}{\gamma_2}\right)^{\tau} p_{12} \\[4mm] \left(\dfrac{\gamma_2}{\gamma_1}\right)^{\tau} p_{21} & 1 - \left(\dfrac{\gamma_2}{\gamma_1}\right)^{\tau} p_{21} \end{bmatrix} \tag{2-50}$$

基于每个模型的概率，对上述两种模型的估计结果加权合并，得到总的状态估计，即

$$\hat{X}_{k|k} = \sum_{j=1}^{2} \mu_{j,k|k} \hat{X}_{j,k|k} \tag{2-51}$$

2.7　货运车辆质量和道路坡度估计实例

2.7.1　匀速阶段的货运车辆质量估计算法

货运车辆大部分行驶在城市道路或高速公路上，因此设货车大部分情况行驶在平坦路面，分不同阶段对其质量进行估计。在匀速阶段进行货运车辆质量估计时，通过对加速度计传感器获得的信息进行判定，如果小于设定的阈值，则对货运车辆进行质量估计。为了验证匀速行驶阶段的货运车辆质量估计效果，分别设置在不同匀速行驶速度，对不同负载的货运车辆进行质量估计。匀速行驶下货运车辆工况设置如表 2-1 所示。

表 2-1　匀速行驶下货运车辆工况设置

工况	车速/(km/h)	负载质量/kg					路况
1	40	0	1000	2000	3000	4000	5000	
2	50	0	1000	2000	3000	4000	5000	平坦路面
3	60	0	1000	2000	3000	4000	5000	

续表

工况	车速/(km/h)	负载质量/kg						路况
4	70	0	1000	2000	3000	4000	5000	平坦路面
5	80	0	1000	2000	3000	4000	5000	

　　本章的仿真实例通过 TruckSim 与 MATLAB/Simulink 进行联合仿真。在仿真过程中，各个变量的采样频率均为 200Hz，将匀速行驶下货运车辆的工况通过 TruckSim 进行设置，并进行联合仿真。匀速行驶阶段的质量估计结果如图 2-6 所示。

　　可以看出，在不同的速度和负载下，货运车辆的质量估计值都快速收敛于真实货运车辆的质量值。

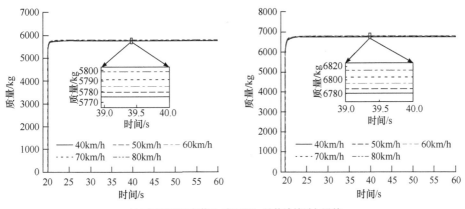

(a) 不同速度下负载0kg和1000kg的估计结果与误差

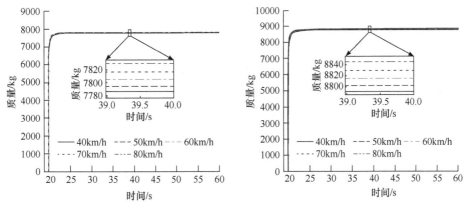

(b) 不同速度下负载2000kg和3000kg的估计结果与误差

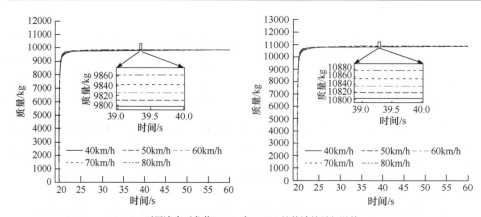

(c) 不同速度下负载4000kg和5000kg的估计结果与误差

图 2-6　匀速行驶阶段的质量估计结果

2.7.2　加速阶段的多模型道路坡度融合估计算法

能过 TruckSim 设置两种不同的道路坡度变化类型，分别为路面坡度连续变化和路面坡度阶跃变化。在这两种工况下，分别设置不同的速度区间和负载进行仿真分析。稳定加速行驶下货运车辆工况设置如表 2-2 所示。

表 2-2　稳定加速行驶下货运车辆工况设置

工况	坡道类型	速度区间	负载质量/kg		
1	连续变化	低速	1000	3000	5000
		正常	1000	3000	5000
2	固定坡度	低速	1000	3000	5000
		正常	1000	3000	5000

图 2-7 所示为工况 1 下不同速度区间下不同负载的时变道路坡度估计结果。图 2-8 所示为工况 2 下不同速度区间下不同负载的固定道路坡度估计结果。在 TruckSim-Simulink 仿真实验过程中，路面附着系数设置为 0.85，Road slope 为 TruckSim 输出的真实值，Dynamic 代表基于动力学模型的道路坡度估计算法，Kinematic 代表基于运动学模型的道路坡度估计算法，IMM 代表交互多模型道路坡度融合算法，AIMM 代表自适应交互多模型道路坡度融合算法。

由此可知，在货运车辆质量已知的情况下，所提算法可以较为准确地估计道路坡度值，但是在连续大角度变化的道路坡度情况下，估计结果还是有一定的滞后性。

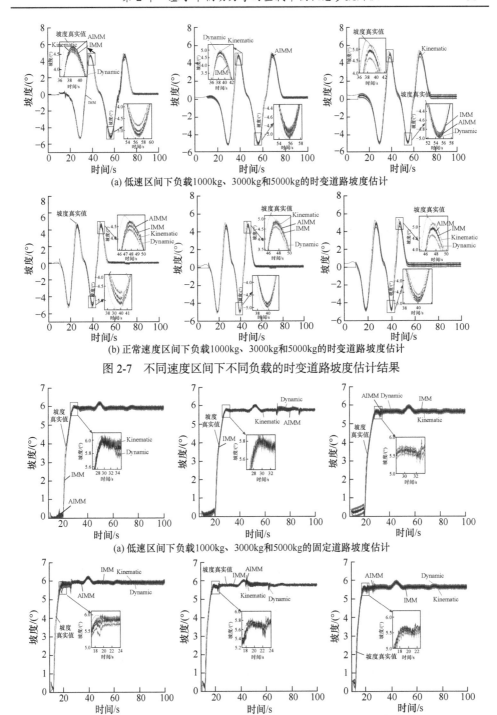

(a) 低速区间下负载1000kg、3000kg和5000kg的时变道路坡度估计

(b) 正常速度区间下负载1000kg、3000kg和5000kg的时变道路坡度估计

图 2-7　不同速度区间下不同负载的时变道路坡度估计结果

(a) 低速区间下负载1000kg、3000kg和5000kg的固定道路坡度估计

(b) 正常速度区间下负载1000kg、3000kg和5000kg的固定道路坡度估计

图 2-8　不同速度区间下不同负载的固定道路坡度估计结果

2.7.3　误差结果分析

为了验证该方法估计的结果，分别采用均方根误差(root mean square error, RMSE)和平均绝对误差(mean absolute error, MAE)评价所提方法的性能。其误差指标表达式为

$$\text{MAE}(x) = \frac{1}{n}\sum_{k=1}^{n}\left|\hat{x}_i(k\,|\,k) + x_{i,\text{true}}\right| \tag{2-52}$$

$$\text{RSME}(x) = \sqrt{\frac{\sum_{k=1}^{n}(\hat{x}_i(k\,|\,k) - x_{i,\text{true}})^2}{n}} \tag{2-53}$$

其中，$\hat{x}_i(k\,|\,k)$ 为所提算法的估计结果；$x_{i,\text{true}}$ 为真实值；$i = M,K,D,I,A$ 分别代表质量估计结果、运动学模型道路坡度估计结果、动力学模型道路坡度估计结果、交互多模型道路坡度融合估计结果、AIMM 道路坡度融合估计结果。

不同速度下的质量估计 RMSE 和 MAE，以及不同工况(S1 和 S2)下的道路坡度的误差图分别如图 2-9 和图 2-10 所示。

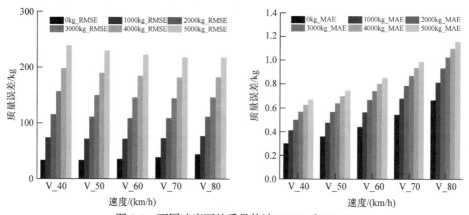

图 2-9　不同速度下的质量估计 RMSE 和 MAE

可以看出，在 40～80km/h 匀速行驶时，随着负载的增加，质量估计的离散程度也呈现递增趋势，但是在不同的速度驱动下，同一负载时都维持在一个稳定的离散值附近，表明所提质量估计方法具有良好的稳定性。由图 2-9 中的 MAE 可知，在同一速度驱动下，对于负载的增加，虽然估计的误差也呈现递增的趋势，但是误差却维持在较小的范围内。MAE 准则下最大的估计误差为货运车辆匀速 80km/h、负载 5000kg 时。这时货运车辆总质量的估计误差为 124kg，由 MAE 的意义可知，所提质量估计方法具有较好的估计精度。

由图 2-10 可以看出，在不同的负载和速度驱动下，AIMM 算法的道路坡度估计误差的离散程度都小于其他算法估计误差的离散程度，表明所提算法在连续

变化坡度工况下相对于其他算法有良好的稳定性。可以看出，在固定坡度下，运动学模型精度最优，AIMM 次之，动力学模型精度最差。

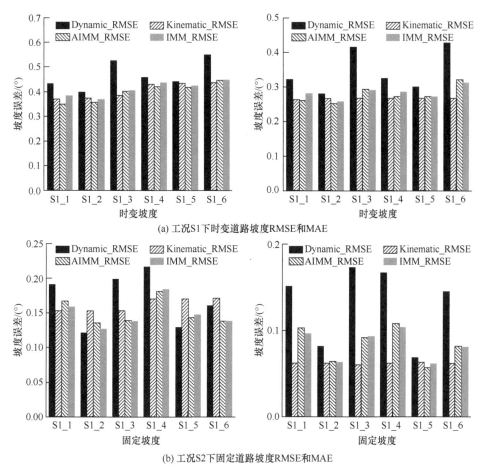

(a) 工况S1下时变道路坡度RMSE和MAE

(b) 工况S2下固定道路坡度RMSE和MAE

图 2-10　不同工况下的道路坡度的误差图

通过上面的分析，AIMM 融合算法在保证一定精度的前提下有更强的鲁棒性和稳定性，能够满足货运车辆实际行驶过程中复杂的道路情形。

2.8　货运车辆质心位置估计方法

2.8.1　构建质心位置估计模型

1. 建立货运车辆纵向动力学模型和车轮动力学模型

时变参数货运车辆车轮动力学模型的时变参数动力学方程和货运车辆纵向动

力学方程可以表示为

$$m\dot{v}_x = \frac{T_{tq}i_g i_0 \eta}{r_e} - 0.5C_d A\rho v_x^2 - mgf - mg\beta \tag{2-54}$$

$$J_1\dot{w}_f = T_f - r_e f F_{zf} - r_e F_{xf} \tag{2-55}$$

$$J_2\dot{w}_r = T_r - r_e f F_{zr} - r_e F_{xr} \tag{2-56}$$

其中，J_1 为前轴车轮的转动惯量；$\dot{w}_f$ 为前轴车轮的角加速度；J_2 为后轴车轮的转动惯量；$\dot{w}_r$ 为后轴车轮的角加速度。

2. 建立低滑移率下车轮纵向力与垂向力关系式

货运车辆在纵向稳定加速行驶阶段，当轮胎处于低滑移率时，其前后轴纵向力与其垂向力的关系式为

$$\frac{F_{xf}}{F_{zf}} = k_f s_f \tag{2-57}$$

$$\frac{F_{xr}}{F_{zr}} = k_r s_r \tag{2-58}$$

其中，k_f 为前轴车轮的滑移斜率系数；k_r 后轴车轮的滑移斜率；s_f 和 s_r 为前轴和后轴车轮滑移率。

前后货运车辆车轮的滑移率为

$$
\begin{aligned}
s_{fl} &= \frac{r_e w_{fl} - v_x}{\max(r_e w_{fl}, v_x)} \\
s_{fr} &= \frac{r_e w_{fr} - v_x}{\max(r_e w_{fr}, v_x)} \\
s_{rl} &= \frac{r_e wrl - v_x}{\max(r_e w_{rl}, v_x)} \\
s_{rr} &= \frac{r_e w_{rr} - v_x}{\max(r_e w_{rr}, v_x)}
\end{aligned}
\tag{2-59}
$$

其中，fl、fr、rl、rr 表示左前轮、右前轮、左后轮、右后轮。

在货运车辆行驶过程中，假设其前后轴车轮的路面状况是相同的，因此 k_f 和 k_r 的区别主要由轮胎特性决定。其中，轮胎特性包括轮胎的类型、前后轴轮胎的数量等，因此前后轴的滑移斜率为

$$k_r = \gamma k_f \tag{2-60}$$

其中，γ 为比例系数，一般通过实验获得[11]。

将式(2-54)～式(2-60)进行合并整理，可得

$$\begin{cases} m\dot{v}_x = k_f F_{zf} s_f + \gamma k_f F_{zr} s_r - 0.5 C_d A \rho v_x^2 - mgf - mg\beta \\ J_1 \dot{w}_f = T_f - r_e f F_{zf} - r_e k_f F_{zf} s_f \\ J_2 \dot{w}_r = T_r - r_e f F_{zr} - \gamma r_e k_f F_{zr} s_r \end{cases} \tag{2-61}$$

其中，F_{zf} 和 F_{zr} 为前轴和后轴轮胎垂向力，即

$$F_{zf} = \frac{m(g + a_z)b}{l} - \frac{m\left[a_x + (0.5\rho A C_d v_x^2 / m)\right]h}{l} \tag{2-62}$$

$$F_{zr} = \frac{m(g + a_z)a}{l} + \frac{m\left[a_x + (0.5\rho A C_d v_x^2 / m)\right]h}{l} \tag{2-63}$$

其中，a 和 b 为货运车辆质心到前轴和后轴的位置；a_z 为货运车辆垂向加速度；h 为货运车辆质心高度；$L = a + b$ 为前轴到后轴的轴距。

2.8.2　H_∞容积卡尔曼滤波器的设计

在卡尔曼滤波框架下，往往需要满足系统初始状态、系统输入噪声、系统观测噪声互不相关[12]。在噪声均值为零的高斯白噪声下，可以最小化估计误差的方差，但是在实际的货运车辆行驶过程中，往往存在模型不确定性和干扰信号统计特性不完全已知，使卡尔曼滤波框架下的算法失去最优性，甚至引起滤波发散[13]。由于 H_∞ 滤波不需要知道环境噪声的统计特性等先验信息，能够使外界干扰对状态估计结果影响最小，因此将 H_∞ 与容积卡尔曼滤波相结合构成 H_∞CKF，能够使滤波算法具有更强的鲁棒性[14,15]。

构建状态方程和观测方程，即

$$\begin{cases} x_k = f(x_{k-1}, u_{k-1}) + w_k \\ y_k = h(x_k) + v_k \end{cases} \tag{2-64}$$

对于 H_∞ 滤波来讲，其目标是估计状态的线性组合，而不是直接估计其状态，即

$$z_k = L_k x_x \tag{2-65}$$

其中，z_k 为估计的信号；L_k 为已知矩阵，通常设为单位矩阵。

根据 H_∞ 滤波博弈论方法，设计的目标为找出一个估计值 z_k，将初始状态 x_0、过程噪声 w_k 和测量噪声 v_k 的不确定性降到最低，并在最坏的情况下使估计误差最小，因此定义代价函数 J 为

$$J = \frac{\sum_{k=0}^{N-1} \| z_k - \hat{z}_k \|_{S_K}^2}{\| x_0 - \hat{x}_0 \|_{p_0^{-1}}^2 + \sum_{k=0}^{N-1} (\| w_k \|_{Q_K^{-1}}^2 + \| v_k \|_{R_K^{-1}}^2)} \tag{2-66}$$

其中，$\| z_k - \hat{z}_k \|_{S_K}^2 = (z_k - \hat{z}_k)^T S_k (z_k - \hat{z}_k)$；过程噪声协方差矩阵 Q_k 和测量噪声协方差矩阵 R_k 是未知的。

对于 H_∞ 滤波直接最小化 J 是很难处理的，因此我们选择一个性能边界，使其满足这个限制，即

$$J < \frac{1}{\varepsilon} \tag{2-67}$$

其中，$\frac{1}{\varepsilon}$ 为性能边界。

为了将 H_∞ 滤波应用于非线性系统，因此将 H_∞ 滤波与容积卡尔曼滤波相结合。

容积点计算时利用 $2N$ 个容积点进行加权求和来近似高斯积分，利用容积积分准则求解任意分布函数的积分问题，即

$$\int_{R^n} f(x) N(x; \mu, P) \mathrm{d}x \approx \frac{1}{2n} \sum_{i=1}^{2n} f(\mu + \sqrt{P}\zeta_i) \tag{2-68}$$

其中，P 为协方差矩阵；μ 为均值；ζ_i 为传播的容积点集，即

$$\sqrt{n} \left[\begin{pmatrix} 1 \\ 0 \\ \vdots \\ 0 \end{pmatrix} \cdots \begin{pmatrix} 0 \\ 0 \\ \vdots \\ 1 \end{pmatrix} \begin{pmatrix} -1 \\ 0 \\ \vdots \\ 0 \end{pmatrix} \cdots \begin{pmatrix} 0 \\ 0 \\ \vdots \\ -1 \end{pmatrix} \right] \tag{2-69}$$

对状态变量时间更新，已知 $K-1$ 时刻的协方差为

$$p_{k-1|k-1} = s_{k-1} s_{k-1}^T \tag{2-70}$$

选择容积点，即

$$X_{i,k-1,k-1} = S_k \xi_i + \hat{x}_{k-1|k-1}, \quad i = 1, 2, \cdots, 2n \tag{2-71}$$

容积点传播，即

$$X_{i,k|k-1}^* = f(X_{i,k-1,k-1}) \tag{2-72}$$

计算 k 时刻状态变量的预测值，即

$$\hat{x}_{k|k-1} = \sum_{i=1}^{2n} \frac{1}{2n} X_{i,k|k-1}^* \tag{2-73}$$

计算先验误差协方差矩阵，即

$$p_{k|k-1} = \sum_{j=1}^{2n} \frac{1}{2n} X_{i,k|k-1}^* (X_{i,k|k-1}^*)^{\mathrm{T}} - \hat{x}_{k|k-1}(\hat{x}_{k|k-1})^{\mathrm{T}} + Q_{k-1} \tag{2-74}$$

对状态变量量测更新，对更新后的状态误差协方差矩阵 $p_{k|k-1}$ 分解，可得

$$p_{k|k-1} = s_{k|k-1} s_{k|k-1}^{\mathrm{T}} \tag{2-75}$$

计算容积点，即

$$X_{i,k,k-1} = S_{k|k-1} \xi_i + \hat{x}_{k|k-1}, \quad i = 1, 2, \cdots, 2n \tag{2-76}$$

通过量测方程传播容积点，即

$$y_{i,k|k-1} = h(X_{i,k,k-1}) \tag{2-77}$$

更新状态变量量测方程的预测值为

$$\hat{y}_{i,k|k-1} = \sum_{i=1}^{2n} \frac{1}{2n} y_{i,k|k-1} \tag{2-78}$$

估计 k 时刻量测协方差矩阵，即

$$p_{yy,k|k-1} = \sum_{j=1}^{2n} \frac{1}{2n} y_{i,k|k-1} (y_{i,k|k-1})^{\mathrm{T}} - \hat{y}_{i,k|k-1}(\hat{y}_{i,k|k-1})^{\mathrm{T}} + R_k \tag{2-79}$$

计算互协方差矩阵，即

$$p_{xy,k|k-1} = \sum_{i=1}^{2n} \frac{1}{2n} X_{i,k,k-1} (y_{i,k|k-1})^{\mathrm{T}} - \hat{x}_{k|k-1}(\hat{y}_{i,k|k-1}) \tag{2-80}$$

计算容积卡尔曼滤波增益矩阵，即

$$K_k = p_{xy,k|k-1} (p_{yy,k|k-1})^{-1} \tag{2-81}$$

计算状态变量的估计值，即

$$\hat{x}_{k|k} = \hat{x}_{k|k-1} + K_k (y_k - \hat{y}_{i,k|k-1}) \tag{2-82}$$

计算 k 时刻状态误差协方差估计值，即

$$p_{k|k}^{-1} = p_{k|k-1}^{-1} + p_{k|k-1}^{-1} p_{xy,k|k-1} R_k^{-1} (p_{xy,k|k-1})^{\mathrm{T}} (p_{k|k-1}^{-1})^{\mathrm{T}} - \varepsilon^{-2} I_n \tag{2-83}$$

$$p_{k|k} = p_{k|k}^{-1} \backslash I_n \tag{2-84}$$

其中，I_n 为单位矩阵；ε 对于 H_∞CKF 至关重要，随着 ε 的增加，滤波方法对系统模型误差、初始状态值和噪声统计特性的变化越来越不敏感，鲁棒性会逐渐下

降，但是估计状态的方差也会减小，估计精度提高。在此期间，ε 的最小值必须保证滤波器存在。

2.8.3 与 EKF 相结合的双卡尔曼滤波质心位置估计过程

基于货运车辆实际行驶过程中情况，设计 H_∞CKF 与 EKF 并联形式，进行货运车辆状态与参数联合观测系统[16]。算法框架如图 2-11 所示。

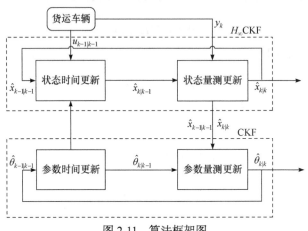

图 2-11　算法框架图

构建货运车辆的状态方程和观测方程，即

$$\begin{cases} x_k = f(x_{k-1}, u_{k-1}, \theta_{k-1}) + w_k \\ y_k = h(x_k, \theta_k) + v_k \end{cases} \tag{2-85}$$

其中，θ_k 为货运车辆非线性系统的参数向量。

在载货之后在行驶过程中，车辆总质量、质心位置的变化是微小的，因此将参数变化假设为

$$\begin{cases} \theta_k = \theta_{k-1} + e_{k-1} \\ d_k = f(x_{k-1}, u_k, \theta_k) + r_k \end{cases} \tag{2-86}$$

首先，确定载货车辆非线性系统的状态向量为 $x(t) = [v_x, w_f, w_r]$，系统的参数向量为 $\theta_k = [k_s, a, h]$，系统的观测向量为 $y_k = [v_x, w_f, w_r]$，由于 H_∞CKF 与 EKF 并联形式的算法也是一种递推校正算法，因此需要对货运车辆非线性动力学模型通过欧拉法进行离散化。离散化后的方程为

$$\begin{cases} v_x(k) = v_x(k-1) + \left(\dfrac{k_f F_{zf} s_f}{m} - \dfrac{\gamma k_f F_{zr} s_r}{m} - \dfrac{0.5 C_d A \rho v_x^2}{m} - gf - g\beta \right) \mathrm{d}t \\ w_f(k) = w_f(k-1) + [(T_f - r_e f F_{zf} - r_e k_f F_{zf} s_f)/J_1] \mathrm{d}t \\ w_r(k) = w_f(k-1) + [(T_r - r_e f F_{zr} - \gamma r_e k_f F_{zr} s_r)/J_2] \mathrm{d}t \end{cases} \tag{2-87}$$

$$F_{zf}(k-1) = \frac{m(g+a_z)b}{l} - \frac{m\{a_x + [0.5\rho A C_d v_x^2(k-1)/m]\}h}{l} \tag{2-88}$$

$$F_{zr}(k-1) = \frac{m(g+a_z)a}{l} + \frac{m\{a_x + [0.5\rho A C_d v_x^2(k-1)/m]\}h}{l} \tag{2-89}$$

其中，$\mathrm{d}t$ 为采样时间。

$H_\infty \mathrm{CKF}$ 与 EKF 并联形式算法的主要流程包括以下步骤。

(1) 货运车辆参数变量时间更新，即

$$\theta_{\theta,k|k-1} = \theta_{\theta,k-1,k-1} + e_{k-1|k-1} \tag{2-90}$$

$$P_{\theta,k|k-1} = P_{\theta,k-1|k-1} + Q_{k-1} \tag{2-91}$$

(2) 货运车辆状态变量时间更新。

已知 $K-1$ 时刻的协方差为

$$p_{k-1|k-1} = s_{k-1|k-1} s_{k-1|k-1}^{\mathrm{T}} \tag{2-92}$$

选择容积点，即

$$X_{i,k-1,k-1} = s_{k-1|k-1}\xi_i + \hat{x}_{k-1|k-1}, \quad i = 1,2,\cdots,2n \tag{2-93}$$

$$\zeta_i = \sqrt{n} \left[\begin{pmatrix} 1 \\ 0 \\ 0 \end{pmatrix} \begin{pmatrix} 0 \\ 1 \\ 0 \end{pmatrix} \begin{pmatrix} 0 \\ 0 \\ 1 \end{pmatrix} \begin{pmatrix} -1 \\ 0 \\ 0 \end{pmatrix} \begin{pmatrix} 0 \\ -1 \\ 0 \end{pmatrix} \begin{pmatrix} 0 \\ 0 \\ -1 \end{pmatrix} \right] \tag{2-94}$$

容积点传播，即

$$X_{i,k|k-1}^* = f(X_{i,k-1,k-1}, \hat{\theta}_{\theta,k|k-1}, u_k) \tag{2-95}$$

计算 k 时刻状态变量的预测值，即

$$\hat{x}_{k|k-1} = \sum_{i=1}^{2n} \frac{1}{2n} X_{i,k|k-1}^* \tag{2-96}$$

计算先验误差协方差矩阵，即

$$p_{k-1} = \sum_{j=1}^{2n} \frac{1}{2n} X_{i,k|k-1}^* (X_{i,k|k-1}^*)^{\mathrm{T}} - \hat{x}_{k|k-1}(\hat{x}_{k|k-1})^{\mathrm{T}} + Q_{k-1} \tag{2-97}$$

(3) 货运车辆状态变量量测更新。

对更新后的状态误差协方差矩阵 $p_{x,k|k-1}$ 进行分解，即

$$p_{k|k-1} = s_{k|k-1}s_{k|k-1}^{\mathrm{T}} \tag{2-98}$$

计算容积点 $X_j(k|k-1)$ ，即

$$X_{i,k,k-1} = S_{k|k-1}\xi_i + \hat{x}_{k|k-1}, \quad i=1,2,\cdots,2n \tag{2-99}$$

通过量测方程传播容积点，即

$$y_{i,k|k-1} = h(X_{i,k,k-1}) \tag{2-100}$$

更新状态变量量测方程的预测值，即

$$\hat{y}_{i,k|k-1} = \sum_{i=1}^{2n}\frac{1}{2n}y_{i,k|k-1} \tag{2-101}$$

估计 k 时刻量测协方差矩阵，即

$$p_{yy,k|k-1} = \sum_{j=1}^{2n}\frac{1}{2n}y_{i,k|k-1}(y_{i,k|k-1})^{\mathrm{T}} - \hat{y}_{i,k|k-1}(\hat{y}_{i,k|k-1})^{\mathrm{T}} + R_k \tag{2-102}$$

计算互协方差矩阵，即

$$p_{xy,k|k-1} = \sum_{i=1}^{2n}\frac{1}{2n}X_{i,k,k-1}(y_{i,k|k-1})^{\mathrm{T}} - \hat{x}_{k|k-1}(\hat{y}_{i,k|k-1}) \tag{2-103}$$

计算容积卡尔曼滤波增益矩阵，即

$$K_k = p_{xy,k|k-1}(p_{yy,k|k-1})^{-1} \tag{2-104}$$

计算状态变量的估计值，即

$$\hat{x}_{k|k} = \hat{x}_{k|k-1} + K_k(y_k - \hat{y}_{i,k|k-1}) \tag{2-105}$$

计算 k 时刻状态误差协方差估计值，即

$$p_{k|k}^{-1} = p_{k|k-1}^{-1} + p_{k|k-1}^{-1}p_{xy,k|k-1}R_k^{-1}(p_{xy,k|k-1})^{\mathrm{T}}\left(p_{k|k-1}^{-1}\right)^{\mathrm{T}} - \varepsilon^{-2}I_n \tag{2-106}$$

$$p_{k|k} = p_{k|k}^{-1} \setminus I_n \tag{2-107}$$

(4) 货运车辆参数变量的量测更新。

计算 EKF 增益矩阵，即

$$K_{\theta k} = P_{\theta,k|k-1}H^{\mathrm{T}}(HP_{\theta,k|k-1}H^{\mathrm{T}} + R_{\theta,k})^{-1} \tag{2-108}$$

其中，$K_{\theta k}$ 为 EKF 增益矩阵；H 为 k 时刻测量方程 $f(x_{k-1},u_k,\theta_k)$ 对参数变量的雅克比矩阵，即

$$H = \frac{f(x_{k-1}, u_k, \theta_k)}{\theta_k} = \begin{bmatrix} \dfrac{\partial f_1}{\partial \theta_1} & \dfrac{\partial f_1}{\partial \theta_2} & \dfrac{\partial f_1}{\partial \theta_3} \\[2mm] \dfrac{\partial f_2}{\partial \theta_1} & \dfrac{\partial f_2}{\partial \theta_2} & \dfrac{\partial f_2}{\partial \theta_3} \\[2mm] \dfrac{\partial f_3}{\partial \theta_1} & \dfrac{\partial f_3}{\partial \theta_2} & \dfrac{\partial f_3}{\partial \theta_3} \end{bmatrix} \tag{2-109}$$

计算参数变量的估计值，即

$$\hat{\theta}_{k|k} = \hat{\theta}_{k|k-1} + K_{\theta k}(\hat{x}_{k|k} - f(x_{k-1}, u_k, \theta_{k|k-1})) \tag{2-110}$$

计算参数变量协方差，即

$$P_{\theta, k|k} = (I - K_{\theta k} H) P_{\theta, k|k-1} \tag{2-111}$$

2.9　本章小结

本章首先对货运车辆正常行驶中的各个阶段，提出基于匀速行驶阶段货运车辆的质量估计。由仿真结果可知，匀速行驶阶段货运车辆的质量估计结果明显优于加速阶段。在匀速行驶阶段获取质量估计值后，通过稳定加速阶段进行道路坡度估计。由于道路坡度具有时变特性，为了使算法更具有鲁棒性，利用运动学模型和动力学模型对道路坡度估计，并对其进行多传感器融合，使其能够在各种复杂的道路环境下有效的对道路坡度进行估计。此外，本章还对货运车辆基于纵向动力学模型和车轮模型的质心位置估计方法进行了介绍。

参 考 文 献

[1] Li X, Ma J, Zhao X, et al. Intelligent two-step estimation approach for vehicle mass and road grade. IEEE Access, 2020, 8: 218853-218862.

[2] Hao S, Luo P, Xi J. Estimation of vehicle mass and road slope based on steady-state Kalman filter//IEEE International Conference on Unmanned Systems, 2017: 582-587.

[3] 雷雨龙, 付尧, 刘科, 等. 基于扩展卡尔曼滤波的车辆质量与道路坡度估计. 农业机械学报, 2014, 45(11): 9-13.

[4] 赵健, 李至轩, 朱冰, 等. 基于交互多模型的车辆质量与道路坡度估计. 中国公路学报, 2019, 32(12): 58-65.

[5] Vahidi A, Stefanopoulou A, Peng H. Recursive least squares with forgetting for online estimation of vehicle mass and road grade: Theory and experiments. Vehicle System Dynamics, 2005, 43(1): 31-55.

[6] 金贤建, 杨俊朋, 殷国栋, 等. 分布式驱动电动汽车双无迹卡尔曼滤波状态参数联合观测. 机械工程学报, 2019, 55(22): 93-102.

[7]　石冠男. 商用车动力学状态识别及稳定性协调控制研究. 长春: 吉林大学, 2018.

[8]　陈锦曦. 基于容积卡尔曼滤波的路面附着系数估计算法研究. 成都: 电子科技大学, 2014.

[9]　任培文. 基于交互多模型的目标跟踪方法研究. 哈尔滨: 哈尔滨工程大学, 2020.

[10]　戴定成, 蔡宗平, 牛创. 基于容积卡尔曼滤波的自适应 IMM 算法. 现代雷达, 2015, 37(3): 27-30.

[11]　Wang J, Alexander L, Rajamani R. Friction estimation on highway vehicles using longitudinal measurements. Journal of Dynamic Systems, Measurement, and Control, 2004, 126(2): 265-275.

[12]　付梦印. Kalman 滤波理论及其在导航系统中的应用. 北京: 科学出版社, 2003.

[13]　张勇刚. 最优状态估计—卡尔曼, H_∞ 及非线性滤波. 北京: 国防工业出版社, 2013.

[14]　Lin C, Gong X, Xiong R, et al. A novel H_∞ and EKF joint estimation method for determining the center of gravity position of electric vehicles. Applied Energy, 2017, 194: 609-616.

[15]　Yang R, Zhang A, Zhang L, et al. A novel adaptive H-Infinity cubature Kalman filter algorithm based on Sage-Husa estimator for unmanned underwater vehicle. Mathematical Problems in Engineering, 2020, 6: 1-10.

[16]　Huang X, Wang J. Real-time estimation of center of gravity position for lightweight vehicles using combined AKF-EKF method. IEEE Transactions on Vehicular Technology, 2014, 63(9): 4221-4231.

第3章　基于机器视觉的车辆运动状态识别方法

重载车辆的事故致因与其运行状态关联性强，对交通事故的严重程度有显著的影响。检测重载车辆状态对于事故预防有重要的作用。在传统的车辆监管中，重载车辆状态的检测手段一般以人工检测或改造公路加装称重系统为主。随着图像识别技术的迅速发展，基于视觉检测的非接触式技术手段能更大限度地利用现有交通设施。

3.1　基于机器视觉的车辆识别方法

深度学习[1]作为机器学习的子领域，利用卷积操作对图像进行特征提取，构建的深层卷积网络提取到的图像特征描述能力更强。通过深度学习理论对人工神经网络构建，通过引入神经网络解决数据表达和特征提取的任务。1943 年，McCulloch 等在 M-P 模型中提出人工神经网络的概念[2]，并给出人工神经元的数学模型。由于当时计算资源的限制，人工神经网络的发展在一定程度上受到阻碍。之后，神经网络进入发展阶段。在这一阶段，BP 神经网络由 Hinton 等于 1985 年提出[3]。BP 神经网络引入了可微分非线性神经元，能够解决早期神经元的弱点，大幅度降低训练周期。同一时期提出的分布式知识表达算法可以加强模型的表达能力，让神经网络从宽度方向走向深度方向。其核心是让多个神经元参与知识表达的过程。

随着计算机性能的提升，1989 年，LeCun 提出 LeNet 网络结构，将 CNN 第一次运用于在图像识别领域。1998 年，LeNet5 真正标志着 CNN 的发布。2006 年，Hinton 等[4]发现利用多隐层神经网络可以学习到数据本质属性的特征有利于数据可视化和分类等任务，采用无监督的逐层初始化策略可降低深层神经网络在训练时的难度，标志着深度学习的崛起。2012 年，在 ImageNet 图像分类竞赛中，Krizhevsky 使用 CNN 夺得冠军，使深度学习快速发展起来。

现阶段深度学习算法已深入到不同的研究领域，包括目标检测、目标跟踪、语义分割等领域。其中，目标检测是指对图像中感兴趣的目标(region of interest，ROI)进行检测，确定目标在图像中的位置信息和大小信息，在车辆运动状态识别中，主要是对车辆的车型、位置和车身尺寸进行检测。目前的目标检测模型主要使用 CNN，包括一阶段的 YOLO 系列算法、SSD 算法、EfficientDet 算法和二阶段的 RCNN 系列算法、SPP-Net 算法等[5-13]。RCNN 算法将目标检测问题看成目标分类问题，包含候选区域选择、CNN 特征提取、SVM 分类和边界框回归等步骤。作为最初将 CNN 加入目标检测网络的模型，它奠定了后续一阶段和二阶段目标检测网络结构的基础。在 RCNN 模型中，首先需要通过选择性搜索法从原始图片中提取区域候选框，并将候选框缩放或裁剪成固定的大小，以便后续输入 CNN 模型中，从而提取特征，最后利用分类器对区域目标进行分类和预测。之后的 Fast RCNN 算法和 Faster RCNN 算法均在 RCNN 基础上进行了改进。Fast RCNN 算法可以提升目标检测的速度和精度。Faster RCNN 进一步使检测流程精简到候选区域选择和目标检测两部分，并真正发展为端到端的目标检测框架。SSD 模型是一阶段目标检测模型，借鉴了 Faster RCNN 的锚框机制，同时取消了候选框和特征重采样过程，能够兼顾速度和精度。YOLO 系列算法将目标边界框预测过程视为回归问题，将整张图像输入网络模型，同时将图像划分为若干等分的网格，由每个网格负责预测目标边界框的中心坐标、宽高信息、置信度、类别概率。YOLO 系列算法在保持一定识别精度的同时有较快的检测速度，受到工业界的青睐。最新的 YOLOv5 算法提供了多种网络结构，可以满足检测速度和精度的不同要求。

3.1.1　RCNN 系列模型

RCNN 系列算法包括 RCNN、FastRCNN 和 FasterRCNN 三种模型。RCNN 的含义是候选区域与 CNN 的结合，使用候选区域算法提前生成候选框。通常，获取候选区域的方法为滑窗法，使用固定大小的窗口遍历整个图片，依次判定所有可能的区域，但是这种方法存在很多局限性，因此 RCNN 选择候选区域算法。候选区域算法是通过一些图像分割算法预先找出图像中目标可能出现的位置。然后，通过图像的纹理、边缘、颜色等信息，重复合并相似的区域框，直到合并生成一个区域，输出候选区域。最后，根据候选框提取的目标图像将其标准化作为 CNN 的输入标准。在 RCNN 中，图像划分的单元格数量一般为一千到两千，对图像进行单元格划分后需要进行特征提取或卷积操作，提取图像的目标特征。

目前已有较多成熟的候选区域算法，其中选择性搜索算法是常用的比较高效的算法之一。选择性搜索算法的主要思路是，首先产生初始的分割区域，并将这些初始区域的边界框添加到候选区域列表中。然后，利用这些区域的相似度对其中的一些区域进行合并，将合并后的区域视为一个整体。最后，添加候选区域列表并计算相似度及合并，重复以上过程，直到产生较大的区域。

特征提取阶段使用 CNN 进行特征提取。RCNN 算法采用的特征提取模型是 AlexNet 网络模型。它对每个生成的候选区域框进行特征提取，生成维度为 4096

的特征向量。AlexNet 网络模型的图像输入大小为 227×227，由于选择性搜索算法产生的候选框大小不一，因此需要将候选框统一缩放处理。缩放处理方法包括各项异性缩放、各项同性缩放，其中各项异性缩放是指按照需要的尺寸进行强行缩放，各项同性缩放则包括先扩充后裁剪和先裁剪后扩充两种手段。

对于特征提取阶段的输出结果，我们使用分类器进行目标类别的判定。RCNN 网络使用的是线性 SVM 二类分类器。它在进行分类前根据特征向量对分类器进行训练，训练需要对每个类别设置一个线性 SVM 分类器。SVM 是 Vapnik 等于 1995 提出的一种可以解决小样本、非线性和高维模式识别问题的机器学习算法[14]。SVM 以结构风险最小化理论和统计学习理论为基础，主要思想是建立一个超平面作为决策曲面，使分类间隔最大的超平面即最优超平面。以二分类问题为例，设超平面为

$$w^{\mathrm{T}}x + b = 0 \tag{3-1}$$

其中，w 为权重向量；b 为偏置。

寻求最优超平面的过程可以转化为寻求最优解的过程，最终求解目标函数和约束条件为

$$\min \frac{1}{2}\|w\|^2 \tag{3-2}$$

$$\text{s.t.} \quad y_i(g(x_i)) \geqslant 1, \quad i = 1, 2, \cdots, n \tag{3-3}$$

$$g(x_i) = wx_i + b \tag{3-4}$$

其中，$g(x_i)$ 为几何间隔；$y_i(g(x_i))$ 为函数间隔。

式(3-4)寻求最优解常使用的方法就是拉格朗日乘子法，可构造拉格朗日函数并利用对偶性将求解函数转化为对偶函数，即

$$L(w, b, \alpha) = \frac{1}{2}\|w\|^2 - \sum_{i=1}^{n} \alpha_i(y_i(g(x_i)) - 1), \quad \alpha_i > 0 \tag{3-5}$$

对偶问题函数表达为

$$\max \frac{1}{2}\sum_{i=1}^{n}\sum_{j=1}^{n} \alpha_i \alpha_j y_i y_j (x_i \cdot x_j) - \sum_{i=1}^{n} \alpha_i, \quad i, j = 1, 2, \cdots, n \tag{3-6}$$

$$\text{s.t.} \quad \sum_{i=1}^{n} y_i \alpha_i = 0, \quad \alpha_i > 0 \tag{3-7}$$

然后，根据 KKT(Karush-Kuhn-Tucker)条件及序列最小优化(sequential minimal optimization，SMO)算法即可求得对偶函数的最优解 α^*、最优权值 w^* 和最优偏置 b^*，从而得到超平面，即

$$\alpha^* = (\alpha_1^*, \alpha_2^*, \cdots, \alpha_n^*)^{\mathrm{T}} \tag{3-8}$$

$$w^* = \sum_{i=1}^{n} \alpha^* y_i x_i \tag{3-9}$$

$$b^* = y_j - \sum_{i=1}^{n} \alpha^* y_i (x_i x_j) \tag{3-10}$$

对于线性不可分问题，可以通过引入核函数将非线性问题转换为线性问题求解。

在对目标分类后，需要进行目标的位置精修，对于每一个类别，RCNN 采用线性回归器对位置进行精修，通过边界回归框获得区域信息。在目标划定为某个类别后，通过判定候选框的交并比(intersection over union，IoU)是否大于 0.6 来判定是否为正样本。

Fast RCNN 算法将候选区域部分放在特征提取之后进行，避免对所有的区域进行特征提取操作。区别于 RCNN 算法，Fast RCNN 算法在网络框架的最后一个卷积层后加了一个 ROI 池化层；损失函数使用多任务损失(multi-task loss)函数，将边框回归直接加到 CNN 网络中训练，在分类阶段使用 Softmax 算法替代 SVM 进行目标分类。

Fast RCNN 模型流程图如图 3-1 所示。

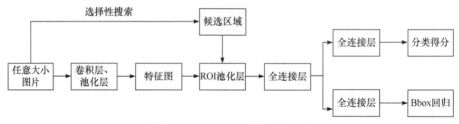

图 3-1　Fast RCNN 模型流程图

首先，Fast RCNN 算法使用选择性搜索算法对图像进行搜索，形成约 2000 个区域候选框。与 RCNN 算法使用的候选框搜索算法使用的合并规则相同，都是优先合并颜色直方图和梯度直方图相近的，以及合并后总面积较小的，从而生成最后的候选区域框。同时，Fast RCNN 同样采用 CNN 提取图像中区域的特征向量，使用的网络结构主要为 VGG16。VGG16 网络结构如图 3-2 所示。图中，CONV 表示卷积层，MaxPooling 表示最大池化层，FC 表示全连接层。

经过 CNN 提取后，可以得到图像的特征图，然后使用 ROI 池化层进行尺寸统一。ROI 池化层的作用是在不同大小的特征图输入全连接层前做尺寸变换，进行统一。之后经过两个全连接层，一个是分类的输出向量，另一个是回归的输出向量，利用 Softmax 函数进行损失函数计算，输出标签和得分情况，回归采用的是 Smooth 函数,输出是坐标情况。最后,在输入全连接层前采用奇异值分解算法简化全连接层的计算。

类型	步长 通道数×尺寸	输出尺寸	
		224×224×3	
CONV	64×3×3	224×224×64	×2
MaxPooling(2×2)		112×112×64	
CONV	128×3×3	112×112×128	×2
MaxPooling(2×2)		52×52×128	
CONV	256×3×3	56×56×256	×3
MaxPooling(2×2)		28×28×256	
CONV	512×3×3	28×28×512	×3
MaxPooling(2×2)		14×14×512	
CONV	512×3×3	14×14×512	×3
MaxPooling(2×2)		7×7×512	
FC		1×1×4092	×2
FC		1×1×1000	

图 3-2　VGG16 网络结构图

在 Faster RCNN 模型中,目标检测模型需要的步骤全都置于神经网络中完成,可大大提高目标检测模型的效率。Faster RCNN 首先使用区域生成网络(region proposal network,RPN)代替选择性搜索算法。区域生成网络使用的是全卷积神经网络,区别于 CNN 网络。它将全连接层更改为卷积层。操作过程的核心是使用 CNN 生成候选区域框,利用小型网络在生成的卷积特征图上进行窗口滑动。每次卷积过程会形成不同的特征向量。这些特征向量会传递到两个不同的全连接层中,分别用于边框回归和目标检测框回归。Faster RCNN 模型流程图如图 3-3 所示。

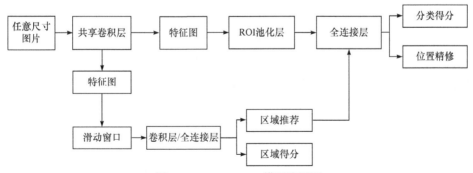

图 3-3　Faster RCNN 模型流程图

在以上三种算法中,Faster RCNN 算法是应用最为广泛的模型之一。RCNN、Fast RCNN、Faster RCNN 三种模型组成的框架图如图 3-4 所示。

图 3-4　三种模型组成的框架图

3.1.2　SSD 模型

　　SSD 模型是基于回归方法的一种网络模型。相对于 YOLO 算法需要在全连接之后再进行检测的特点，SSD 模型采用的是 CNN 直接检测。同时，该模型也结合了 Faster RCNN 算法中的候选区域生成预测框的相关思想，使检测速度有了很大地提升。针对不同大小的检测目标，SSD 模型仅利用不同卷积层，通过提取不同尺度特征图的方法进行检测便可以达到前者算法的检测结果。其核心是同时采用低尺寸的特征图和高尺度的特征图做检测，因此具有对细小物体进行检测的优势，并且精度有一定的保证。SSD 模型的主要采取三种核心思想，即多尺度特征图检测、卷积检测、设置先验框。

　　1. 多尺度特征图检测

　　一般情况下，CNN 中靠前的特征图尺寸较大，会采用步长为 2 的卷积或池化层等操作降低特征图的大小。SSD 模型将尺寸较大的特征图和尺寸较小的特征图都用来检测，其中较大的特征图用来检测较小的目标，较小的特征图用来检测大目标。通过新添加的卷积层，可以预测不同尺度和宽高比对默认框的偏移量和相关置信度。

　　2. 卷积检测

　　对于一个尺寸为 $M \times N$ 的卷积层，使用 3×3 的通道卷积核作为基础预测信息进行预测，通过对某一位置预测得到的类别值，以及相对于默认边界框偏移量的数值，可以使图像的每一个位置都产生一个数值。

　　3. 设置先验框

　　在 YOLO 算法中，通常每个单元预测多个边界框的过程都需要自适应目标的形状，因此为了应对此类情况，SSD 模型采用 Faster RCNN 中生成锚框的思想，对每个单元设置尺寸或长宽比不同的先验框，并以这些先验框为基准减少训练计算量。SSD 网络利用卷积层输出的特征图进行预测。预测值包括检测目标类别的置信度数值和边界框的位置坐标。

　　为了实现 SSD 算法，首先要对输入的图像利用 CNN 进行特征提取以生成特征图，然后抽取 CNN 中的 6 层特征图，在特征图的每个点上生成先验框。在生成先验框的训练过程中，首先确定真实目标需要与哪一种先验框配对。正确选择后，该先验框可预测真实目标。先验框匹配遵循的第一条原则是，配对的先验框是与真实目标交并比最大的，一般将配对好的先验框定义为正样本，未配对好的先验框定义为负样本，但是这样容易出现正负样本失衡的情况。因此，第二条原则是对于剩余没有配对的先验框，若真实目标的交并比能大于 0.5，则先验框也可以与真实目标配对。SSD 算法为保证最终正负样本的平衡，采用难分样本挖掘对负样本抽样选择，将置信度误差较大的作为最终的负样本，保证算法中正样本和负样本的数量为 1∶3。最后，通过将这些预测框整合，抑制极大值，筛除重叠度较大的预测框，输出最终的预测框，从而完成目标检测的任务。

　　SSD 模型分为 SSD300 和 SSD512 两种，其分类依据是模型输入的图像尺寸不同。SSD300 的图像输入尺寸为 300×300，SSD512 的图像输入尺寸为 512×512。SSD300 的特征提取网络是在 VGG16 基础上进行修改而来的。其网络结构图如图 3-5 所示。其中，Padding 表示填充过程。

类型	步长	通道数×尺寸	输出尺寸	
			300×300×3	
CONV		64×3×3	300×300×64	×2
MaxPooling(2×2)	2		150×150×64	
CONV		128×3×3	150×150×128	×2
MaxPooling(2×2)	2		75×75×128	
CONV		256×3×3	75×75×256	×3
MaxPooling(2×2)	2		38×38×256	
CONV		512×3×3	38×38×512	×3
MaxPooling(2×2)	2		19×19×512	
CONV		512×3×3	19×19×512	×3
MaxPooling(2×2)	1		19×19×512	
CONV		1024×3×3	19×19×1024	
CONV		1024×1×1	19×19×1024	
CONV		256×1×1	19×19×256	
Padding			21×21×256	
CONV	2	215×3×3	10×10×512	
CONV		128×1×1	10×10×128	
Padding			12×12×128	
CONV(valid)	2	256×3×3	5×5×256	
CONV		128×1×1	5×5×128	
CONV(valid)		256×3×3	3×3×256	
CONV		128×1×1	3×3×128	
CONV(valid)		256×3×3	1×1×256	

图 3-5　SSD300 网络结构图

3.1.3 YOLO 系列模型

YOLO 系列模型(算法)包括 YOLOv1、YOLOv2、YOLOv3 等，都属于一阶段网络模型，因此检测速度是其最大的优点。其检测过程以回归方式进行处理。与其他系列模型(算法)相比，YOLO 系列模型的准确度会有所下降。

YOLOv1 算法与先前 RCNN 系列算法的不同之处在于，将图像输入神经网络后，直接对目标的边框、类别、置信度信息进行预测，由于输入到输出是一次处理，因此属于端到端算法。YOLOv1 算法主要包含三个步骤，首先是图像输入，其原始图像输入尺寸为 448×448。所有图像均需要调整为这个尺寸，然后输入神经网络中。在图像输入神经网络模型后，对图像中的目标进行预测，此时得到的目标预测信息并不是目标最终的预测信息。最后，利用非极大值抑制(non maximum suppression，NMS)算法对边界框预测信息进行筛选，得到目标预测量。运行过程使用的神经网络包括 24 个卷积层和 2 个全连接层。其网络结构借鉴了 GoogleNet。在网络中，需要将输入图像划分为 7×7 个单元网格，每个网格负责预测 2 个目标边界框。网络最后利用全连接层对边框进行预测，得到目标预测信息。

在 YOLOv2 算法中，模型架构借鉴 Faster RCNN 算法区域生成网络的思想，产生先验框数据，在模型训练前使用先验框数据，模型训练过程更容易收敛。YOLOv2 是基于 DarekNet-19 网络构建的，图像的输入尺寸为 416×416。相比 YOLOv1 而言，YOLOv2 增加了批量标准化(batch normalization，BN)过程，可以提高模型训练速度。同时，YOLOv2 的另一个优势在于，其对小目标的识别能力。YOLOv2 使用更小的特征图尺寸，并将高层特征图继续提取，然后与低层的特征图结合起来，从而加强模型的识别能力。另外，YOLOv2 的损失函数和 YOLOv1 的损失函数一样，使用的计算方式均为均方差(mean square error，MSE)计算方式。YOLOv2 的输出信息同样包含目标的类别、边框信息和目标框置信度信息，但在其预测的边框位置信息中采用的是相对位置。总的来说，YOLOv2 较 YOLOv1 在精度和速度上都有所提升。

YOLOv3 算法基于 DarkNet-53 网络结构[15]，在 ResNet 残差网络的基础上通过将低层卷积输出结果跳跃与更深的高层网络输出进行连接，减缓网络深度带来的梯度消失问题。算法网络结构如图 3-6 所示。图中 CBL 表示 YOLOv3 采用的 Darknet Conv2D 卷积、Batch Normalization 批量标准化和 Leaky Relu 激活函数过程，类型为 Residual 的结构表示残差网络拼接层，步长 same 和 valid 表示卷积步长的类型，通道数表示卷积核的数量，Five Convs 表示目标特征提取过程中需要经过的 5 次卷积操作。模型输入图像尺寸为 416×416，经过 DarkNet-53 主干网络特征提取，分别产生 208×208、104×104、52×52、26×26、13×13 的特征图，选取 52×52、26×26、13×13 三个网络层数较深的特征图进行边框预测。每个特征图需要将特征张量传至特征金字塔网络(feature pyramid network，FPN)，并进行通道数为 $A\times(M+C)$、尺寸为 1×1 的卷积操作，输出边界框的预测信息。其中，$A=3$ 表示预设先验框的数量，$M=5$ 表示预测边界框坐标 X 轴偏移量、Y 轴偏移量、高度、宽度、目标框置信度的数目，C 表示类别数目，类别的目标框得分情况可通过目标框置信度×类别置信度求得。由于本书设置的类别为 4 类，因此在 3 个尺度特征提取的最后一层卷积层设置的卷积核通道数为 27。

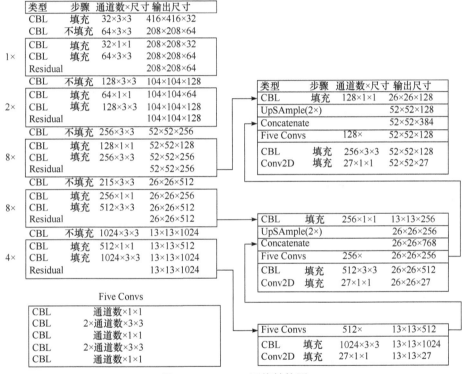

图 3-6　YOLOv3 网络结构图

首先，基于 K-Means 聚类算法计算先验框。聚类算法采用的距离计算公式为 IoU 距离。IoU 表示预测目标框与实际目标框的交并比。对于算法训练部分采用的损失函数[16]，目标边界框采用 MSE 损失函数、置信度采用二值交叉熵(binary cross entropy，BCE)损失函数、类别采用 BCE 损失函数，因此 YOLOv3损失函数为

$$\text{loss(object)} = \lambda_{\text{coord}}\sum_{i=0}^{S^2}\sum_{j=0}^{B}I_{ij}^{\text{obj}}(2-w_i\times h_i)[(x_i-\hat{x}_i)^2+(y_i-\hat{y}_i)^2]$$

$$+\lambda_{\text{coord}}\sum_{i=0}^{S^2}\sum_{j=0}^{B}I_{ij}^{\text{obj}}(2-w_i\times h_i)[(w_i-\hat{w}_i)^2+(h_i-\hat{h}_i)^2]$$

$$-\sum_{i=0}^{S^2}\sum_{j=0}^{B}I_{ij}^{\text{obj}}[\hat{C}_i\log(C_i)+(1-\hat{C}_i)\log(1-C_i)]$$

$$-\lambda_{\text{noobj}}\sum_{i=0}^{S^2}\sum_{j=0}^{B}I_{ij}^{\text{noobj}}[\hat{C}_i\log(C_i)+(1-\hat{C}_i)\log(1-C_i)]$$

$$-\sum_{i=0}^{S^2}\sum_{j=0}^{B}I_{ij}^{\text{obj}}\sum_{c\in\text{classes}}[\hat{p}_i(c)\log(p_i(c))+(1-\hat{p}_i(c))\log(1-p_i(c))] \qquad (3\text{-}11)$$

其中，λ_{coord} 为目标边界框损失权重系数，是没有物体时置信度惩罚权重系数；x_i、y_i、w_i、h_i、C_i、p_i 为预测的边框坐标、置信度和类别；$\hat{x}_i$、$\hat{y}_i$、$\hat{w}_i$、$\hat{h}_i$、$\hat{C}_i$、$\hat{p}_i$ 为真实的边框坐标、置信度和类别；I_{ij}^{obj} 为第 i 个单元格第 j 个锚框是否负责预测物体，取值为 1 或 0；I_{ij}^{noobj} 为 i 个网格的第 j 个锚框是否不存在目标；S 为图像划分的网格数；B 为每个网格中预测的边界框数。

式(3-11)中，$2-w_i\times h_i$ 表示目标边界框回归损失的比例系数，用来提升对小物体的识别准确率，可根据识别的目标边框宽高来调整。在计算置信度损失时，对没有目标时的计算结果设置惩罚权重系数 λ_{noobj}。一般而言，图像上目标背景像素区域大于目标前景像素区域，目标背景像素区域计算的交叉熵损失结果对整个回归损失函数的影响大于对目标前景区域计算的损失结果，因此设置权重参数平衡，抑制非目标物体区域的敏感度，通常设置 $\lambda_{\text{noobj}}=0.5$ [17]。

算法在目标识别框编码提取阶段，根据每个预测边界框的得分情况，采用 NMS 算法选出最终的预测框，以及对应的置信度和类别，然后绘制出来[18]。

3.1.4 基于图像深度学习的车辆目标识别实例

在创建好的虚拟环境中，导入 YOLOv3 模型的开源代码，生成检测所需的模型文件和权重文件，利用训练好的模型文件测试拍摄的图像集，将图片依次导入，运行得到对应的检测结果。YOLOv3 模型检测效果如图 3-7 所示。

从检测结果来看，YOLOv3 模型对道路场景中出现的大部分行人、小轿车、公交车等目标都能精确地检测出来。其交通图像上目标检测框上的数值为置信度，表示算法对检测框确实存在目标的自信程度，以及检测框预测的情况是否

图 3-7　YOLOv3 模型检测效果

将目标真实特征包含的自信程度。YOLOv3 模型对目标检测的置信度可高达 1.00，大部分交通车辆检测框的置信度都在 0.75 以上，车辆检测情况较行人检测情况好一些，对行人的检测置信度一般在 0.6 左右。总体来看，YOLOv3 算法的准确率较高，漏检率较低。

在应用 Faster RCNN 目标检测算法的实验中，Faster RCNN 目标检测算法采用 VOC2007 格式的数据集作为标准数据集，可以作为图像分类和识别能力的基础标准。该数据集包含 5011 幅训练集和 4952 幅测试集，涉及的检测目标种类有 20 种，如 pedestrain(行人)、biker(骑车的人)、car(汽车)、truck(卡车)、bird(鸟)、car(小轿车)、horse(马)、train(火车)，bus(公交车)等。原数据集的图像中包含多种尺度的行人和车辆目标，并且有互相遮挡的目标，十分适合作为道路交通目标检测用的数据集。JPEGImages 文件夹中存放的原始图像为 jpg 格式，这些图片都在 Annotations 中有对应的标注。ImageSets 中的 main 文件夹中储存着类别标签，−1 表示负样本，+1 表示正样本。Segmentation 文件夹存放可用于分割图片的对应编号。总的来说，VOC2007 数据集完全满足目标检测算法运行的数据需求。这里预训练的网络模型采用的是 VGG16 网络模型。

网络训练是 Faster RCNN 目标检测算法的重要环节。考虑电脑运行内存的限制，以及虚拟环境中相关库和模块对应的版本不够高，导致网络训练的耗时较长。因此，首先将配置文件中的模型训练次数下调至 4000 次，并更改源代码配置文件中的 snapshot_iterations 参数配置。该参数表示模型训练过程中迭代多少次就保存依次模型，因此针对设置的训练次数，对应的将迭代次数下调至 1000 次，即每迭代 1000 次保存一次模型文件。最终得到合适的模型文件，利用其模型文件进行图像检测。Faster RCNN 算法检测结果如图 3-8 所示。

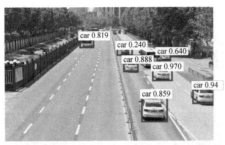 

图 3-8　Faster RCNN 算法检测结果图

由此可知，Faster RCNN 可以检测出道路场景中的车辆，但是训练次数不多导致算法的精确度不够高，只能对图片中较大较完整的目标完成目标分类和检测的任务，对于远处的行人和车辆，以及被半遮掩的车辆或行人也无法准确检测出来。由检测结果中检测的置信度可知，对较为清楚的小轿车的检测置信度能达到 0.9 左右，因此虽然完成了目标检测分类和定位的任务，但是没有达到预期的要求。

Faster RCNN 的检测结果没有达到预期，主要是受制于平台的硬件设施。GPU(graphics proceesing unit，图形处理器)不能满足算法的要求，导致算法在模型训练过程中运行缓慢，算法精确度下降，因此应在更高配置的实验平台上实验。

在 SSD 目标检测算法实验过程中，在创建好的虚拟环境中导入 SSD 的开源代码，利用网络训练得到的模型文件、权重文件，将采集的图像数据依次导入 SSD 文件夹的 data 文件中，利用模型文件测试拍摄的图像集，可以得到最终的目标检测结果。SSD 算法检测结果如图 3-9 所示。

图 3-9　SSD 算法检测结果

从检测结果来看，SSD 算法对交通道路场景中出现的大多数小轿车、公交车等目标能相互区别，并对其进行分类，而且能将其精确地检测出来。对于图像中较为清楚的目标，其检测置信度为 0.9 左右，对于图像中较远的目标，其检测置信度能达到 0.5 以上。根据总体的检测结果可知，SSD 目标检测算法对远处较小的目标，以及重叠率较高的目标不能精确地分类和定位。在整个实验过程中，该算法表现为检测速度较快且准确率较高，但还是会有误检情况的发生。

3.2　货运车辆货载状态估计方法

3.2.1　研究背景

近些年，国内外一些研究人员开始使用图像深度学习的方法展开对货运车辆的货载状态的研究，利用货运车辆的图像和视频资料对货载状态估计。这类方法的优点是数据资料容易采集，通过增加较小的硬件成本即可大面积对货运车辆的货载状态进行监测[19]。然而，由于使用图像识别的方式并不能严格判定货运车辆的载重量和货载状态，因此可靠性低于使用人工检测和道路加装称重进行货运状态检测的方式[20,21]。对于这类货运车辆货载状态估计方法，常用的研究方式是使用精度更高的检测模型，设计更加可靠的货载状态估计机制。

张旭锦[22]基于时空背景差分法、MeanShift 区域分割及货车特征参数识别大型货运车辆，有良好的实验效果，对大型货运车辆的识别率为 91%。Yang 等[23]利用三帧差分法对自卸货运车辆进行前景检测后，将车体结构划分四部分进行识别，识别率为 89%。万娇娜等[24]尝试用 Haar-like 特征和 Adaboost 算法对卸载场货运车辆进行识别，但识别框准确度有限，且未能对货运车辆类别做进一步分类。机器学习方法采用手工设计的特征对目标特征进行提取，在车辆识别中同样有良好的效果。王海等[25]提出多模式弱分类器和 AdaBoost-Bagging 强分类器的车辆检测算法，检测率达到 95.7%。蒋新华等[26]利用 SVM 对视频车辆进行检测，具有较高的车辆检测准确率。

目前常用图像深度学习手段估计货运车辆的货载状态。目标检测分类方式可分为机器学习检测模型和深度学习检测模型。机器学习算法模型一般需要利用手工设计的特征对目标特征进行提取。其检测过程使用分类器对提取的目标特征进行分类。深度学习属于机器学习的子领域，主要使用神经网络进行特征提取，通过大量的图像数据进行训练，实现对目标的特定识别，适应性较好、鲁棒性强。

石磊等[27]基于 AlexNet 网络结构提出深度卷积网络车型识别模型，与传统 CNN 算法相比，模型识别率更高，可以达到 93.4%。Chen 等[28]对 SSD 算法进行改进，并在 KITTI 和 UVD 数据集上验证其有效性，针对车型识别，在保持识别速度的基础上获得了更高的检测精度。Ibrar 等[29]通过对比 RCNN、Fast RCNN 和 Faster RCNN 算法，验证了 Faster RCNN 算法在重载车辆和货运车辆识别方面速度更快、精度更高。另外，在对货车车型识别的研究中，贺甜[30]通过改进 RCNN 系列算法模型对目标图像进行定位和分离，并设计深度卷积网络对货运车辆轴重进行分类，达到车型识别的目的。然而，在实际监管中，货运车辆轴重难以快速检测，且轴重仍不足以反映货运车辆的载重情况。Xiao 等[31]采用轻量型 SSD 网络对大型货运车辆识别进行安全预警。He 等[32]融合深度学习、机器学习和数据挖掘技术对货运车辆进行分步检测，对车型进行识别。

上述研究表明，图像深度学习算法在车辆识别领域应用性强，但大部分是围绕车辆车型识别展开的，少有对货车载重状态进行识别研究。在这方面，Zhou 等[33]利用 SSD 算法对超载与非超载两类货运车辆进行检测，受限于数据量，图像测试平均准确率为 86%，并且利用视觉信息判定载重情况并不可靠。Sun 等[34]使用 VGG16 对 5 种不同载重的矿物货运车辆进行分类，并利用最小二乘法对不同载重货运车辆及其类别置信度进行关联和拟合，间接实现对矿物货运车辆任意载重量的识别，具有较强的可靠性。

为了避免视觉信息评估载重状态的不可靠性，本书对货运车辆载货类型进行识别，而不同的载货类型危险程度不同，对于可能超载和易发生事故的货运车辆应该重点关注，从而为道路货运提供安全预警。在模型选择上，区别于 Faster RCNN 和 SSD 模型，YOLOv3 能够同时兼顾速度和精度[35]，在工程应用上能够快速部署和兼容移动设备。在车辆检测方面，YOLOv3 算法相较于 Faster RCNN 算法有更高的召回率[36]。因此，本书使用 YOLOv3 算法，并采用迁移学习方式识别货运车辆载货类型，充分利用现有监控设施采集到的图像信息，建立货车载货类型数据集，采用数据增强技术解决样本不平衡问题，训练模型参数，并对模型权重进行测试、评估和优化，由此提高人工监管的效率和道路货运车辆的安全性。

3.2.2　货运车辆货载状态识别方法

在货运车辆货载状态识别研究中，采用的识别模型为 YOLOv3 模型。区别于上述算法损失函数，本书在训练过程采用的损失函数为

$$\text{loss(object)} = \sum_{i=0}^{S^2} \sum_{j=0}^{B} I_{ij}^{\text{obj}} (2 - w_i \times h_i)[-\hat{x}_i \log(x_i) - (1 - \hat{x}_i) \log(1 - x_i) - \hat{y}_i \log(y_i)$$

$$- (1 - \hat{y}_i) \log(1 - y_i)] + \sum_{i=0}^{S^2} \sum_{j=0}^{B} I_{ij}^{\text{obj}} (2 - w_i \times h_i)[(w_i - \hat{w}_i)^2 + (h_i - \hat{h}_i)^2]$$

$$-\sum_{i=0}^{S^2}\sum_{j=0}^{B}I_{ij}^{\mathrm{obj}}[\hat{C}_i\log(C_i)+(1-\hat{C}_i)\log(1-C_i)]$$

$$-\lambda_{\mathrm{noobj}}\sum_{i=0}^{S^2}\sum_{j=0}^{B}I_{ij}^{\mathrm{noobj}}[\hat{C}_i\log(C_i)+(1-\hat{C}_i)\log(1-C_i)]$$

$$-\sum_{i=0}^{S^2}\sum_{j=0}^{B}I_{ij}^{\mathrm{obj}}\sum_{c\in\mathrm{classes}}[\hat{p}_i(c)\log(p_i(c))+(1-\hat{p}_i(c))\log(1-p_i(c))] \qquad (3\text{-}12)$$

区别于式(3-11)，在计算回归损失过程中，式(3-12)计算目标边界框坐标损失采用的是 BCE 损失函数，更有利于预测值和真实值相差较大情况下的损失函数收敛情况。

3.2.3　基于 YOLOv3 算法的货运车辆货载状态识别实例

1. 模型训练环境

本书训练数据集使用的机器为深度学习服务器，其操作系统为 Ubuntu 18.04，CPU(central proceesing unit，中央处理器)型号为 Intel Xeon(R) E5-2678；GPU 型号为 NVIDA GeForce GTX 2080Ti，采用的深度学习加速工具箱为 CUDA 10.1。

2. 载货特征提取

深度学习模型训练需要大量的样本，因此需要构建货运车辆载货类型样本数据集。本书使用的图像样本源于货运车辆的抓拍图像。图像抓拍视角位于货运车辆前方与侧方之间，经过整理和筛选后，共有 3804 张图像。每张图像含有一个或多个货运车辆目标，并依据载货类别是否常见、是否可以反映货运车辆载重情况、是否可获取完整的货运车辆目标信息等判别条件，将车辆目标类型划分为空厢货运车辆、封厢货运车辆、载货货运车辆和不完整货运车辆。其中，空厢货运车辆指车厢处于敞开状态且未载货的货车类别，封厢货运车辆指车厢处于密封或遮挡状态而不能确认其内部是否载货的货运车辆类别，载货货运车辆指可观测到车厢装有货物的货运车辆类别，不完整货运车辆指货运车辆目标图像信息不完整，仅能观测到车头而不能观测到车厢及其载货状态的货运车辆类别。采用 LabelImg 图像标注软件对样本图像进行标注，其中空厢货运车辆目标 1940 个，封厢货运车辆目标 1881 个，载货货运车辆目标 483 个，不完整货运车辆目标 434 个。在样本数据集数据量足够的情况下，YOLOv3 等深度学习算法有较好的识别效果，反之，深度学习算法就会出现欠拟合现象，因此需要对样本数据量进行适当扩充。同时，类别之间的样本量应尽量一致，否则样本量间的不平衡会造成识别准确率的下降。因此，本书利用数据增强技术对样本数据集类别间的数据量进行平衡。

本书采用的数据增强手段包括缩放大小、亮度调节、像素增强、水平翻转等手段，将数据集中载货货运车辆和不完整货运车辆两个类别进行数据增强 3 倍后，数据集共含有 6025 张图像，其中含有目标空厢货运车辆 1940 个，封厢货运车辆 1881 个，载货货运车辆 1932 个，不完整货运车辆 1739 个。四种类别样本标注实例图如图 3-10 所示。

(a) 空厢货运车辆样本标注实例

(b) 封厢货运车辆样本标注实例

(c) 载货货运车辆样本标注实例

(d) 不完整货运车辆样本标注实例

图 3-10　样本标注实例

3. 模型训练

将样本数据集划分为训练集和测试集，比例为 9：1，即训练集 5422 张图像，测试集 603 张图像。训练集图像用于模型训练，测试集图像用于评估模型。首先，使用 PASCAL VOC2007 数据集对 YOLOv3 算法进行初始化，得到预训练模型权重。在此基础上，训练货运车辆载货类型识别模型。模型训练输入数据包括图像文件和标注文件。模型训练过程中的批次大小设置为 8，初始学习率设为 0.001。训练过程分为冻结网络层和解冻网络层两部分，首先将网络前 249 层冻结进行训练，数据集遍历次数设置为 50，解冻后遍历次数设置为 50 次，共 100 次。算法训练过程的损失曲线如图 3-11 所示。可以看出，在预权重训练下，模型迅速收敛，在网络层解冻后，损失值逐渐平缓，说明模型收敛结果良好。

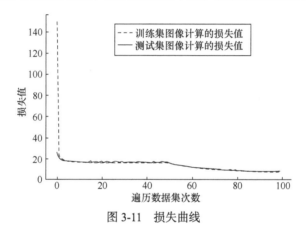

图 3-11　损失曲线

4. 模型评价和分析

本书采用 Precision(精确度)、Recall(召回率)、AP(average precision，平均精确度)和 mAP(mean average precision，平均精确度均值)评价指标，对训练后的模型识别进行评价。计算公式[37]为

$$
\begin{cases}
\text{Precision} = \dfrac{\text{TP}}{\text{TP} + \text{FP}} \\[2mm]
\text{Recall} = \dfrac{\text{TP}}{\text{TP} + \text{FN}} \\[2mm]
\text{AP}_c = \dfrac{1}{N_c} \sum_{r_c \in R_c} p(r_c) \\[2mm]
\text{mAP} = \dfrac{1}{N} \sum \text{AP}_c
\end{cases}
\tag{3-13}
$$

其中，TP 表示识别为正的正样本数量；FP 表示识别为正的负样本数量；FN 表示识别为负的正样本的数量；N 表示类别数量；N_c 表示每类类别的样本量；r_c 表示每类类别每张图像的召回率；$p(r_c)$ 表示对应的精确度。

模型测试结果如图 3-12 所示。

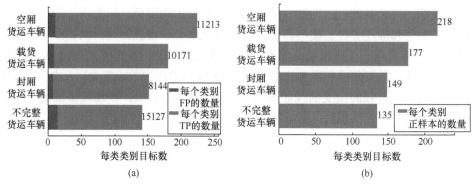

图 3-12　模型测试结果图

不同类别计算的指标值如表 3-1 所示。可以看出，训练的模型对图像的识别效果良好，能较为准确地识别图像中货运车辆的载货类型。

表 3-1　不同类别计算的指标值

类别	精确度/%	召回率/%	AP/%	mAP/%
空厢货运车辆	95.09	97.71	97.64	
封厢货运车辆	94.74	96.64	96.43	
载货货运车辆	94.48	96.61	96.12	95.78
不完整货运车辆	89.45	94.07	92.94	

为了进一步评估模型的训练效果，本书分别对图像和视频做效果测试。视频识别效果实例图如图 3-13 所示。

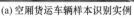

(a) 空厢货运车辆样本识别实例

(b) 封厢货运车辆样本识别实例

(c) 载货货运车辆样本识别实例

(d) 不完整货运车辆样本识别实例

图 3-13　视频识别效果

通过应用 YOLOv3 算法建立货运车辆载货类型识别模型，可以实现对货车载货类型的识别。首先，自制货车数据集，划分四种载货类别进行训练。然后对 YOLOv3 模型进行参数设置，对训练好的模型权重进行测试，图像测试 mAP 指标为 95.78%，具有良好的识别效果。

3.3　高空视角下车辆识别与轨迹跟踪方法

3.3.1　研究背景

近几年，无人机航拍技术发展迅速，利用无人机进行视频采集已成为众多交通研究的基础。基于无人机进行研究具有广阔的应用前景。相比传统摄像头，利用无人机进行采集主要有以下优点。

(1) 在获取途径上，利用无人机进行视频资料采集可以不受场地的限制，灵活获取现场的交通状况。同时，针对不同的研究需求，可以调整拍摄画面的面积和高度。

(2) 利用无人机采集的视频分辨率通常高于普通摄像头采集的视频画面。

(3) 利用无人机对地面道路交通状况进行视频采集，可以避免因拍摄角度带来的车辆位置误差问题，对道路交通目标进行数据采集具有广阔的应用前景。通常，利用无人机进行采集的视频数据可以进行传统宏观交通流数据的获取，如道路交通流量、车辆密度和通行流量等数据，也可以对微观交通数据进行提取，如车辆的速度、加速度、车道变化、车距等数据信息，对交通领域的研究具有重要的意义。对于这类数据的获取需要结合计算机视觉技术进行后处理，常用的技术有目标检测和目标跟踪技术。目标检测指对图像中感兴趣的目标进行检测，确定目标在图像中的位置信息和大小。

车辆跟踪指在连续序列的视频图像中识别车辆目标并进行持续跟踪，不断获取车辆行驶轨迹的过程。按照目标跟踪数量的不同，可将目标跟踪分为单目标跟踪和多目标跟踪。根据目标表观模型的构建方式，单目标跟踪算法可划分为生成式模型和判别式模型。2010 年之前，目标跟踪基本采用生成式方法，如卡尔曼滤波算法、粒子滤波算法、均值漂移算法等[37-40]。之后，开始出现判别式模型，经典的判别式算法有 Struck 和 TLD(track learning detection，跟踪学习检测)算法[41,42]。Struck 算法是 Hare 等于 2011 年提出的一种基于结构输出预测的自适应视觉目标跟踪框架，通过引入输出空间满足跟踪功能，直接输出跟踪结果。TLD 算法是最经典的判别式算法，由 Zdenek 提出，包含三个模块，即跟踪器、检测器、学习器。跟踪器的作用是跟踪连续帧间的目标运动。检测器负责检测目标，并估计跟踪器的误差。学习器根据跟踪器的结果对检测器的错误进行评估，并对跟踪结果和检测结果进行修正。同时，基于相关滤波和基于深度学习的跟踪算法也相应产生，如 CSK(exploiting the circulant structure of tracking by detection with kernels)算法、核相关滤波(kernel correlation filter，KCF)算法、多域网络(multi-domain network，MDNet)算法、微调卷积神经网络(tweaked convolutional nerual networks，TCNN)算法、连续卷积算子跟踪(continuous convolutional operators for visual tracking，C-COT)算法、全卷积孪生网络(fully-convolutional siamese networks，SiamFC)算法等[43-48]。CSK 算法和 KCF 算法都是在 MOSSE(minimum output sum of squared error)算法基础上相继发展而来的[49]。它们基本思想是构造相关滤波器来跟踪目标。MDNet 算法和 TCNN 算法将 CNN 加入目标跟踪，前者使用卷积网络提取目标的运动特征，后者使用多个 CNN 提取目标的外观和状态等信息。C-COT 算法和 SiamFC 算法则是将深度学习与相关滤波方法进行结合来跟踪目标。

在多目标跟踪算法中，比较经典的有联合概率数据关联和多假设跟踪算法等[50]。近年来，随着深度学习的快速发展，基于检测的跟踪算法成为主流。Sort 算法是将目标识别部分替换成深度学习模型，其证明改变目标的识别器可将跟踪的性能提高 18.9%。同时，Sort 算法也为工业界提供了多目标跟踪的基本流程，即使用深度学习识别模型和目标关联算法对目标进行在线跟踪。DeepSort算法是在 Sort 算法[51]基础上加强的算法，其在目标关联匹配部分设置了三个目标关联匹配机制。首先，DeepSort 算法[52]添加外观信息来描述外观特征，采用计算检测框与跟踪器预测框之间的马氏距离描述目标运动的关联程度。然后，增加级联匹配机制，优先匹配时间间隔短的目标。最新的一些研究出现了一些优秀的目标跟踪算法，如 MOTDT(real-time multiple people tracking with deeply learned candidate selection and person)算法、FairMOT(on the fairness of dection and re-identification in multiple object tracking)算法[53,54]等。MOTDT 算法是 Chen 等提出的用于解决不可靠检测和同类遮挡问题的目标跟踪算法。FairMOT 算法将目标检测和重识别任务联合在一个网络中，并使识别速度和准确度保持在较高的水平。

基于上述道路车辆轨迹识别关键技术，对相关技术进行分析。首先，由于道路车辆的目标和种类众多，因此采用多目标跟踪方法。在现有的多目标跟踪算法中，大多采用深度学习模型和目标框前后帧匹配关联的手段。此类手段部署容易，一方面是可以采用不同的深度学习模型试验不同的跟踪效果，并导出目标识别的结果，另一方面可以重点对目标匹配算法进行研究，增强车辆目标轨迹识别的可靠性。结合目标检测和多目标跟踪的一般流程，车辆识别与跟踪过程中的关键技术有目标检测模型、数据关联、目标匹配机制。

1. 目标检测模型

现阶段，目标检测的优秀模型有很多，而且都各有特性，包括精度、速度、识别目标大小等，因此注意选择的模型是否满足场景的需求。从高空视角下拍摄而成的视频图像，其中目标的大小随高度的增加逐渐减少，在满足识别车辆目标轨迹的基本要求下，选取的目标检测模型需要有一定的小目标检测能力。对识别车辆轨迹任务而言，目标检测的识别精度要比识别速度重要。目标检测识别的目标框产生的误差一直存在于整个目标轨迹识别中。

2. 数据关联

数据关联指检测出目标后，将前后帧中相同的目标进行关联的过程。在多目标跟踪算法中，数据关联技术是最关键的技术。越是复杂的场景，数据关联算法的重要性就越能体现出来。Sort 算法提供的数据关联流程是卡尔曼滤波和匈牙利匹配算法，其中卡尔曼滤波用作目标边框的预测，匈牙利算法用来匹配预测的目标框和识别框。

3. 目标匹配机制

常用的目标匹配机制包括欧氏距离、马氏距离、余弦距离、IoU 距离、重识别等。欧氏距离关注空间坐标间的绝对距离。马氏距离关注数据间的协方差距离，能有效计算两个样本间的相似度。余弦距离是计算两个向量间的余弦值，可以体现两向量在空间方向上的差异。

IoU 距离可以计算目标框之间的交并比，采用 IoU 距离进行匹配的优点是快速。然而，在遇到车辆遮挡或车速较快的情况时，这类方法可能丢失目标，将同一目标判定为两个目标。这时可以对目标框内的目标图像进行重识别，即对目标的外观信息进行匹配，类似行人的重识别，将识别的目标进行神经网络特征提取，然后对比提取到的特征，判定是否属于同一目标。这类方法的优点是可以识别遮挡的车辆。

3.3.2 高空视角下车辆识别与跟踪方法

本书针对高空视角下的车辆识别，使用 YOLOv5 算法作为目标检测模型。YOLOv5 算法包含 YOLO5l、YOLO5m、YOLO5s、YOLO5x 四种网络结构。四种网络结构在特征提取速度和精度上均不相同。在四种网络结构中，YOLO5s 网络深度最浅、特征图宽度最小、AP 精度最低，但是识别速度最快；YOLO5x 网络深度最大、AP 精度最高，但是识别速度最慢。

YOLOv5 网络结构包含输入端、主干、分支、预测。首先，输入端使用 Mosaic 数据增强方法，即每次读取 4 张图像，然后对这 4 张图像进行翻转、缩放、色域调整等操作，生成新的图像数据，将图像的尺寸统一调整到 $608 \times 608 \times 3$，并输入特征提取网络中。主干采用 Focus、CSPDarknet53、Mish 激活函数等结构。采用的 Focus 结构可以使图片在下采样过程中保留更完整的图片信息，使后续的卷积操作提取特征更加充分。CSPDarknet53 是网络的主体，通过控制网络参数对网络的深度和特征图的宽度进行控制，进而得到 YOLO5s、YOLO5m、YOLO5l、YOLO5x 等网络结构。网络深度的控制通过网络结构中残差组件的数量实现。残差组件数量控制计算公式为

$$n = \max(\mathrm{round}(num \times gd), 1) \tag{3-14}$$

其中，n 为残差组件数目；num 为特征提取网络固定参数，是 3 的倍数，不同网络结构的 num 也一样；gd 为控制参数，不同网络结构的参数不一；round()为取数值最接近的整数；max()为最大值。

特征图通过卷积核的数量进行控制。卷积核数量越多，特征图的宽度越大。

控制卷积核数量的公式为

$$c = 8 \times \text{ceil}(c2 \times \text{gw} / 8) \tag{3-15}$$

其中，c 为卷积核数量；$c2$ 为网络模型固定参数，表示标准卷积核的数目；gw 表示控制参数，不同网络结构中的参数不一；ceil()表示对数值向上取整。

网络结构的参数存放于 YAML(yet another markup language)格式的文件。YOLO5s 网络结构的配置信息为 gd:0.33、gw:0.50；YOLO5m 网络结构的配置参数为 gd:0.67、gw:0.75；YOLO5l 网络结构的配置参数为 gd:1.0、gw:1.0；YOLO5x 网络结构的配置参数为 gd:1.33、gw:1.25。根据网络不同的配置信息即可改变网络深度和特征图宽度，从而控制特征提取的深浅，影响网络识别的速度。

Neck 部分采用的是 FPN 和路径聚合(path aggregation network，PAN)结构。FPN 通过对特征图上采样，将高层的特征信息传递到底层，得到预测阶段的特征图。PAN 结构由底向上传递特征，从而与 FPN 结构形成互补。

预测阶段增加了 IoU 损失对边界框进行回归拟合，采用的是 GIoU(generalized intersection over union)损失计算方式。区别于 IoU 损失，计算 GIoU 损失可以优化不相交的预测框。

车辆跟踪阶段包括两个阶段，即卡尔曼滤波算法对车辆边框数据预测和匈牙利算法进行数据关联。对车辆目标边框应用卡尔曼滤波算法包括以下过程。

① 初始化车辆目标状态向量、状态转移矩阵、协方差矩阵、观测矩阵、系统噪声矩阵。在初始化目标状态向量的过程中，使用边界框中心点的横坐标、边界框中心点的纵坐标、边界框的面积、边界框横纵比描述边界框特征，并采用线性匀速模型描述边界框的运动状态信息，因此初始目标状态向量为

$$\hat{\alpha} = [u, v, s, r, \dot{u}, \dot{v}, \dot{s}]^{\text{T}} \tag{3-16}$$

其中，$\hat{\alpha}$ 为边界框的运动状态信息；u 为边界框中心的横坐标；v 为边界框中心的纵坐标；s 为边界框的面积；r 为边界框横纵比，通常是常数；$\dot{u}$ 为边界框中心横坐标变化率；$\dot{v}$ 为边界框中心的纵坐标；$\dot{s}$ 为边界框的面积变化率。

在初始化状态转移矩阵中，采用状态转移矩阵对目标状态向量的运动建模。匀速运动模型对应的状态转移矩阵为

$$F = \begin{bmatrix} 1 & 0 & 0 & 0 & 1 & 0 & 0 \\ 0 & 1 & 0 & 0 & 0 & 1 & 0 \\ 0 & 0 & 1 & 0 & 0 & 0 & 1 \\ 0 & 0 & 0 & 1 & 0 & 0 & 0 \\ 0 & 0 & 0 & 0 & 1 & 0 & 0 \\ 0 & 0 & 0 & 0 & 0 & 1 & 0 \\ 0 & 0 & 0 & 0 & 0 & 0 & 1 \end{bmatrix} \tag{3-17}$$

在初始化协方差矩阵中，协方差矩阵 P 表示目标位置信息的不确定性，协方差为经验参数。在初始化系统噪声协方差矩阵中，由于过程噪声不可测，一般假设系统噪声协方差矩阵 Q 符合正态分布。初始化观测矩阵时，观测矩阵 H 与可观测变量有关，其值为

$$H = \begin{bmatrix} 1 & 0 & 0 & 0 & 0 & 0 & 0 \\ 0 & 1 & 0 & 0 & 0 & 0 & 0 \\ 0 & 0 & 1 & 0 & 0 & 0 & 0 \\ 0 & 0 & 0 & 1 & 0 & 0 & 0 \end{bmatrix} \tag{3-18}$$

在初始化观测噪声协方差矩阵中，由于观测噪声不可测，一般假设观测噪声协方差矩阵 R 符合正态分布。

② 根据上一帧车辆目标状态向量最优估计值预测当前帧车辆目标状态向量，可以得到当前帧车辆目标状态向量预测值。预测第 t 帧图像目标边框的计算公式为

$$\hat{\alpha}_t^- = F\hat{\alpha}_{t-1} + Bu_{t-1} \tag{3-19}$$

其中，$\hat{\alpha}_{t-1}$ 为第 t-1 帧目标状态向量的最优估计值；$\hat{\alpha}_t^-$ 为第 t 帧目标状态向量的预测值；F 为状态转移矩阵；B 为控制矩阵；u_{t-1} 为控制增益矩阵。

③ 根据上一帧车辆目标系统误差协方差矩阵预测当前帧车辆目标系统的误差协方差矩阵，可以得到当前帧车辆目标系统误差协方差矩阵预测值。预测第 t 帧协方差矩阵的计算公式为

$$P_t^- = FP_{t-1}F^{\mathrm{T}} + Q \tag{3-20}$$

其中，P_{t-1} 为第 t-1 帧系统误差协方差矩阵；P_t^- 为第 t 帧系统误差预测协方差矩阵；Q 为过程噪声的协方差矩阵。

④ 利用当前帧车辆目标系统协方差矩阵预测值更新卡尔曼系数，第 t 帧卡尔曼系数的更新计算公式为

$$K_t = P_t^- H^{\mathrm{T}} (HP_t^- H^{\mathrm{T}} + R)^{-1} \tag{3-21}$$

其中，H 为观测矩阵；R 为观测噪声的协方差矩阵；K_t 为 t 时刻卡尔曼系数。

⑤ 根据当前帧车辆目标状态向量预测值和系统观测值估计，可以得到当前帧车辆目标状态向量的最优估计值。第 t 帧目标状态向量的最优估计值为

$$\hat{\alpha}_t = \hat{\alpha}_t^- + K_t(z_t - H\hat{\alpha}_t^-) \tag{3-22}$$

其中，$\hat{\alpha}_t$ 为 t 时刻目标状态向量最优估计值；z_t 为观测值。

⑥ 更新当前帧车辆目标系统误差协方差矩阵，第 t 帧系统误差协方差矩阵更新计算公式为

$$P_t = (1 - K_t H) P_t^-\tag{3-23}$$

其中，P_t 为 t 时刻系统误差协方差矩阵。

数据关联阶段使用的是匈牙利算法。匈牙利算法是寻找最大匹配的算法。匹配的数据为前一帧目标边框在当前帧的预测边框与当前帧下的目标边框数据，数据间的匹配机制为 IoU 距离。

3.3.3　高空视角下车辆识别与轨迹跟踪方法实例

依据目标检测和目标跟踪算法流程，高空视角下车辆识别与跟踪过程包括视频采集、车辆检测、车辆跟踪。

1. 视频采集

在高空视频数据采集过程中，使用的采集设备为无人机。无人机配备有 4K(3840×2160) 摄像头，并带有云台防抖功能，支持多种飞行模式及不同角度的拍摄。视频采集的视频分辨率为 4K，采集频率为 30Hz。

在采集过程中，无人机运动模式为普通档模式，从高空视角对道路进行视频采集。拍摄地点位于武汉市某城市路段。由于城市上空飞行高度限制为 120m，因此无人机采集视频的高度设置在距离地面 110m。拍摄视频时长为 290s，覆盖道路长度为 147m。拍摄道路为双向六车道。拍摄场景示意图如图 3-14 所示。

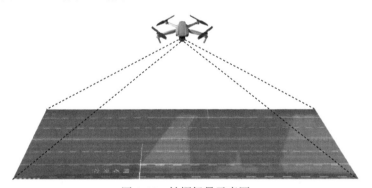

图 3-14　拍摄场景示意图

2. 车辆检测

本书选择精度最大的 YOLO5x 网络结构。YOLO5x 网络结构图如图 3-15 所示。

YOLOv5 算法训练过程使用的高空数据集为 VisDrone2019 数据集。VisDrone 数据集包含以下 5 个任务的数据，即 Object Detection in Images、Object Detection in Videos、Single-Object Tracking、Multi-Object Tracking、Crowd

Counting。本书使用的数据来自目标检测部分的二维图像集，包含汽车、行人等
10 种类别。本书识别场景为城市道路，且目标为机动车辆，提取数据集中的汽
车、货运车辆、公交三种车辆类型的图像作为训练数据集，训练图像包含 8251
张图像及其标注文件。

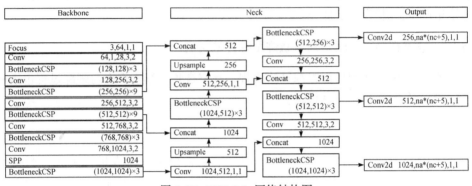

图 3-15　YOLO5x 网络结构图

模型训练使用的机器类型为深度学习工作站。配置型号表如表 3-2 所示。

表 3-2　配置型号表

组件	型号
CPU	i9-9900K
GPU	RTX 3080(10GB)
主板	技嘉 Z390
操作系统	Win10 专业版
CUDA	11.0

模型训练过程中的模型配置参数表如表 3-3 所示。

表 3-3　模型配置参数表

参数	值
epoch(迭代次数)	583
batch size(批大小)	8
initial learning rate(初始学习率)	0.01
final OneCycleLR learning rate(OneCycleLR 最终学习率)	0.2
image size(图像大小)	640×640

模型训练过程中的边界框损失曲线图如图 3-16 所示。类别损失曲线图如

图 3-17 所示。目标置信度损失曲线图如图 3-18 所示。

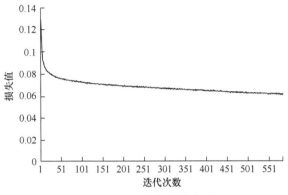

图 3-16　边界框损失曲线图

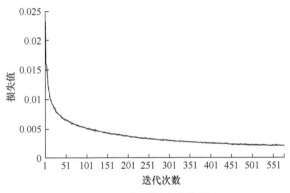

图 3-17　类别损失曲线图

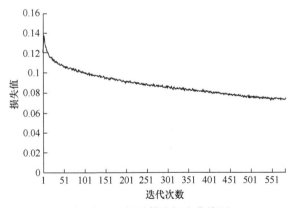

图 3-18　目标置信度损失曲线图

在车辆检测阶段，将训练好的 YOLOv5 模型对整个视频流进行车辆目标检测。同时，对车辆检测后的车辆坐标数据进行阈值过滤，筛除不属于道路的车辆坐标点。然后，将视频连续帧下的所有车辆坐标点绘制成图，形成车辆像素坐标分布图如图 3-19 所示。

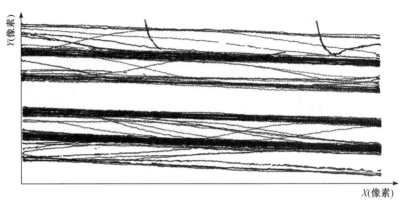

图 3-19　车辆像素坐标分布图

3. 车辆跟踪

车辆跟踪阶段应用卡尔曼滤波算法和匈牙利算法对车辆目标进行跟踪关联，得到不同车辆在整个视频帧序下的车辆轨迹。车辆跟踪过程效果图如图 3-20 所示。

图 3-20　车辆跟踪过程效果图

3.4　本 章 小 结

本章将车辆运动识别的研究内容分为车辆识别、货运车辆货载状态识别、高空视角下车辆识别与跟踪三个方面。在车辆识别方面，首先对目标检测算法的研究现状进行详细介绍。在货运车辆货载状态识别研究中，通过应用 YOLOv3 迁移学习算法建立货运车辆载货类型识别模型，实现对货车载货类型的识别。通过自制货运车辆数据集，对 YOLOv3 模型进行参数设置，对训练好的权重进行测试。图像测试 mAP 指标为 95.78%。道路监管人员可通过预先识别的货运车辆的不同载货类型，对易出现超载的车辆重点关注，从而提高道路监管人员对货运车辆安全性监督的效率，提高道路货运的安全性。在高空视角下车辆识别的研究中，本书从高空视角对车辆展开识别。通过高空视角下车辆识别与跟踪研究可以看出，车辆坐标的分布有明显的聚集分布特征。这些特征与道路车道相关，利用简单的方法即可区分其车道位置。同时，车辆在不同的车道间有明显的换道行为，这对微观交通行为研究至关重要。

参 考 文 献

[1] 李珣, 刘瑶, 李鹏飞, 等. 基于 Darknet 框架下 YOLOv2 算法的车辆多目标检测方法. 交通运输工程学报, 2018, 18(6): 142-158.

[2] Mcculloch W S, Pitts W. A logical calculus of the ideas immanent in nervous activity. Bulletin of Mathematical Biophysics, 1990, 52(1): 99-115.

[3] Rumelhart D, Hinton G E, Williams R J. Learning representations by back propagating errors. Nature, 1986, 323(6088): 533-536.

[4] Hinton G E, Salakhutdinov R R. Reducing the dimensionality of data with neural networks. Science, 2006, 313(5786): 504-507.

[5] Redmon J, Divvala S, Girshick R,et al. You only look once: Unified, real-time object detection// Proceedings of the IEEE Conference on Computer Vision and Pattern Recognition, 2016: 779-788.

[6] Redmon J, Farhadi A. YOLO9000: Better, faster, stronger//Proceedings of the IEEE Conference on Computer Vision and Pattern Recognition, 2017: 6517-6525.

[7] Redmon J, Farhadi A. YOLOv3: An incremental improvement. https://arXiv preprint arXiv:1804. 02767[2018-10-6].

[8] Liu W, Anguelov D, Erhan D, et al. SSD: Single shot multibox detector//The 14th European Conference on Computer Vision, 2016: 21-37.

[9] Tan M, Pang R, Le Q V. Efficientdet: Scalable and efficient object detection//Proceedings of the IEEE Conference on Computer Vision and Pattern Recognition, 2020: 10781-10790.

[10] Girshick R, Donahue J, Darrell T, et al. Rich feature hierarchies for accurate object detection and semantic segmentation//Proceedings of the IEEE Conference on Computer Vision and Pattern Recognition, 2014: 580-587.

[11] Girshick R. Fast R-CNN//Proceedings of the IEEE International Conference on Computer Vision, 2015: 1440-1448.

[12] Ren S, He K, Girshick R, et al. Faster R-CNN: Towards real-time object detection with region proposal networks. IEEE Transactions on Pattern Analysis and Machine Intelligence, 2016, 39(6): 1137-1149.

[13] He K, Zhang X, Ren S, et al. Spatial pyramid pooling in deep convolutional networks for visual recognition. IEEE Transactions on Pattern Analysis and Machine Intelligence, 2015, 37(9): 1904-1916.

[14] Cortes C, Vapnik V. Support-vector networks. Machine Learning, 1995, 20(3): 273-297.

[15] He K, Zhang X, Ren S, et al. Deep residual learning for image recognition//Proceedings of the Computer Vision and Pattern Recognition, 2016: 657-672.

[16] Zhang Y J, Sheng W G, Jiang J F, et al. Priority branches for ship detection in optical remote sensing images. Remote Sens, 2020, 12(7): 19.

[17] 岳慧慧, 白瑞林. 基于改进 YOLOv3 的木结缺陷检测方法研究. 自动化仪表, 2020, 41(3): 29-35.

[18] Neubeck A, Gool L V. Efficient non-maximum suppression//The 18th International Conference on Pattern Recognition, 2006: 850-855.

[19] 公安部交通管理局. 中华人民共和国道路交通事故统计年报(2018 年度). 江苏: 公安部交通管理科学研究院, 2019.

[20] 马倩楠, 张生瑞, 姜涛. 货车交通事故严重程度影响因素分析//2019 世界交通运输大会, 2019: 58-66.

[21] 严明, 张斌. 南京地区超限检测站不停车超限检测系统设计. 东南大学学报(哲学社会科学版), 2014, 16(S1): 109-112.

[22] 张旭锦. 高速公路大型货车行驶状态实时检测关键技术研究. 成都: 四川师范大学, 2016.

[23] Yang W, Hu X, Gao R, et al. Dump truck recognition based on SCPSR in videos//Chinese Conference on Pattern Recognition, 2016: 325-333.

[24] 万娇娜, 高珊. 一种基于图像处理的超载货车智能监控系统. 交通与运输(学术版), 2018, 1: 193-196.

[25] 王海, 蔡英凤, 袁朝春. 基于多模式弱分类器的 AdaBoost-Bagging 车辆检测算法. 交通运输工程学报, 2015, 15(2): 118-126.

[26] 蒋新华, 高晟, 廖律超, 等. 半监督 SVM 分类算法的交通视频车辆检测方法. 智能系统学报, 2015, 10(5): 690-698.

[27] 石磊, 王亚敏, 曹仰杰, 等. 基于深度卷积神经网络的车型识别. 计算机科学, 2018, 45(5): 280-284.

[28] Chen W, Qiao Y T, Li Y. Inception-SSD: An improved single shot detector for vehicle detection. Journal of Ambient Intelligence and Humanized Computing, 2020, (5): 66-78.

[29] Ibrar M, Mi J N, Karim S, et al. Improvement of large-vehicle detection and monitoring on CPEC route. 3D Research, 2018, 9(3): 45-52.

[30] 贺甜. 基于神经网络的货车车型识别系统研究. 西安: 西安工业大学, 2019.

[31] Xiao D, Li H, Liu C, et al. Large-truck safety warning system based on lightweight SSD model. Computational Intelligence and Neuroscience, 2019, 6: 54-73.

[32] He P, Wu A, Huang X H, et al. Deep learning based geometric features for effective truck selection and classification from highway videos//IEEE Intelligent Transportation Systems Conference, 2019: 824-830.

[33] Zhou L B, Wu G. An overload behavior detection system for engineering transport vehicles based on deep learning//Proceedings of the 2nd International Conference on Advances in Materials, Machinery, Electronics, 2018: 40038.

[34] Sun X, Li X, Xiao D, et al. A method of mining truck loading volume detection based on deep learning and image recognition. Sensors, 2021, 21(2):635.

[35] Wang H, Yu Y, Cai Y, et al. A comparative study of state-of-the-art deep learning algorithms for vehicle detection. IEEE Intell Transportation Systems Magazine, 2019, 11(2): 82-95.

[36] Feng R, Fan C, Li Z, et al. Mixed road user trajectory extraction from moving aerial videos based on convolution neural network detection. IEEE Access, 2020, 8: 43508-43519.

[37] 江金洪, 鲍胜利, 史文旭, 等. 基于 YOLO v3 算法改进的交通标志识别算法. 计算机应用,

2020, 40(8): 2472-2478.

[38] Ali N H, Hassan G M. Kalman filter tracking. International Journal of Computer Applications, 2014, 89(9): 15-18.

[39] Cheng C, Ansari R. Kernel particle filter for visual tracking. IEEE Signal Processing Letters, 2005, 12(3): 242-245.

[40] Comaniciu D, Ramesh V, Meer P. Real-time tracking of non-rigid objects using mean shift// Proceedings of the Computer Vision and Pattern Recognition, 2003: 351-359.

[41] Hare S, Saffari A, Torr P H S. Struck: Structured output tracking with kernels//Proceedings of the 2011 International Conference on Computer Vision, 2011: 1123-1136.

[42] Kalal Z, Mikolajczyk K, Matas J. Tracking-learning-detection. IEEE Transactions on Pattern Analysis and Machine Intelligence, 2012, 34(7): 1409-1422.

[43] Henriques J F, Caseiro R, Martins P, et al. Exploiting the circulant structure of tracking-by-detection with kernels//Proceedings of the Computer Vision, 2012: 424-439.

[44] Henriques J F, Caseiro R, Martins P, et al. High-speed tracking with kernelized correlation filters. IEEE Transactions on Pattern Analysis and Machine Intelligence, 2015, 37(3): 583-596.

[45] Nam H, Han B. Learning multi-domain convolutional neural networks for visual tracking// Proceedings of the 2016 IEEE Conference on Computer Vision and Pattern Recognition, 2016: 119-137.

[46] Nam H, Baek M, Han B. Modeling and propagating CNNs in a tree structure for visual tracking. https://arxiv.org/pdf/1608.07242[2016-10-9].

[47] Danelljan M, Robinson A, Khan F S, et al. Beyond correlation filters: Learning continuous convolution operators for visual tracking//Leibe B, Matas J, Sebe N, et al. Computer Vision-ECCV 2016, Pt V. Cham: Springer, 2016: 472-488.

[48] Zhu Z, Wu W, Zou W, et al. End-to-end flow correlation tracking with spatial-temporal attention//Proceedings of the 2018 IEEE/CVF Conference on Computer Vision and Pattern Recognition, 2018: 147-203.

[49] Bolme D S, Beveridge J R, Draper B A, et al. Visual object tracking using adaptive correlation filters//Proceedings of the the Twenty-Third IEEE Conference on Computer Vision and Pattern Recognition, 2010: 467-485.

[50] Fortmann T, Bar-Shalom Y, Scheffe M. Sonar tracking of multiple targets using joint probabilistic data association. IEEE Journal of Oceanic Engineering, 1983, 8(3): 173-184.

[51] Bewley A, Ge Z Y, Ott L, et al. Simple Onlne and Realtime Tracking. New York: Springer, 2016.

[52] Wojke N, Bewley A, Paulus D. Simple online and realtime tracking with a deep association metric//IEEE Image Proceedings, 2017: 3645-3649.

[53] Chen L, Ai H, Zhuang Z, et al. Real-time multiple people tracking with deeply learned candidate selection and person re-identification//Proceedings of the 2018 IEEE International Conference on Multimedia and Expo, 2018: 276-295.

[54] Zhang Y, Wang C, Wang X, et al. FairMOT: On the fairness of detection and re-identification in multiple object tracking. IJCV, 2020, 129(11): 3069-3087.

第4章 基于自然驾驶数据的驾驶员行为画像方法

4.1 基于特征值聚类的驾驶风格分类方法

4.1.1 特征指标提取

激进的驾驶员在道路上行驶时，为节约行驶时间，会频繁换道超车，相对于其他驾驶员会有更大的转向角变化率[1]。在以往的研究中，转向角变化率是评价驾驶风格的一个重要指标。选取提出的基于连续的高精度 GPS 数据计算车辆的转向角变化率。利用轨迹点的经纬度计算相邻两个轨迹点连线与正北方向的夹角，以轨迹点与正北方向的夹角差为转向角，并进一步计算转向角的变化率[2]，即

$$y = \sin(P_{i+1}(\text{long}) - P_i(\text{long})) \times \cos(P_{i+1}(\text{lat})) \tag{4-1}$$

$$x = \cos(P_i(\text{lat})) \times \sin(P_{i+1}(\text{lat})) - \sin(P_i(\text{lat}))$$
$$\times \cos(P_{i+1}(\text{lat})) \times \cos(P_{i+1}(\text{long}) - P_i(\text{long})) \tag{4-2}$$

$$B_i = \arctan(y, x) \tag{4-3}$$

$$\text{BC}_i = \frac{B_{i+1} - B_i}{\Delta T} \tag{4-4}$$

其中，$P_{i+1}(\text{long})$、$P_{i+1}(\text{lat})$ 为轨迹点 P_{i+1} 的经度、纬度；B_i 为轨迹点 P_i 的方位角；BC_i 为该点的方位角变化率。

加速度瞬时波动率反映驾驶员加速度的波动状况，在没达到发动机最大输出功率时，加速度瞬时值的大小反映油门开度的大小，而加速度的波动率反映驾驶员踩油门的暴力程度[3]。因此，引入加速度波动率，并将其作为评价指标。加速度波动率计算公式为

$$\beta_a = \frac{|a_{i+1} - a_i|}{\Delta T} \tag{4-5}$$

其中，a_i 和 a_{i+1} 为时刻 i 和 $i+1$ 车辆加速度；ΔT 为两加速度时间差。

本书采用 Mohammadnazar 等提出的速度波动率概念，在瞬时驾驶波动性概念的基础上，考虑 3s 的时间窗口，将度量值分配给主题时间[4]。研究发现，与 1s、2s 和 5s 的时间窗相比，使用 3s 的时间窗来计算波动性时，波动性度量与驾驶风险的相关性最高。图 4-1 所示为速度波动率计算图。平均时间波动性可以用

来度量驾驶风格。速度波动率的计算公式为

$$V_f = \sqrt{\frac{1}{n-1}\sum_{i=1}^{n}(r_i - \overline{r})^2} \qquad (4\text{-}6)$$

$$r_i = \ln\left(\frac{V_i}{V_{i-1}}\right) \times 100 \qquad (4\text{-}7)$$

其中，V_i 为第 i 个时刻的速度；r_i 为中间变量；V_f 为速度波动率。

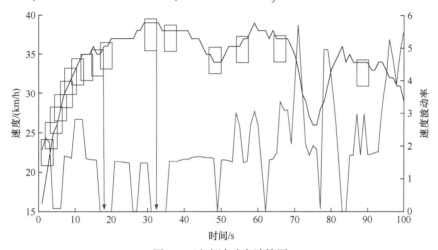

图 4-1　速度波动率计算图

　　车速可以在一定程度上反映驾驶员的驾驶激进程度[5]。在道路限速和交通状况相同时，激进的驾驶员更倾向于使用较高的速度行驶，尤其是在车辆通过弯道、十字路口时，激进的驾驶员相对于保守的驾驶员会使用较大的速度行驶。但是，车辆速度会受到道路类型、交通状况的影响。车辆加速度与驾驶员驾驶激进程度高度相关，与速度不同，其不易受其他外加因素的影响，可以直接反映驾驶员驾驶车辆的激进程度。激进的驾驶员会在起步与车辆行驶中频繁使用急加速、急减速行为，使加速大值比例明显大于保守的驾驶员，可以作为很好的分类指标。因此，选取加速度波动率、速度波动率、转向角变化率、加速度、减速度的平均值、标准差作为特征指标，即

$$\overline{X} = \frac{1}{N}\sum_{i=1}^{i=N} X_i \qquad (4\text{-}8)$$

$$\mu = \sqrt{\frac{1}{N}\sum_{i=1}^{i=N}(X_i - \overline{X})} \qquad (4\text{-}9)$$

其中，N 为数据的总数；X_i 为第 i 个采样的数据；$\overline{X}$ 为平均值；μ 为标准差。

4.1.2　K-medoids 算法

K-medoids 算法是基于 K-means 算法改进的一种非监督式迭代求解的聚类分析算法[6]。其核心是随机选取聚类中心，对于给定的样本集，按照样本之间的距离，将样本集划分为 K 个簇，使簇内的点尽量紧密地连在一起，簇间的距离尽量大。假设簇划分为 $(C_1, C_2, \cdots, C_k)$ ，则迭代终止的条件是最小化平方误差 E ，即

$$E = \sum_{i=1}^{k} \sum_{x \in C_i} x - \mu_{i2}^2 \tag{4-10}$$

其中，μ_i 为簇 C_i 的均值向量，有时也称质心，即

$$\mu_i = \frac{1}{|C_i|} \sum_{x \in C_i} x \tag{4-11}$$

计算步骤如下。

步骤 1，确定聚类簇数 K，输入样本集 $D = \{X_1, X_2, \cdots, X_i\}$ 。

步骤 2，从输入的样本 D 中按数据密度选取 K 个样本作为初始质心。

步骤 3，计算样本集 D 中所有样本 X_i 到初始质心 $\{\mu_1, \mu_2, \cdots, \mu_k\}$ 的距离 d_{ij} ，样本 X_i 到那个质心的距离最小，将其划为该簇。

步骤 4，更新质心 $\{\mu_1, \mu_2, \cdots, \mu_k\}$，重复步骤 3。

步骤 5，直到满足收敛条件 E 最小，迭代结束，输出聚类中心 $\{c_1, c_2, \cdots, c_k\}$ 。

4.1.3　基于特征值聚类的驾驶风格分类方法分析实例

本书利用车联网自然驾驶数据对货运车辆驾驶员的驾驶风格与驾驶风险进行分析，从驾驶员的轨迹数据提取五个维度的特征指标，对驾驶员驾驶风格进行聚类评价。

1. 数据说明

本书分析的实例轨迹数据通过安装在货运车辆的信息采集设备收集。采集的信息实时上传到车联网服务平台，包括车辆 GPS 时间、速度、方向、里程、位置、经度、纬度、定位状态等，采样频率为每秒 1 次。实验采集 14 辆货运车辆的自然驾驶数据。数据采集区间从 2020 年 6 月 21 日～7 月 22 日共计 30 天，共采集超过 600 万条的驾驶数据。大部分驾驶人在白天开车，工作时段为 6：00～17：00。车辆行驶的道路类型覆盖城市道路、郊区道路、乡村道路等。采集的 14 辆货运车辆行驶区域路线图如图 4-2 所示。

乡村道路　　　　　　　　　　　　　　　城市道路

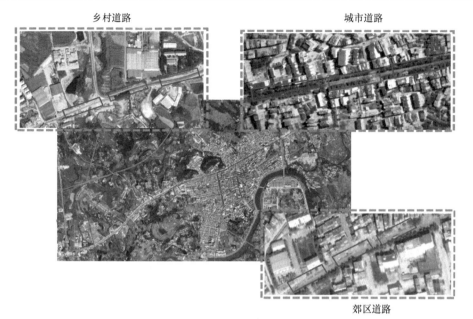

郊区道路

图 4-2　行驶区域路线图

2. 数据处理及筛选

为了保证数据分析的准确性，需要通过数据清洗方法将数据中少量的缺失值和无效值去除，对数据中可能存在的问题制定以下清洗规则。

1) 车辆行进中的缺失值

$$t_{i+1} - t_i = 1 \qquad (4\text{-}12)$$

若时间间隔为 1s，说明 GPS 数据连续；若时间不连续，则将数据片段分开，对每段数据集进行单独的处理，保证数据的连续性和准确性。

2) 车辆行进中的无效值

如果 i 时刻的速度 v_i 为 0，$i+1$ 时刻的速度 v_{i+1} 也为 0，即

$$v_i = v_{i+1} = 0 \qquad (4\text{-}13)$$

则删除数据无效值 v_{i+1}，使数据精简准确。

按顺序经过清洗后的数据较为准确可靠。在后续的处理中，还需要根据需求对数据进行筛选合并，挑选符合分析要求的数据集。

3. 聚类评价结果

利用 K-medoids 聚类，将驾驶员分为激进型、一般型、保守型。聚类结果如表 4-1 所示(其中，P 表示平均值，b 表示标准差，a 表示加速度，$-a$ 表示减速

度，β_a 表示加速度变化率，BC 表示方位角变化率，v_f 表示速度波动率)。在提取的 5 个特征指标中，分类为激进的驾驶员特征指标测量值都显著大于另外两类驾驶风格测量值；分类为保守的驾驶员特征指标测量值最小。这说明，激进的驾驶员在频繁使用急加速、急减速驾驶行为的同时，还会使用急转弯、急变速等驾驶行为。这也证明，除加速度外，以速度波动率、转向角变化率作为驾驶风格评价指标是有效可靠的。

表 4-1　聚类结果

指标	激进型				一般型					保守型				
a_p	0.49	0.52	0.51	0.55	0.37	0.26	0.33	0.32	0.29	0.23	0.26	0.19	0.26	0.22
a_b	0.38	0.42	0.39	0.48	0.34	0.26	0.30	0.29	0.28	0.24	0.25	0.21	0.25	0.23
$-a_p$	−0.51	−0.56	−0.56	−0.59	−0.40	−0.34	−0.37	−0.35	−0.36	−0.32	−0.36	−0.29	−0.33	−0.32
$-a_b$	0.36	0.44	0.44	0.46	0.45	0.42	0.41	0.36	0.44	0.44	0.48	0.41	0.43	0.43
v_{fp}	8.42	9.57	9.17	9.55	4.10	3.60	3.58	3.57	3.31	2.76	3.12	2.69	3.30	2.87
v_{fb}	18.68	19.31	20.82	20.99	11.91	12.05	12.01	11.02	10.69	11.07	11.19	11.07	10.52	10.73
β_{ap}	0.34	0.42	0.37	0.36	0.27	0.20	0.22	0.24	0.22	0.15	0.19	0.14	0.19	0.16
β_{ab}	0.38	0.44	0.40	0.41	0.38	0.30	0.31	0.30	0.34	0.28	0.33	0.27	0.30	0.30
BC_P	0.56	0.55	0.54	0.53	0.21	0.23	0.19	0.19	0.26	0.20	0.25	0.21	0.17	0.25
BC_b	0.96	0.94	0.95	0.94	0.64	0.67	0.65	0.64	0.66	0.63	0.68	0.65	0.58	0.70

在 K-medoids 聚类时，每个驾驶员被分配为一个整数值(1 为保守、2 为一般、3 为激进)。如图 4-3 所示，三个维度分别反映驾驶员加速度、速度、转向角的瞬时波动状况，不易受交通状况、道路类型的影响。这三个指标可以全面反映驾驶员的驾驶行为状态，用于衡量此次聚类效果。由图 4-3 的聚类结果三维图可知，三类驾驶员的测量值在空间中分层明显。聚类为激进的驾驶员的三个指标显著大于一般、保守的驾驶员。这表明，激进的驾驶员在同样道路类型和交通流状况下行驶时，可能频繁地变道超车，使用较小的跟车距离，从而导致较大的速度、加速度、转向角的瞬时波动。

为进一步展示聚类结果的可靠性，以 14 辆车加速度平均值为纵轴，加速度瞬时变化率为球形直径，绘制 14 个驾驶员的球形聚类图。如图 4-4 所示，在聚类的 14 个驾驶员中，激进组球心的位置最高且球半径也最大，说明激进组正加速度平均值与加速度瞬时变化率显著较大，其在行驶中倾向于暴力使用油门踏板(频繁重踩油门)。保守组球心位置最低且球形半径最小，说明保守组正加速度平均值与加速度瞬时变化率较小，在行驶中倾向于轻柔使用油门踏板(习惯轻踩油门)。

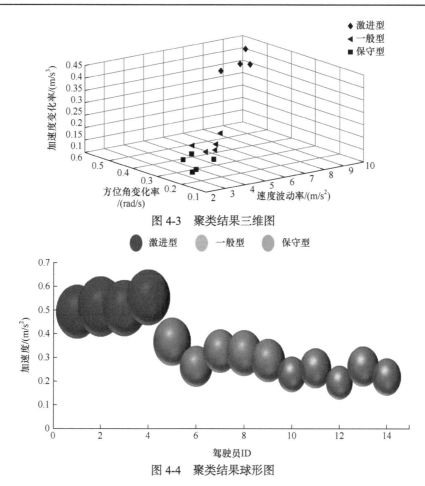

图 4-3　聚类结果三维图

图 4-4　聚类结果球形图

为进一步研究不同驾驶员在五个维度下的驾驶偏好和差异，本书将所有驾驶员五个维度的测量指标归一化，基于雷达图对驾驶员的驾驶偏好和驾驶风格进行可视化评估，如图 4-5 所示。可以看到，不同驾驶员在五个维度下的驾驶倾向性。激进型驾驶员从左往右分别为 1～3 号，1 号驾驶员倾向于急加、减速，2 号驾驶员倾向于急转弯，3 号驾驶员其几个指标值都较小，其激进程度也最小。

(a1) ID3　　　　　　　　　(a2) ID14　　　　　　　　　(a3) ID13

(a) 激进型

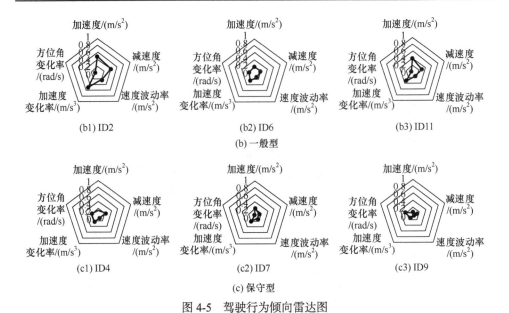

(b1) ID2　　　　　　　　(b2) ID6　　　　　　　　(b3) ID11

(b) 一般型

(c1) ID4　　　　　　　　(c2) ID7　　　　　　　　(c3) ID9

(c) 保守型

图 4-5　驾驶行为倾向雷达图

随着激进程度的下降，驾驶员在雷达图上围成的区域也逐渐变小。总体而言，驾驶员雷达图所围的区域越大，其驾驶越激进，所围区域越小，其驾驶就越保守。

4.2　基于支持向量机的驾驶风格识别方法研究

4.2.1　支持向量机理论

SVM 基于结构最小化原理，具有小样本学习能力强、支持泛化性能等特性。其基本原理是，寻找一个满足数据分类要求的最优超平面。为了使这个超平面更具鲁棒性，需要寻找最佳超平面，即以最大间隔把两类样本分开的超平面，也称最大间隔超平面[7-11]。

1. 线性可分

对于线性可分的数据集，SVM 学习的基本想法是求解能够正确划分训练数据集且几何间隔最大的分离超平面。如图 4-6 所示，$Wx+b=(C_1+C_2)/2$ 即分离超平面。对于线性可分的数据集来说，这样的超平面有无穷多个(即感知机)，但是该数据集边缘平面 $Wx+b=C_1$ 与 $Wx+b=C_2$ 是确定的，而几何间隔最大的分离超平面却是唯一的。

对于线性可分数据，SVM 学习的步骤如下。

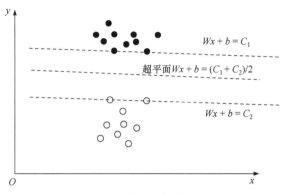

图 4-6 线性可分说明图

输入：训练数据集 $T = \{(x_1, y_1), (x_2, y_2), \cdots, (x_N, y_N)\}$，其中 $x_i \in \mathbf{R}^n$，$y_i \in \{+1, -1\}, i = 1, 2, \cdots, N$。

输出：分离超平面和分类决策函数。

① 选择惩罚参数 $C > 0$，构造并求解凸二次规划问题，即

$$\min_{\alpha} \frac{1}{2} \sum_{i=1}^{N} \sum_{j=1}^{N} \alpha_i \alpha_j y_i y_j (x_i x_j) - \sum_{i=1}^{N} \alpha_i \tag{4-14}$$

$$\text{s.t.} \quad \sum_{i=1}^{N} \alpha_i y_i = 0 \tag{4-15}$$

其中，$0 \leqslant \alpha_i \leqslant C$，得到的最优解 $\alpha^* = (\alpha_1^*, \alpha_2^*, \cdots, \alpha_N^*)^{\mathrm{T}}$。

② 计算下式，即

$$w^* = \sum_{i=1}^{N} \alpha_i^* y_i x_i \tag{4-16}$$

选择 α^* 的一个分量 α_j^* 满足条件 $0 < \alpha_j^* < C$，计算

$$b^* = y_j - \sum_{i=1}^{N} \alpha_i^* y_i (x_i x_j) \tag{4-17}$$

③ 求分离超平面，即

$$w^* x + b^* = 0 \tag{4-18}$$

④ 分类决策函数为

$$f(x) = \text{sign}(w^* x + b^*) \tag{4-19}$$

2. 非线性可分

对输入空间中的非线性分类问题，可以通过非线性变换将它转化为某个维度特征空间中的线性分类问题，在高维特征空间学习线性 SVM。由于在线性 SVM

学习的对偶问题中，目标函数和分类决策函数都只涉及实例和实例之间的内积，因此不需要显式地指定非线性变换，而是用核函数替换当中的内积。

输入训练数据集 $T = \{(x_1, y_1), (x_2, y_2), \cdots, (x_N, y_N)\}$，其中 $x_i \in \mathbf{R}^n$，$y_i \in \{+1, -1\}$，$i = 1, 2, \cdots, N$。

① 选取适当的核函数 $K(x, z)$ 和罚参数 $C > 0$，构造并求解凸二次规划问题，即

$$\min_{\alpha} \frac{1}{2} \sum_{i=1}^{N} \sum_{j=1}^{N} \alpha_i \alpha_j y_i y_j (x_i x_j) - \sum_{i=1}^{N} \alpha_i \tag{4-20}$$

$$\text{s.t.} \quad \sum_{i=1}^{N} \alpha_i y_i = 0 \tag{4-21}$$

其中，$0 \leqslant \alpha_i \leqslant C, i = 1, 2, \cdots, N$，得到的最优解 $\alpha^* = (\alpha_1^*, \alpha_2^*, \cdots, \alpha_N^*)^{\mathrm{T}}$。

② 选择 α^* 的一个分量 α_j^* 满足条件 $0 < \alpha_j^* < C$，计算

$$b^* = y_j - \sum_{i=1}^{N} \alpha_i^* y_i K(x_i, x_j) \tag{4-22}$$

③ 分类决策函数为

$$f(x) = \text{sign}\left(\sum_{i=1}^{N} \alpha_i^* y_i K(x, x_i) + b^* \right) \tag{4-23}$$

利用高斯核函数，即

$$K(x, z) = \exp\left(-\frac{\|x - z\|^2}{2\sigma^2} \right) \tag{4-24}$$

对应的 SVM 是高斯径向基函数分类器，在此情况下，分类决策函数为

$$f(x) = \text{sign}\left(\sum_{i=1}^{N} \alpha_i^* y_i \exp\left(-\frac{\|x - z\|^2}{2\sigma^2} \right) + b^* \right) \tag{4-25}$$

4.2.2　数据初始化

在进行模型训练验证之前，需要对数据进行处理，形成数据集，按照以下步骤对数据进行初始化，形成训练数据集。

① 按照评价特征值提取方法计算方向角与方向角变化率、速度波动率、加速度瞬时变化率。

② 将车辆速度、加速度、转向角、转向角变化率、速度波动率五维数据分别归一化。

③ 利用轨迹特征聚类的方法将归一化后的车辆速度、加速度、转向角、转向角变化率、速度波动率五维数据聚类为安全、低风险、高风险、危险四类，并

打标签形成标注信息的样本集。

4.2.3　SVM 算法验证实例

1. SVM 车辆驾驶行为识别模型建立

对数据进行初始化，建立基于 SVM 的车辆驾驶行为识别模型，在 MATLAB 环境中，利用 libsvm 工具建立 SVM 训练模型。本书需要根据提取的五维评价特征指标识别安全、低风险、高风险、危险四类，属于多分类问题[8]。在模型选择时，分别设定线性 SVM 模型与三次 SVM 模型。

2. 模型训练

从来自 14 位驾驶员的自然驾驶数据中选取 56016 条数据进行模型验证。按照数据初始化进行处理，得到标注信息的样本集，选取 70% 为训练集，30% 为测试集。

3. 结果分析

用 SVM 训练得到的模型对预设的测试数据进行预测，将预测结果与原有的标签进行对比，得到模型的整体预测精度和各个分类的预测精度，模型预测精度可以达到 99.7%。以速度波动率为横坐标，加速度为纵坐标绘制散点图，并用不同的颜色代表数据类别，标记识别错误的数据点。三次 SVM 识别散点图如图 4-7 所示。

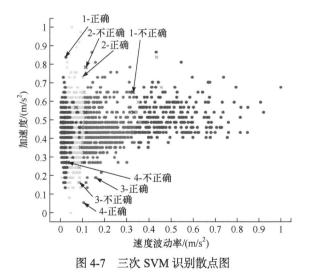

图 4-7　三次 SVM 识别散点图

如图 4-8 所示，该模型对 4 个类别识别的效果较优，都达到 98% 以上。其中对类别 1(安全)的识别效果最好，对类别 4(危险)的识别效果最差。

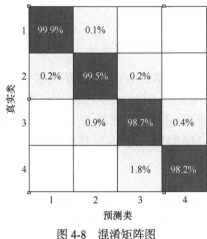

图 4-8　混淆矩阵图

4.3　基于 BP 神经网络的风险行为识别方法研究

4.3.1　BP 神经网络

　　BP 神经网络是由输入层、隐藏层、输出层组成的类人神经网络。其计算过程由正向计算过程和反向计算过程组成。在正向传播过程中，输入模式从输入层经隐藏层神经单元逐层处理，并转向输出层，每一层神经元的状态只影响下一层神经元的状态。如果在输出层不能得到期望的输出，则转入反向传播，将误差信号沿原来的连接通路返回，通过修改各神经元的权值，使误差信号最小。

　　BP 神经网络的每层由多个类人神经元组成，模拟神经冲突的过程，多个树突的末端接受外部信号，并传输给神经元处理融合，经轴突将处理后的信号传递给下一个神经元。神经元的拓扑结构如图 4-9 所示。

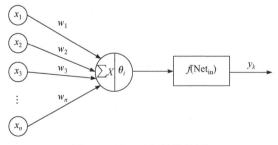

图 4-9　神经元拓扑结构图

对于任意一个神经元，$x_1, x_2, x_3, \cdots, x_n$ 为神经元的输入，$w_1, w_2, w_3, \cdots, w_n$ 为权

值，调节控制输入量的占比。输入神经元后，神经元按照一定的计算公式对输入信号进行计算，这种计算公式称为神经元的基函数。基函数包括线性函数、距离函数、椭圆基函数。使用最广泛的线性基函数为

$$\mathrm{Net}_{\mathrm{in}} = \sum_{i=1}^{n} w_i * x_i \tag{4-26}$$

每个神经元都会有特点地设定阈值。与生物学中的神经元接收信号达到阈值后，神经元才会释放信息到下一环节一样，该神经元的阈值为 θ_i，神经元将输入 $\mathrm{Net}_{\mathrm{in}}$ 与 θ_i 进行比较，然后通过激活函数处理产生神经元的输出。

常见的激活函数包括线性激活函数、饱和线性激活函数、Sigmoid 激活函数、高斯函数等。激活函数用于限定神经元的输出，即

$$y = f(\mathrm{Net}_{\mathrm{in}}) = \frac{1}{1 + \mathrm{e}^{-\mathrm{Net}_{\mathrm{in}}}} \tag{4-27}$$

Sigmoid 函数可以把输入从负无穷大到正无穷大的信号变换成 0 到 1 的输出。

训练神经网络的误差准则函数为最小均方差损失函数，即

$$L = \frac{1}{2} \sum_{p=1}^{p} \sum_{k=1}^{n} (T_k^p - f_k^p(w, \theta))^2 \tag{4-28}$$

使用 BP 神经网络对驾驶行为研究，模型的建立需根据训练的数据集而定，输入层的节点个数由训练集的数据维度确定，隐藏层的神经元节点个数依据模型的训练精度而定，通常在隐藏层中使用太少的神经元会导致欠拟合，而神经元过多则可能导致过拟合。隐藏层的神经元个数通常遵循隐藏神经元的数量应在输入层的大小和输出层的大小之间。隐藏神经元的数量应为输入层大小的 2/3 加上输出层大小的 2/3，小于输入层大小的两倍。

网络训练过程包含前向传递与反向传播，具体步骤如下。

步骤 1，按照高斯分布对权重系数和偏置系数进行随机初始化。

步骤 2，对损失函数式(4-28)求权重的偏导数 $\nabla_w L$ 和偏置的偏导数 $\nabla_\theta L$，即

$$\nabla_w L = \frac{1}{n} \sum_{i=1}^{n} \frac{\partial L}{\partial w_{ji}} \tag{4-29}$$

$$\nabla_\theta L = \frac{1}{n} \sum_{i=1}^{n} \frac{\partial L}{\partial \theta_{ji}} \tag{4-30}$$

其中，n 为训练样本的个数；w_{ji} 和 θ_{ji} 为前一层第 i 个神经元到后一层第 j 个神经元的权重系数和偏置系数；L 为损失函数。

步骤 3，计算系数 w_{ji} 和 θ_{ij} 的变化量，其中初始化 ∇_w 和 ∇_θ 均为 0。

步骤 4，对权重和偏置系数进行更新，即

$$w_{ji} = w_{ji} - \eta \left[\left(\frac{1}{n} \right) \Delta w \right] \tag{4-31}$$

$$\theta_{ji} = \theta_{ji} - \eta \left[\left(\frac{1}{n} \right) \Delta \theta \right] \tag{4-32}$$

步骤 5，将步骤 4 中更新的权重 w_{ji} 和偏置 θ_{ij} 代入损失函数式(4-28)中，重复执行步骤 2～步骤 5，直至损失函数最小。

4.3.2 基于 BP 神经网路的驾驶行为研究方法实例

1. 模型设计

1) 输入层

在提出的 CNN 驾驶行为特性分类方法中，同次行程轨迹的序列被处理成 5 个维度，包括瞬时速度 V_i、瞬时加速度 a_i、速度波动率 V_{f_i}、转向角 B_i，以及加速度变化率 $\beta a_i, i = 1, 2, \cdots, n$。数据的输入格式如下，即

$$x = \begin{bmatrix} V_1 & V_2 & V_3 & \cdots & V_n \\ a_1 & a_2 & a_3 & \cdots & a_n \\ v_{f_1} & v_{f_2} & v_{f_3} & \cdots & v_{f_n} \\ B_1 & B_2 & B_3 & \cdots & B_n \\ \beta a_1 & \beta a_2 & \beta a_3 & \cdots & \beta a_n \end{bmatrix}, \quad y = \begin{bmatrix} l_1 & l_2 & l_3 & \cdots & l_n \end{bmatrix}$$

其中，l 为对应的数据标签类别。

2) Dropout 层

为了防止模型过拟合，在每个训练批次中，Dropout 层通过忽略一半的特征检测器，即让一半的隐层节点值为 0，减少数据之间的过渡计算，可以明显地减少过拟合现象。这种方式可以减少特征检测器之间的相互作用。检测器相互作用是指某些检测器依赖其他检测器才能发挥作用。

3) 激活函数

依据输出结果的特点，可知模型是多分类模型，并且彼此结果之间互斥，被识别对象只能为其中一种，因此在神经网络的最后一层使用 Softmax 函数进行激活。与二分类使用的 Sigmoid 激活函数类似，Softmax 输出为 0～1 的概率值，满足所有类别输出的概率值和为 1。我们认为，Softmax 输出概率值最大的类别就是模型预测的类别，即

$$S_i = \frac{\mathrm{e}^{v_i}}{\sum_{j=1}^{n}\mathrm{e}^{v_j}} \tag{4-33}$$

其中，S_i 为第 i 类的特征值；v_i、v_j 为第 i、j 类的输出特征值。

2. 模型训练

此次预测选用 MATLAB 中的神经网络工具箱进行网络训练，将训练样本数据归一化后输入网络。设网络隐层和输出层激励函数分别为 Tansig 和 Softmax 函数，隐层神经元数初设为 6。设定网络参数，网络迭代次数(epoch)为 5000 次、期望误差(goal)为 0.00000001、学习速率(lr)为 0.01。

3. 实验结果分析

本节分析 BP 神经网络模型的性能，通过实验数据分析挖掘有关驾驶行为特征的相关信息，同时将本章方法与基于 SVM 的相关分析方法进行性能对比。

下面对模型实验结果进行分析。该模型对驾驶风险状态识别准确率为 99.8%。训练结果如图 4-10 所示。训练参数变化曲线如图 4-11 所示。数据表明，模型测试集的准确率在第 98 次迭代时达到稳定，并且识别准确率很高，满足识别要求。

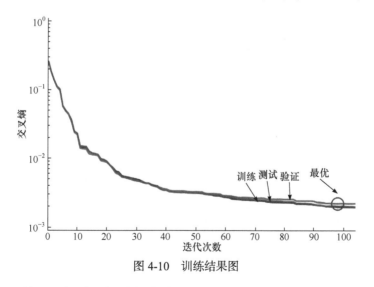

图 4-10　训练结果图

图 4-12 给出了驾驶员驾驶行为特性类型预测的实验结果，包括训练集、验证集、测试集驾驶行为特性的混淆矩阵和查准率。由此可知，模型对训练集的识别准确率最高，达到 99.8%，并且在验证集和测试集中都达到 99.7%，说明模型可靠，模型识别精度满足要求。模型对相邻类别识别的准确率也达到 99.5%以

上，这是一个很好的性质，因为在判断驾驶行为特性安全性的任务中，相邻的类别往往具有相似的属性，即使划分至相邻类别的结果依然具有参考价值。

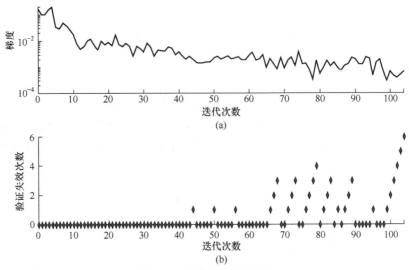

图 4-11 训练参数变化曲线

	1	2	3	4	
1	7185 17.5%	4 0.0%	0 0.0%	15 0.0%	99.7% 0.3%
2	0 0.0%	17984 43.8%	1 0.0%	1 0.0%	100.0% 0.0%
3	0 0.0%	36 0.1%	9814 23.9%	6 0.0%	99.6% 0.4%
4	15 0.0%	1 0.0%	4 0.0%	5978 14.6%	99.7% 0.3%
	99.8% 0.2%	99.8% 0.2%	99.9% 0.1%	99.6% 0.4%	99.8% 0.2%

输出值 / 真实值
(a) 训练混淆矩阵

	1	2	3	4	
1	1508 17.1%	1 0.0%	0 0.0%	7 0.1%	99.5% 0.5%
2	1 0.0%	3896 44.3%	0 0.0%	0 0.0%	100.0% 0.0%
3	0 0.0%	10 0.1%	2133 24.3%	0 0.0%	99.5% 0.5%
4	4 0.0%	0 0.0%	0 0.0%	1234 14.0%	99.7% 0.3%
	99.7% 0.3%	99.7% 0.3%	100% 0.0%	99.4% 0.6%	99.7% 0.3%

输出值 / 真实值
(b) 验证混淆矩阵

	1	2	3	4	
1	1535 17.5%	2 0.0%	0 0.0%	6 0.1%	99.5% 0.5%
2	1 0.0%	3880 44.1%	0 0.0%	0 0.0%	100.0% 0.0%
3	0 0.0%	7 0.1%	2029 23.1%	3 0.0%	99.5% 0.5%
4	4 0.0%	0 0.0%	1 0.0%	1326 15.1%	99.6% 0.4%
	99.7% 0.3%	99.8% 0.2%	100.0% 0.0%	99.3% 0.7%	99.7% 0.3%

输出值 / 真实值
(c) 测试混淆矩阵

	1	2	3	4	
1	10228 17.4%	7 0.0%	0 0.0%	28 0.0%	99.7% 0.3%
2	2 0.0%	25760 43.9%	1 0.0%	1 0.0%	100.0% 0.0%
3	0 0.0%	53 0.1%	13976 23.8%	9 0.0%	99.6% 0.4%
4	23 0.0%	1 0.0%	5 0.0%	8535 14.6%	99.7% 0.3%
	99.8% 0.2%	99.8% 0.2%	100.0% 0.0%	99.6% 0.4%	99.8% 0.2%

输出值 / 真实值
(d) 全体混淆矩阵

图 4-12 混淆矩阵

4.4 基于安全加速度与速度变化关系的驾驶行为研究方法

4.4.1 临界安全加速与速度的函数关系

真实的驾驶场景往往非常复杂,需要同时进行横向和纵向控制[12-15]。我们引用 Eboli 等[16]提出的车辆速度和加速度的关系曲线函数公式。该方法旨在基于三个运动学参数定义道路安全域。其在 Lamm 等提出的农村干燥路面下纵向最大摩擦系数与速度关系公式的基础上,通过将地面提供的最大摩擦力与车辆牵引力代换,得到车辆速度与临界安全加速速度的函数关系公式。具体推导过程如下,即

$$|\overline{a}| = \sqrt{a_{\text{lat}}^2 + a_{\text{long}}^2} \tag{4-34}$$

其中,$|\overline{a}|$ 为车辆运动时的加速度;a_{lat} 为横向加速度;a_{long} 为纵向加速度。

根据牛顿第二定律可得车辆要获得该加速度下的推力,即

$$F_S = m|\overline{a}| \tag{4-35}$$

地面能提供的最大摩擦力为

$$F_R = mg\mu \tag{4-36}$$

由于车辆运动时,要想车辆安全地在路面行驶而不发生与路面的滑动,通过 F_S 与 F_R 的相对关系可以确定车辆的安全状态,即 $F_S < F_R$,车辆处于安全状态;$F_S = F_R$,车辆处于临界状态;$F_S > F_R$,车辆处于不安全状态。

利用 $F_S = F_R$,可推导临界状态下的车辆临界加速度,推导过程如下,即

$$|\overline{a}| = g\mu \tag{4-37}$$

$$\sqrt{a_{\text{lat}}^2 + a_{\text{long}}^2} = g\mu \tag{4-38}$$

$$a_{\text{lat}}^2 + a_{\text{long}}^2 = (g\mu)^2 \tag{4-39}$$

其中,g 为重力加速度;μ 为摩擦系数;a_{lat} 和 a_{long} 为横向和纵向加速度。

利用 Lamm 等提出的农村干燥路面下纵向最大摩擦系数与速度的关系公式,即

$$\mu_{x\text{max}} = 0.214\left(\frac{V}{100}\right)^2 - 0.640\left(\frac{V}{100}\right) + 0.615 \tag{4-40}$$

$$\mu_y = 0.925\mu_x \tag{4-41}$$

$$\mu_{y\text{max}} = 0.198\left(\frac{V}{100}\right)^2 - 0.592\left(\frac{V}{100}\right) + 0.569 \tag{4-42}$$

其中,V 为车速;$\mu_{x\text{max}}$ 和 $\mu_{y\text{max}}$ 为纵向和横向最大摩擦系数。

由于 μ_y 最大时，$\mu_x=0$，因此 $\mu_{y\max}=\mu$，可得

$$|\bar{a}|=g\left[0.198\left(\frac{V}{100}\right)^2-0.592\left(\frac{V}{100}\right)+0.569\right]\qquad(4\text{-}43)$$

其中，$\bar{a}$ 为车辆合加速度。

4.4.2　基于安全加速度与速度变化关系的风险识别模型

式(4-39)中的摩擦系数为道路条件最优情况下(无雨、路面无积水、路面完整无破损)，轮胎和地面所具有的最大摩擦系数。因此，将其作为识别驾驶风险的危险区域临界边界。在日常行驶中，车辆行驶存在安全隐患即潜在风险，并不直接处于危险驾驶状态。为了识别潜在风险，本书提出一种基于安全加速度与速度变化关系的风险识别模型，以加速度 97%的上限作为急加速判定的阈值，97%的下限作为急减速的阈值[14]。当车辆产生急加速、急减速驾驶行为时，车辆存在潜在驾驶风险。

通过对驾驶员不安全驾驶行为的识别，将驾驶员产生的驾驶数据分配到 3 个区域。如图 4-13 所示，当车辆加速度未被识别为急加速或急减速时，车辆行驶安全，该数据处于安全区域；当车辆加速度被识别为急加速或急减速，但车辆加速度值并未超过该速度下的临界加速度值时，车辆行驶存在潜在分析，该数据处于潜在风险区域。当车辆加速度值超过临界加速度值时，车辆行驶存在巨大风险，该数据处于危险区域。

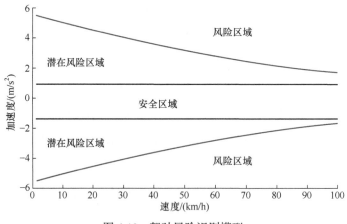

图 4-13　驾驶风险识别模型

4.4.3　驾驶风险定量评价

驾驶数据被划分后，为了定量评价驾驶员的驾驶风险，以危险区域的临界边

界曲线为标准，分别计算潜在风险区域与危险区域的驾驶风险值，即

$$s1 = \sum_{i=1}^{n}(|a_i| - |\overline{a_i}|)v_i / 100 \tag{4-44}$$

$$s2 = \sum_{j=1}^{n}\left[\frac{(|a_j| - 0.9)}{|\overline{a_j}| - 0.9}\right]v_j / 100 \tag{4-45}$$

其中，$s1$ 为危险区域数据点风险量化方法；a_i 为落在危险区域的数据点；$\overline{a_i}$ 为车速在 v_i 下的临界加速度值；v_i 为车辆 i 时刻采集的车辆速度；$s2$ 为潜在风险区域数据点风险量化方法；a_j 为落在危险区域的数据点；$\overline{a_j}$ 为车速 v_j 下的临界加速度值；v_j 为车辆 j 时刻采集的车辆速度。

4.4.4　基于安全加速度与速度变化关系的驾驶行为研究方法实例

1. 风险驾驶行为识别图

利用本书提出的驾驶风险识别模型，对驾驶员的驾驶风险进行识别。为了更清楚地展现不同驾驶风格在驾驶风险上的差异，按驾驶风格分别展示激进、一般、保守的驾驶风险识别图，如图 4-14～图 4-16 所示。横向对比激进组，驾驶员在正加速度潜在风险区域的数据点没有显著差异，4 个驾驶员的急加速次数都较多。在减速度的潜在风险区域有显著差异，1 号驾驶员急减速行为明显少于另

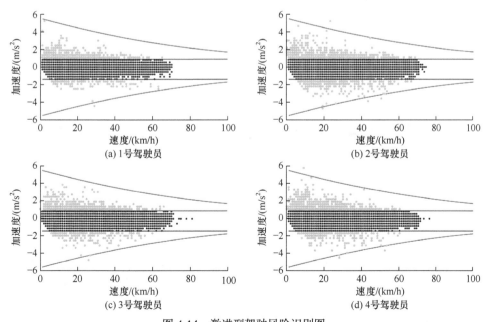

图 4-14　激进型驾驶风险识别图

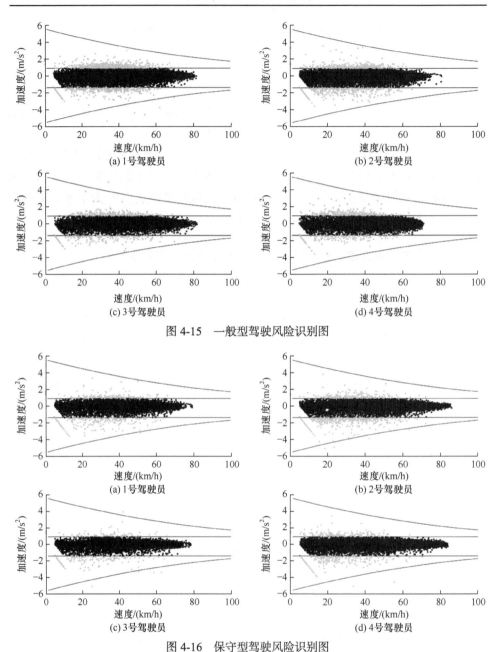

(a) 1号驾驶员　　　　　　　　　　(b) 2号驾驶员

(c) 3号驾驶员　　　　　　　　　　(d) 4号驾驶员

图 4-15　一般型驾驶风险识别图

(a) 1号驾驶员　　　　　　　　　　(b) 2号驾驶员

(c) 3号驾驶员　　　　　　　　　　(d) 4号驾驶员

图 4-16　保守型驾驶风险识别图

外几位。在纵向，随着驾驶风格激进程度的下降，潜在风险区域的数据点明显减少，保守的驾驶员潜在风险区域的数据点显著少于激进的驾驶员。加速度的分布趋于收敛(离散程度越小越好)。当车速高于 60km/h 时，随着激进程度的下降，加速度分布收敛于零的程度越大，离散程度越小(图 4-14 中为当速度超过 60km/h

时，加速度分布呈现出收敛于零而变成一条线)。以上几点表明，随着驾驶员驾驶激进程度的下降，驾驶员的急加速、急减速等危险行为开始显著减少，并且在高速状态下更倾向于匀速驾驶。车辆加速度在小范围内波动，驾驶员更倾向于轻踩油门、刹车，驾驶风险显著较小。

2. 风险定量评价

利用驾驶风险定量评价公式对驾驶员的驾驶风险进行定量评价，风险评价得分如图 4-17 所示。对于急加速驾驶行为区域的数据点，由于急加速过程的车辆速度显著增加，而车速和风险成正比，因此该过程车辆风险显著增加。对于急减速驾驶行为区域的数据点，驾驶员采取急刹车，通常是为了规避障碍物或降低车速，使车辆行驶风险降低，以达到安全行驶。因此，在定量评价急减速驾驶行为的风险时，需将急减速驾驶行为与急加速驾驶行为做量化的指数差异。我们定义同等速度和急减速驾驶风险仅为急加速驾驶行为的 1/2。

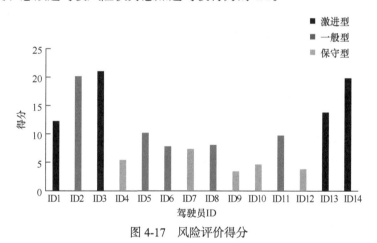

图 4-17　风险评价得分

4.5　基于车辆个性化行为模式图的驾驶行为研究方法

不同驾驶人的驾驶行为迥异，每个驾驶人都具有个体典型的驾驶模式。驾驶行为是驾驶人对不同驾驶情况做出的反应，而驾驶行为模式反映这些连续的驾驶行为随时间的变化。识别这些驾驶行为模式，并选取其中具有代表性的典型模式，利用不同驾驶人的驾驶模式来判断驾驶人驾驶风格，最终评估驾驶人的驾驶安全水平。本节的主要任务是提取驾驶人的典型驾驶模式。这些模式是时间连续行为数据的一部分。在驾驶过程中，车辆由驾驶人不断地调整来控制，以达到驾驶人期望的行驶状态。受生理心理因素的限制，驾驶人对刺激的反应速度是有限的，一般条件下，反应时间约为 0.1~0.5s，对于复杂的选择性反应时间达 1~3s，要进行复杂判断和认识的反应时间平均达 3~5s。研究表明，3s 是一个衡量驾驶行为的合理时间窗口。在此期间，司机能够调整车辆到某种理想的状态。因此，驾驶模式定义为每 3s 内的驾驶行为变化(如速度、加速度、转向等)。

　　作为时间序列数据，需要对提取的模式进行合理的简化，以降低复杂度。在方法探索过程中，本书使用符号聚合近似(symbolic aggregate approximation，SAX)算法将数据转换为代码。SAX 算法在分段聚合近似(piecewise aggregate approximation，PAA)方法的基础上，保留其简单和复杂度低的优点，同时在范围查询的过程中提供较高的灵敏度和选择性。除此之外，符号化的特征表示可以为现存的数据结构和字符串处理算法提供有利的条件。SAX 过程包括两个步骤。

　　① 将原始数据转换为 PAA 表示形式。

　　② 根据断点的位置将 PAA 数据转换为相应的字符串。

　　本书的驾驶行为数据最终被转换为数字代码，而不是字符串，目的在于使计算机更容易阅读和计算，使转换后的结果更加清晰、易懂。本书方法包括数据标准化、数据分级与编码、典型驾驶行为模式提取、驾驶行为个性化模式图生成。

4.5.1　数据标准化

　　本书使用驾驶人的纵向加速度变化作为反映驾驶行为的标准[15]。加速度是与驾驶安全密切相关的典型指标，代表车速的变化，因此是驾驶安全的另一个重要指标。实验基于车联网信息平台，获取的车辆数据主要为车辆的速度，需要首先将速度转化为每一时刻的车辆纵向加速度。

　　本书使用的方法基于 Python 语言编写，可以实现将车辆速度转化为车辆加速度的功能。将处理后表格的数据导入后，由于实验数据的采样频率为 1 次/s，利用车辆相邻速度数据积分即可得到车辆每秒的加速度数据，然后将得到的加速度和对应的时刻速度输出到 Excel 中。图 4-18 所示为数据标准化流程图。

　　采用 Z 标准化方法对某一驾驶员的驾驶加速度数据进行标准化，使其均值为 0，标准偏差为 1。这样做的目的是使偏移量和振幅达到一致，使其具有与其他驾驶员数据相同的维数，即

$$x = \frac{X - \mu}{\theta} \tag{4-46}$$

其中，X 为驾驶程序的原始数据；μ 和 θ 为 X 的均值和标准差；x 为标准化后的数据。

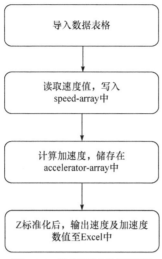

图 4-18　数据标准化流程图

4.5.2　数据分级与编码

数据的分级与编码需要使用符号近似聚合 SAX 算法处理。SAX 算法首先需要将原始数据转换为 PAA 表示形式。然后，根据断点的位置将 PAA 数据转换为相应的字符串。

第一步，将原始数据转换为 PAA 表示形式。这样做的目的是，将原始数据进行降维，首先把原始序列分成等长的 n 段子序列，然后用每段子序列的均值代替这段子序列，最后使数据的频次为 1s。长度为 n 的原始时间序列 $C = c_1, c_2, \cdots, c_n$ 可以通过 PAA 变换到 w 维空间，由向量 $\overline{C} = \overline{c}_1, \overline{c}_2, \cdots, \overline{c}_w$ 表示。C 的第 i 个元素为

$$\overline{c}_i = \frac{w}{n} \sum_{j=\frac{n}{w}(i-1)+1}^{\frac{n}{w}i} c_j \tag{4-47}$$

第二步，标准化后的时间序列服从高斯分布，因此时间序列数据经过 PAA 处理后，需要使用一种离散化技术将数据转换为等概率符号。

由于标准化时间序列具有高度高斯分布，我们可以很容易地确定在高斯曲线下产生等大小区域的断点。通过确定我们想要划分的区域数量 a，这些断点可以在统计表中查找来确定。对应 a 取值的断点分布如图 4-19 所示。

在任意数量(3~10)的等概率区域中划分高斯分布的断点，将 PAA 处理后的值一一对应地映射到不同的区间，转换为符号化表示，即数据的分级编码首先需要选定字母集的大小，根据字母集的大小查找相应的表格，找到对应区间的断

点；利用断点把数据划分为不同区间，将 PAA 表示的均值映射为相应的字母，最终离散化为字符串。

断点分布＼取值	3	4	5	6	7	8	9	10
β_1	−0.43	−0.67	−0.84	−0.97	−1.07	−1.15	−1.22	−1.28
β_2	0.43	0	−0.25	−0.43	−0.57	−0.67	−0.76	−0.84
β_3		0.67	0.25	0	−0.18	−0.32	−0.43	−0.52
β_4			0.84	0.43	0.18	0	−0.14	−0.25
β_5				0.97	0.57	0.32	0.14	0
β_6					1.07	0.67	0.43	0.25
β_7						1.15	0.76	0.52
β_8							1.22	0.54
β_9								1.28

图 4-19　对应 a 取值的断点分布

基于 Python 语言，编写程序实现数据的分级和编码，读取标准化后的加速度数据，经过 PAA 与 SAX 算法处理，输出等级为 0～6 的数据编码。数据分级与编码流程图如图 4-20 所示。

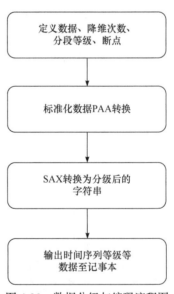

图 4-20　数据分级与编码流程图

本书将数据分为 7 个等级。理论上，SAX 算法最多可以将数据划分为 20 个等级，并提供相应的阈值。基于数据分析，在分别测试了 3、5、7、9、11 个等级划分方案后，发现划分为 7 个等级效果最好。只测试奇数等级是因为中值等级始终代表中立行为。中值代表车辆的驾驶行为接近匀速巡航。如前所述，数据被转换为数字 0～6(7 个等级)的等级，而不是字母 a～g(在一般 SAX 处理中表示的 7 个等级)。由于标准化数据的均值为 0，等级 3 表示中性行为。

4.5.3　典型驾驶行为模式提取

数据分级和编码完成后，需要检测其中存在的驾驶模式。驾驶是一个连续的过程。在这个过程中，车辆由驾驶人不断地调整来控制，以达到驾驶人期望的行驶状态。研究表明，3s 是以时间作为衡量驾驶行为的一个时间窗口。在此期间，司机能调整车辆到某种理想的状态[17]。因此，驾驶模式被定义为每 3s 内驾驶行为的变化(如速度、加速度、转向等)。为了确保时间是否合适，本书还使用 4s 和 5s 进行测试。结果表明，如果使用 4s 或 5s 作为检测时间，会产生大量的驾驶模式类型，图形也不像 3s 的结果那样清晰。从数据的起点开始，使用窗口大小为 3s 的移动窗口检测存在的驾驶模式。一个长度为 n 的连续加速度数据集可以产生 $n-2$ 个模式。利用 Python 程序可以实现此功能，通过设置每次递增 1，长度为 3 的索引，将每一种驾驶行为模式输出，并统计每种驾驶行为模式的出现频次。

由于驾驶技术水平和个人特点的不同，每个驾驶人都有自身独特的驾驶习惯。根据检测到的驾驶行为模式，使用频繁出现的驾驶行为模式代表驾驶人的驾驶习惯。对于每个驾驶人，提取较为频繁的驾驶行为模式即典型的驾驶行为模式。

首先，将具有相同顺序组合的驾驶模式自然地聚集到一个组中，并计算每个组中包含的模式数量。然后，计算每种驾驶行为模式的发生率。例如，如果驾驶模式 123 在一个长度为 n 的连续加速度数据集中出现 m 次，则驾驶行为模式 123 的发生率为 $m/(n-2)$。对于每个驾驶人，提取 30 个最频繁的驾驶行为模式，并将其视为典型的驾驶行为模式。在收集到足够的驾驶数据覆盖各种交通状况、道路类型等外部因素的前提下，这些典型的驾驶行为模式可以描述驾驶人的内在驾驶习惯。另外，这些典型的驾驶行为模式是独立于外部驾驶条件的，可以反映驾驶人的固有驾驶偏好。

数据被划分为 7 个等级，每 3s 识别为一个驾驶模式。因此，驾驶模式在理论上有 $7^3 = 343$ 种潜在类型。就加速驾驶模式来说，有 $4^3 - 1 = 63$ 种潜在的驾驶模式。在这里，包含临时巡航在内的驾驶模式也被视为加速行为，如模式 345 或 334，因为这些模式表示一种加速的趋势。上述计算时的–1 排除了驾驶模式 333，因为它代表较为平稳的匀速巡航运动。同理，减速行为也有 63 种驾驶模式。

4.5.4　驾驶行为个性化模式图生成

　　将典型的驾驶模式按其频率的降序绘制，可以得到驾驶人的驾驶行为模式图。驾驶行为数据可以通过上述的四个步骤转换成图。驾驶环境的影响被忽略，典型的驾驶模式是基本的行为模式，反映不同驾驶行为的个体特征。

　　一个驾驶行为模式图由前 30 个典型驾驶模式组成，因此有 A_{343}^{30} 种图形。考虑加减速特性，可以得到 A_{63}^{30} 种图形。当然，并不是所有可能的驾驶行为模式在驾驶行为模式图中都会出现。然而，大量存在的不同可能类型的驾驶行为模式和驾驶行为模式图都可以验证本书图形方法的有效性。

　　对于所有的驾驶行为，提取前 30 种驾驶模式作为典型驾驶模式。这 30 种模式足以反映驾驶员的驾驶行为特征。此外，考虑加减速行为是两种重要且独立的操作，分别提取加速和减速行为的典型驾驶模式，说明驾驶人的驾驶行为特征，并区分驾驶人驾驶风格之间的差异。

　　以图 4-21 为例，图中的横坐标表示驾驶行为模式的出现频次排名，即经过典型驾驶模式提取后出现频次从高到低的前 30 种典型驾驶行为模式；纵坐标表示驾驶行为模式的加速度等级。图中每三个相连线点的组合为一种典型的驾驶行为模式，其对应的横坐标为该行为模式的出现频次排名，纵坐标表示该驾驶行为模式在 3s 内对应的加速度等级变化。加速度等级 3 表示中性行为，接近 $0m/s^2$ 的加速度值，即均速行驶。加速度等级 0、1、2 表示负加速度值，即减速行为。每个等级幅度区间随着等级的减小而增大。随着等级数值的减少，减速行为变得

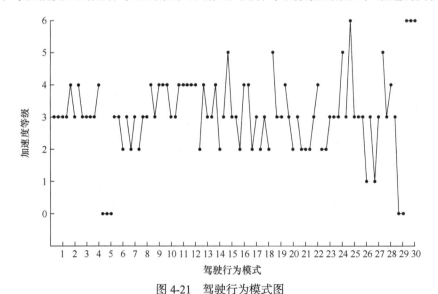

图 4-21　驾驶行为模式图

更加明显。加速度等级 4、5、6 代表正加速度值，即加速行为。每个等级幅度区间随着等级的增加而增大。随着等级数值的增加，加速行为变得更加明显。以第一种典型驾驶行为模式 "333" 为例，这种模式出现的频次最高，在这种行为模式持续的 3s 内，驾驶人的加速度等级变化为 3-3-3；第二种驾驶行为模式 "343"，这种模式的出现频次为第二名。在这种行为模式持续的 3s 内，驾驶人的加速度等级变化为 3-4-3。驾驶人的驾驶行为模式图，可以将驾驶人的典型驾驶行为模式的构成和次序清晰地呈现出来。

4.5.5　个性化驾驶行为风险建模

驾驶行为模式图是驾驶员驾驶模式的可视化表征和定性描述。典型驾驶模式的频率、排名，以及模式本身的等级划分为定量分析提供了可能性。因此，本书以加速度数据和典型驾驶模式为影响因素，从车辆安全性、行驶平顺性和燃油经济性三个方面提出一种个性化驾驶行为评估模型，综合评估车辆行车安全[18-20]，即

$$\text{SCORE} = 0.7 \times \text{score}_{安全} + 0.2 \times \text{score}_{平顺} + 0.1 \times \text{score}_{经济} \tag{4-48}$$

SCORE 为驾驶行为综合评价指标，由三部分组成，第一部分为根据驾驶人的典型驾驶行为进行的安全评价，反映驾驶人的驾驶安全程度，以及加减速的剧烈程度；第二部分为根据加速度数据进行的汽车平顺性评价分析，在一定程度上反映驾驶行为中舒适的程度；第三部分为根据加速度进行的汽车燃油经济性评价指标，反映汽车行驶的油耗程度。结合文献资料以及专家经验，同时考虑营运车辆在行驶过程中的安全性最为重要，其次为运输过程中的平顺性，最后为燃油经济性，将三部分的得分赋予对应比例的权重(即安全性权重为 70%、平顺性为 20%、经济性为 10%)，综合对驾驶人的驾驶行为进行评价，即

$$\text{score}_{安全} = \sum_{i=1}^{30} \text{freq}_i \times (\text{abs}(\text{mean}(\text{CODE}) - 3) + \text{std}(\text{CODE})) \tag{4-49}$$

其中，i 为典型驾驶模式的次序；freq_i 为该模式占所有驾驶模式的比例；CODE 为典型驾驶模式的代码；mean 和 std 用来计算驾驶模式的均值和标准偏差；abs 表示绝对值。

这种评价方法可以反映驾驶行为的安全程度，因为该方法利用均值和标准偏差考虑加速度值的幅值及其变化。驾驶加速度的幅值和加速度的变化都是重要的指标，因此将均值和标准偏差相加。$\text{abs}(\text{mean}(\text{CODE}) - 3)$ 中的 -3 是评估加速和减速行为的加速度幅值，因为代码 3 代表匀速驾驶行为。这种定量分析方法能同时考虑加速度的幅值和变化，既能反映车辆状态的变化，又能反映车辆控制稳定性的变化。显然，较低的分数意味着更安全的驾驶行为，即

$$\text{score}_{\text{平顺}} = \left[\frac{1}{T}\int_0^T a_w^2(t)\mathrm{d}t\right]^{\frac{1}{2}} \tag{4-50}$$

其中，$\text{score}_{\text{平顺}}$ 代表加权加速度的均方根值；T 为振动分析的周期；$a_w(t)$ 为轴向的加速度。

这一判别方法参考了国际标准化组织制定的车辆平顺性评价标准，只考虑纵向加速度对汽车平顺性的影响。较低的分数值意味着较为舒适的乘车体验，即

$$\text{score}_{\text{经济}} = \begin{cases} \text{MOE}_e = \mathrm{e}^{\sum\limits_{i=0}^{3}\sum\limits_{j=0}^{3}(L_{i,j}^e v^i a^j)}, & a \geqslant 0 \\ \text{MOE}_e = \mathrm{e}^{\sum\limits_{i=0}^{3}\sum\limits_{j=0}^{3}(M_{i,j}^e v^i a^j)}, & a < 0 \end{cases} \tag{4-51}$$

其中，$\text{score}_{\text{经济}}$ 为车辆行驶的燃油消耗量，采用弗吉尼亚理工大学提出的 VT-Micro 微观油耗模型；MOE_e 为车辆的瞬时燃油消耗量；v 为车辆瞬时速度；a 为车辆的瞬时加速度；$L_{i,j}^e$ 为在车辆加速行驶时，速度 v 的幂为 i，加速度的幂为 j 的情况下，瞬时油耗模型的拟合系数；$M_{i,j}^e$ 为车辆减速行驶时，速度 v 的幂为 i，加速度的幂为 j 的情况下，瞬时油耗模型的拟合系数。

式(4-51)较低的得分意味着较为经济的车辆燃油消耗。

总体的驾驶行为评价得分由三个评价指标得分组成，而这些评价指标具有不同的量级和量纲。若直接使用原始指标数据值进行总和分析，则容易出现结果不可靠的情况，即数值较高的指标会得到突出，数值较低的指标会遭到削弱。因此，需要对不同指标的得分进行标准化处理。这里采用离差标准化方法对不同指标部分的数据进行标准化处理，使每一部分的结果无量纲且落到[0,1]区间内，转换方法如下。

对序列 $x_1,x_2,\cdots,x_n$ 进行变换，即

$$y_i = \frac{x_i - \min\{x_1\cdots x_n\}}{\max\{x_1\cdots x_n\} - \min\{x_1\cdots x_n\}} \tag{4-52}$$

其中，y_i 为 x_i 经过标准化变化后的数据；$\min\{x_1\cdots x_n\}$ 为序列中的最小值；$\max\{x_1\cdots x_n\}$ 为序列中的最大值。

标准化后，每部分的指标即可按照不同的权重相加，得到驾驶人驾驶行为的综合评分。

4.6　基于个性化行为模式图的驾驶行为研究实例

4.6.1　数据来源

本节使用的数据是通过安装在车辆上的信息采集设备收集的[21]。信息采集设备包括一个用于收集位置数据的 GPS 模块、一个用于收集车辆运行数据的 OBD 模块和一个用于将数据上传到服务器的蜂窝网络模块。采集到的信息实时上传到车联网服务平台，收集到的参数包括车辆 GPS 时间、速度、方向、里程、位置、经度、纬度、ACC 状态和定位状态等，数据的采样频率为每秒 1 次。实验数据采集结果显示，数据精度较高，可以得到车辆每秒的驾驶数据变化，包括实时速度、位置、里程等信息。不同驾驶人的驾驶数据通过表格可以较为清晰地展示。

实验采集 10 台车辆的自然驾驶数据，包括驾驶人行为数据等。每台车辆的驾驶人是固定的。这些驾驶人都是具有丰富驾驶经验的专业司机。数据采集区间从 2019 年 6 月 29 日～2019 年 7 月 29 日，共采集超过 600 万条的驾驶数据。实验车辆驾驶人没有固定的工作时间或固定的休息日，大部分驾驶人在白天开车，工作时段为 7：00～17：00，数据采集时间足够长且分布广，同时涵盖高速公路、国道、省道，以及乡村道路等不同路况。数据充分且质量较高，具有一定的代表性，可以反映个体驾驶人的驾驶行为，满足实验需求。

4.6.2　驾驶人个性驾驶行为特征与风险分析

下面基于驾驶行为模式图，从多角度对驾驶人驾驶行为的习惯、风格，以及可能存在的驾驶风险进行发掘，探究不同驾驶人的驾驶行为。

1. 驾驶安全预评估

在分析驾驶行为模式图之前，本节对个体驾驶人的驾驶情况进行预先判断，即通过识别危险驾驶事件的频率来初步评估驾驶安全[22]。本节考虑急加速和急减速两种危险驾驶行为，使用 Fazeen 等提出的加速度阈值 ± 0.3g 来检测这两种驾驶行为。利用这些阈值，采用一种量化的评分方法为每个驾驶员分配驾驶安全标签。首先，计算个体驾驶人急加速驾驶行为(加速度大于 3m/s^2)和急减速驾驶行为(加速度小于 –3m/s^2)占总体所有驾驶行为的比例(百分比)。总占比高的驾驶人说明，驾驶人急加速度操作频繁，在驾驶行为方面的安全性相对较低。评价结果如图 4-22 所示。

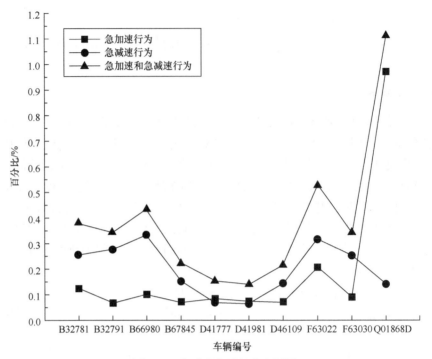

图 4-22　驾驶人驾驶行为比例图

统计分析危险驾驶行为的占比对驾驶安全进行综合评价。如图 4-22 所示，不同驾驶人的急加速或急减速行为占所有驾驶行为的比例都不高。绝大部分驾驶人的急减速行为占比都要高于急加速行为的占比，不同驾驶人的急加速行为和急减速行为的占比基本符合同一趋势，危险驾驶行为占比高的驾驶人具有更危险的驾驶行为倾向，为了方便后续的对比分析，我们将十辆车分为两组。假设急加速和急减速总行为总占比最高的前 5 名，包括 B32781、B32791、B66980、F63022 和 Q01868D 作为相对危险组驾驶人；将急加速和急减速行为总占比较低的 5 名驾驶人，包括 B67845、D41777、D41981、D46109 和 F63030 作为相对安全组驾驶人。下面通过分析驾驶行为模式图，探究不同驾驶人的个性化驾驶风格。

2. 所有驾驶行为

下面从不同驾驶人的典型驾驶行为模式出发，通过驾驶行为模式图(图 4-23)逐一分析驾驶人的个性化驾驶行为和驾驶风险。

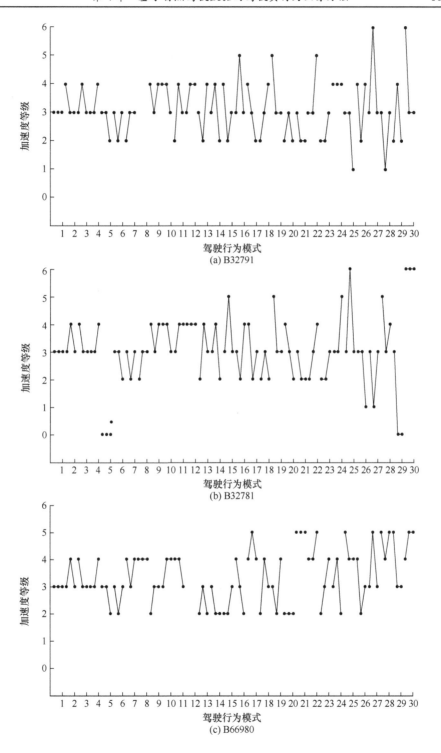

(a) B32791

(b) B32781

(c) B66980

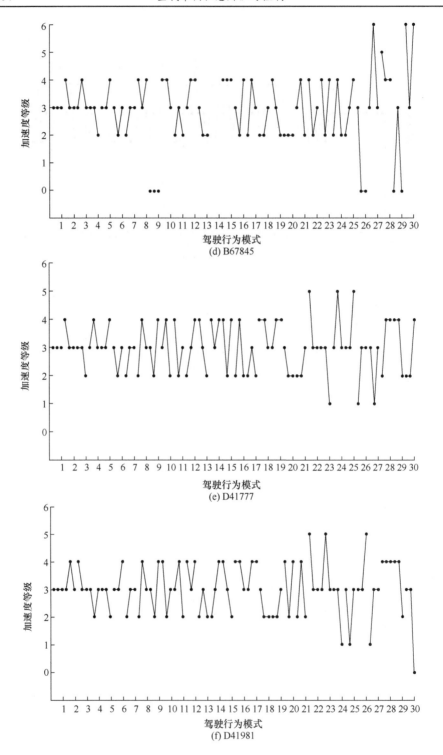

(d) B67845

(e) D41777

(f) D41981

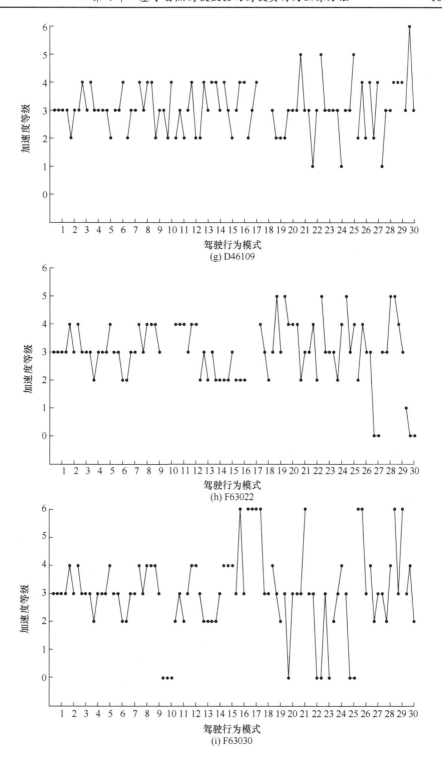

(g) D46109

(h) F63022

(i) F63030

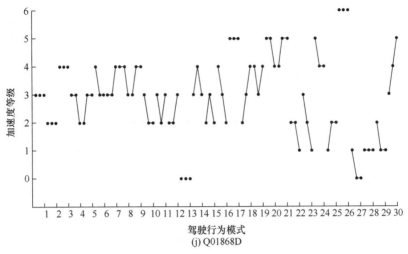

驾驶行为模式
(j) Q01868D

图 4-23　驾驶行为模式图

可以看出，B32781 驾驶人的急加速和急减速行为较多。例如，急减速行为000 排在第 5 位，排名偏后的驾驶模式基本都是较为危险的驾驶模式。根据频次前五的驾驶行为可以判断出，该驾驶人在行驶中存在大量的轻微加速模式，且首次出现的减速模式为 000 的这种急减速模式。这反映了驾驶人在驾驶过程中面对减速需求时容易出现幅度较大的减速行为，为了弥补损失的速度会采取较为频繁的加速行为。驾驶人的加减速行为比较剧烈，具有加减速幅度大、车辆行驶状态变化快等特点，也反映了驾驶人急加速和急减速驾驶行为的总体占比相对偏高的特点，具有较为危险的驾驶行为倾向[23]。数据显示，此驾驶人的驾驶行为较为激进。

B32791 驾驶人的急减速行为 000 的排名在 10 名驾驶人中偏高。频次靠前的驾驶模式反映驾驶人在日常行驶中主要以轻微的加减速模式为主，排名中下游的驾驶模式反映驾驶人的急加速和急减速行为相对频繁且剧烈，其中急加速行为的幅度更大，存在潜在的事故风险。数据显示，此驾驶人的驾驶行为比较激进。

B66980 驾驶人的急加速和急减速驾驶行为较为平稳，加速度变化幅度小，危险驾驶模式相较而言不高。虽然驾驶人的急加速和急减速行为占比相对较高。这可能是驾驶行为模式基数较小导致的。数据显示，此驾驶人的驾驶行为较为平稳。

B67845 驾驶人的急加速和急减速驾驶行为总占比不高，但值得注意的是，驾驶人的急加速行为(666)和急减速行为(000)模式排名较高，且驾驶人容易出现加减速行为的快速变换。大部分情况下，驾驶人驾驶风格较为平稳，然而驾驶人会出现模式 000 或 666 这种剧烈的急加速或急减速行为，并且排名较为靠前，这种激烈加减速行为的偏向是明显的。这种行为会导致驾驶人存在潜在的安全风险。此驾驶人的驾驶行为存在潜在风险。

D41777 驾驶人急加速和急减速驾驶行为较为平缓，较为激进的加减速驾驶行为模式少且排名较为靠后。驾驶行为模式图整体上呈现出驾驶行为模式围绕中线分布，并且范围整齐的特征。驾驶人的急加速和急减速行为占比也很低，驾驶人总体驾驶风格平稳[24,25]。此驾驶人的驾驶行为较为平稳。

D41981 驾驶人的驾驶模式多以轻微加减速为主，加速度波动幅度小，相较于 D41777 驾驶人，排名下游的驾驶模式波动偏大，但是整体的驾驶风格平稳。此驾驶人的驾驶行为较为平稳。

D46109 驾驶人的驾驶模式排名中上游较为稳定，波动幅度相对较大的驾驶模式排名靠后，激进驾驶模式 000 的排名较低，驾驶风格较为平稳。此驾驶人的驾驶风格总体较为平稳。

F63022 急减速模式(000)和急加速模式(666)排名较高，急加速和急减速模式的排名和频次高，加速度波动幅度大，存在危险的驾驶行为倾向，急加速和急减速行为总占比也反映了这一点。此驾驶人的驾驶风格较为激进。

F63030 急加速和急减速模式(000)、(666)排名较高，急加速和急减速模式出现次数多，变化幅度很大，这表明司机在对待加速或者减速操作时十分激进[26]。有趣的是，此驾驶人的急加速和急减速行为占总体驾驶行为的比重不高，原因在于驾驶人在驾驶行为模式图中排名靠前的较为安全的驾驶模式出现频次较高。总体而言，排名中下游的大量急加速和急减速驾驶模式反映此驾驶人存在危险的驾驶行为倾向。这种潜在的风险容易被隐藏。此驾驶人的驾驶行为较为激进。

Q01868D 频次排名第 2 的模式 222 和排名第 3 的模式 444 表明，驾驶人对于持续加速(444)和减速行为(222)存在偏好，这在其他驾驶人的模式图中是看不到的。驾驶人的加减速行为频率高，并且驾驶行为模式图的离散度也可以看出急加速和急减速模式的种类多，波动范围大，反映驾驶人存在的危险的驾驶行为倾向。该驾驶人急加速驾驶行为的总体占比远高于其他驾驶人也反映了这一点，同时该驾驶人的急加速行为频率远高于急减速行为，这在几名驾驶人中也是比较少见的。此驾驶人的驾驶行为较为激进。

综上所述，所有驾驶人最频繁的驾驶行为模式都是巡航(333)，通过针对个体驾驶人的驾驶行为模式图，可以清晰了解到不同驾驶人的驾驶风格，以及他们面对一些驾驶情况时采取的行为偏好。急加速和急减速等危险驾驶行为模式的排名，以及加减速波动的幅度在一定程度上可以反映驾驶人的驾驶行为和潜在的危险，但一些总体风格较为平稳的驾驶人也存在一些危险驾驶行为模式。另外，急加速和急减速行为占总体驾驶行为的比例低，也不意味着该驾驶人的驾驶风格平稳，需要结合具体的驾驶行为模式的类型和分布来判断驾驶人的驾驶风格。这也说明，其对于驾驶人驾驶风格判断的重要性。驾驶事故的发生往往只是因为一些危险的驾驶行为，而这些危险驾驶行为容易隐藏在整体驾驶数据中。针对个体驾驶人驾驶风格的分析，可以精确定位驾驶行为存在的问题，以及问题的类型，从而有的放矢地采取预防手段[27]。

3. 加速驾驶行为

危险组和安全组加速行为模式图如图 4-24 和图 4-25 所示。加速模式图代表每位驾驶人在采取加速的驾驶行为时选择的加速模式的异同与偏好。可以看出，被定义为危险驾驶人的急加速驾驶模式，如 555、666 等模式的出现频率与排名普遍要高于安全驾驶人。然而，某些安全驾驶人的急加速驾驶模式(如模式 666)的排名要高于危险驾驶人，如 B67845。又如，F63030 驾驶人，其急加速和急减速频率占总体驾驶行为的比例不高，然而驾驶人在加速方面的偏好是比较激进的。这说

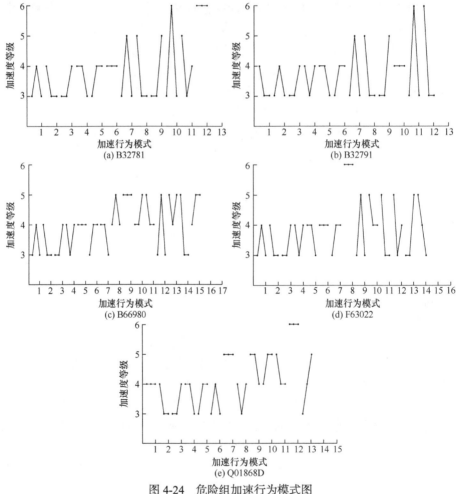

图 4-24　危险组加速行为模式图

明，危险驾驶行为的总体占比只能一方面反映驾驶人的驾驶风险[28]。原因在于，安全驾驶模式的频次升高会使一些危险驾驶模式频次的总体占比降低，导致一些危险驾驶行为被隐藏。总体而言，某些驾驶人驾驶风格较为平稳，但是在某些时刻容易出现比较剧烈的驾驶行为。尽管这些危险驾驶行为出现的频次不高，但是这些行为导致事故发生概率上升的问题却不容忽视，反映驾驶人存在发生危险的驾驶行为倾向。排名和频率可以互相补充，以便准确区分不同驾驶人的驾驶风格。

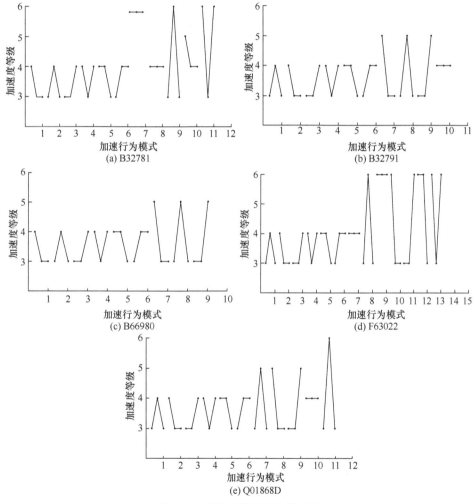

图 4-25　安全组加速行为模式图

随着安全程度的上升(急加速和急减速行为占比量的下降)，例如 555、666 这种危险模式的出现频率和排名明显下降，加速驾驶行为也越来越趋于平稳。实际上，除了实际的模式发生频次这种影响因素，555 和 666 模式与其他模式之间的相互作用也可能影响驾驶人的驾驶安全水平。此外，驾驶人的驾驶安全程度是由加速和减速行为两种因素决定的，而不仅仅是加速度。

4. 减速驾驶行为

图 4-26 所示为安全组减速行为模式图。图 4-27 所示为危险组减速行为模式图。每张图代表对应驾驶人的减速驾驶行为模式出现频次从高到低的排名。减速驾驶行为模式图代表每位驾驶人在采取减速驾驶行为时所选择的减速模式的异同与偏好。可以看出，模式 000 以及一些加速度变化幅度大的减速模式很好地表明驾驶人在减速驾驶行为方面的风格。其中假定为危险组的驾驶人的模式 000 排名都较靠前，并且他们的一些驾驶模式也反映在减速时的驾驶剧烈程度。被假定为安全组的驾驶人也会出现如模式 000 这种急减速模式，但是总体较为平稳。需要注意的是，安全组驾驶人中的 B67845 和 F63030 的减速驾驶行为模式图说明他们的减速驾驶行为存在风险，原因在于模式 000 的驾驶模式排名靠前，且存在

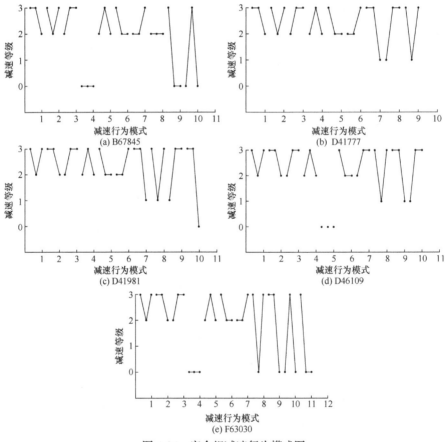

图 4-26　安全组减速行为模式图

加速度波动大，是较为剧烈的驾驶模式。尤其是 F63030，该驾驶人减速驾驶的风格甚至比一些危险驾驶人还要激进。在前面两个部分也提到，该驾驶人总体急加速和急减速行为不多，但在面对加速和减速驾驶行为时驾驶人风格激进，存在潜在的事故风险。根据不同驾驶人的减速行为模式图，可以对每个驾驶人的驾驶偏好和可能存在的风险进行更好的判断。

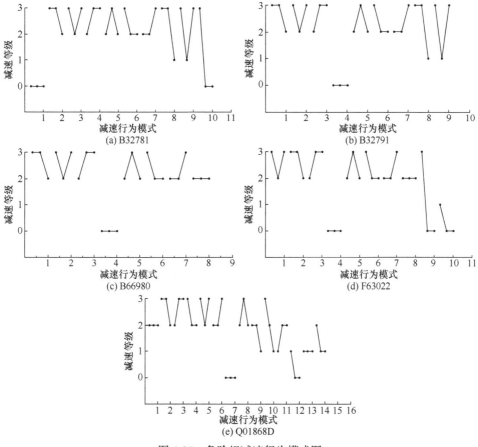

图 4-27　危险组减速行为模式图

5. 驾驶人加速度等级分布

为了进一步探究驾驶人在加速和减速行为上采取的加速度偏好，本节将驾驶人的匀速驾驶行为(加速度等级为 3)剔除，统计各等级的加速和减速行为占总体加速和减速行为的比例。基于雷达图对不同驾驶人的行为数据进行可视化评估，结果如图 4-28~图 4-30 所示。

雷达图的六角分别代表不同的加速度等级。这里去掉等级 3 是为了排除大量匀速驾驶行为对加速和减速行为占比的影响。每名驾驶人对应的不同加速度等级的占比(百分数)被显示在雷达图上。

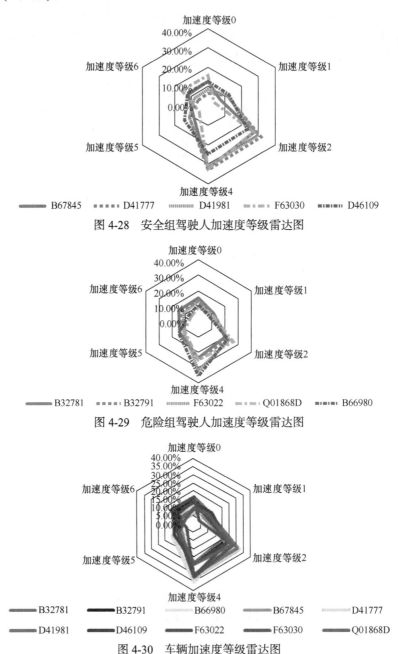

图 4-28 安全组驾驶人加速度等级雷达图

图 4-29 危险组驾驶人加速度等级雷达图

图 4-30 车辆加速度等级雷达图

通过雷达图可以明显看到不同的驾驶人在各种加速度等级上的偏好。检查两组的雷达图可以发现，对于较为激烈的急加速行为(加速度等级 6)，以及较为激烈的急减速行为(加速度等级 0)，危险组驾驶人的发生占比总体而言要高于安全组驾驶人。对于加速度等级 5 和加速度等级 1，危险组驾驶人的平均占比都高于 10%，接近 15%；安全组驾驶人的平均水平要更接近 10%。安全组驾驶人的加速和减速行为总体上比危险组驾驶人的行为平缓。然而，各组也存在例外。安全组驾驶人 F63030 的加速和减速行为比较极端，轻微加减速(等级 4 和等级 2)和剧烈加减速行为(等级 6 和等级 0)偏多，反映在图中的形状为沙漏型。危险组驾驶人 Q01868D 的加速和减速行为也趋于缓和，尤其偏好轻微减速。

　　总体而言，驾驶人的主要加速和减速行为集中在轻微加减速[29]。不同驾驶人的危险加速和减速行为占比不同。以上数据也侧面反映了一个问题。评价驾驶人的驾驶行为不仅要从总体层面出发，也要具体到某种驾驶行为。某些潜在的危险驾驶行为在某种情况下发生频率可能会较高，但是可能会遭到总体行为的稀释，导致危险不易被发现。事实上，该驾驶人在面对加速和减速处理时的激进行为会导致其容易发生危险，具有潜在危险。因此，在评判驾驶人的驾驶风险时，需要结合驾驶人的具体驾驶模式来分析，而驾驶行为模式图可以很好地反映潜在的驾驶风险。另外，不同驾驶行为发生的占比也可以窥见驾驶人的驾驶习惯和驾驶风险。

4.6.3　驾驶风险的定量评价

　　利用驾驶性风险对比评价模型，可以对十名驾驶人的驾驶行为进行综合评价。本节将驾驶人的驾驶行为分为总体驾驶行为得分、加速驾驶行为得分、减速驾驶行为得分三个部分。

　　将驾驶人的驾驶模式的标准偏差、均值偏差，以及总体占比等指标按式(4-53)计算，可以得到驾驶人的汽车安全性得分。根据式(4-3)和式(4-4)，利用驾驶人的加速度和速度值可以计算车辆平顺性和燃油经济性的得分。对于车辆瞬时消耗量的计算，需要根据加速和减速情况，计算每秒的燃油消耗量。不同驾驶人的行驶时间不同，可以取瞬时燃油消耗量的均值作为燃油经济性的指标。按照上述方法，计算所有驾驶人驾驶行为评价得分如表 4-2 所示。

表 4-2　驾驶人驾驶行为评价得分

驾驶人	总体行为安全性	加速行为安全性	减速行为安全性	汽车平顺性	燃油经济性
B32781	0.394266269	0.187929355	0.157020132	0.728776512	0.001794676
B32791	0.375251196	0.171559598	0.12954417	0.654923838	0.001128017
B66980	0.610496431	0.361171873	0.192849168	0.598579762	0.001313328

驾驶人	总体行为安全性	加速行为安全性	减速行为安全性	汽车平顺性	燃油经济性
B67845	0.653696092	0.282768216	0.268219349	0.536595246	0.001249379
D41777	0.558453689	0.186833871	0.177133032	0.675198322	0.00131598
D41981	0.567603023	0.210726516	0.215599652	0.603677501	0.001610561
D46109	0.385721464	0.153498999	0.148927762	0.626306392	0.001469969
F63022	0.624929972	0.321113956	0.2686236	0.644990516	0.001292123
F63030	0.769749613	0.390110277	0.334842554	0.534993558	0.001380767
Q01868D	0.687365945	0.307374244	0.356246815	0.924244217	0.0019354

　　按照式(4-5)，对上述驾驶人每部分的得分进行标准化，使数据具有统一维度，消除对结果的不良影响，处理后的结果如表4-3所示。

表4-3　驾驶人得分标准化处理

驾驶人	总体行为安全性	加速行为安全性	减速行为安全性	汽车平顺性	燃油经济性
B32781	0.048200631	0.145514435	0.121198243	0.497835905	0.82570426
B32791	0	0.076330256	0	0.30810553	0
B66980	0.596314775	0.877696428	0.279242434	0.163355418	0.229520775
B67845	0.705820059	0.54633582	0.611705168	0.0041148	0.150315801
D41777	0.464393481	0.140884546	0.209917542	0.360191463	0.232804633
D41981	0.487585801	0.241863014	0.379596285	0.176451707	0.597663904
D46109	0.026540708	0	0.085502276	0.234586203	0.423531356
F63022	0.632901846	0.708398003	0.613488343	0.282586439	0.203257104
F63030	1	1	0.905584426	0	0.313048277
Q01868D	0.79116857	0.650329291	1	1	1

　　标准化后的分数按照式(4-1)将三个部分的得分依据不同权重相加，可以得到不同驾驶人的总体驾驶行为和加速和减速驾驶行为的评价得分(表4-4)。驾驶人的驾驶行为评价得分可以以图的形式直观地展示，如图4-31所示。

表4-4　驾驶人驾驶行为评价得分

驾驶人	总体驾驶行为得分	加速驾驶行为得分	减速驾驶行为得分
B32781	0.215878048	0.283997711	0.266976377
B32791	0.061621106	0.115052285	0.061621106
B66980	0.473043503	0.670010661	0.251092865
B67845	0.509928581	0.398289614	0.444048157
D41777	0.420394193	0.193937938	0.242261035
D41981	0.436366793	0.264360841	0.360774131

续表

驾驶人	总体驾驶行为得分	加速驾驶行为得分	减速驾驶行为得分
D46109	0.107848872	0.089270376	0.149121969
F63022	0.51987429	0.5727216	0.506284839
F63030	0.731304828	0.731304828	0.665213926
Q01868D	0.853817999	0.755230503	0.995842631

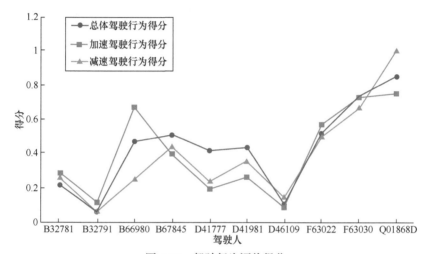

图 4-31　驾驶行为评价得分

不同驾驶人的不同行为得分的高低反映驾驶人的水平，得分越高，表明驾驶行为存在的风险越高，驾驶的舒适性和经济性越低。总体而言，不同驾驶人的得分趋势与基于固定阈值的驾驶人行为比例图的排名趋势大致相同，即危险驾驶行为占比高的驾驶人，在加速、减速、总体的驾驶行为评分上偏高。那些驾驶较为稳定，危险驾驶行为占比少的驾驶人的得分趋势则偏低，但是也存在一些例外。B32781 和 B32791 的危险驾驶行为的总体占比偏高，然而他们的总体评价得分偏低。数据显示，由于这两名驾驶人的驾驶行为模式分布较为分散，前 30 种典型驾驶模式占总体驾驶模式的比例比其他驾驶人低，导致计算得到的评分偏低。出现驾驶行为评价得分图与基于阈值的驾驶行为比例图趋势不完全一致情况的原因还在于，驾驶行为的安全分析中关于潜在的风险仍缺乏一个明确的定义。该方法能够描述驾驶员的个性化驾驶行为特征，综合考虑车辆安全性、行驶平顺性和燃油经济性三个因素，对驾驶人的驾驶风险进行定量评价与对比分析，为企业及监管部门对驾驶人的驾驶风险评估与对比提供一定的数据依据。

此外，总体驾驶行为得分与只有加速或减速行为的得分存在差异。这是由于图形结构和模式频率的不同，而且部分驾驶人存在加速行为或减速行为偏多的情况，这种现象是可以接受的。

4.6.4 道路条件对个性化驾驶行为模式影响分析

为了探究驾驶人驾驶行为和驾驶条件之间的映射关系，发现影响驾驶人驾驶习惯和风格的潜在因素，我们基于实验收集到驾驶人行车数据，采用统计学方法并结合驾驶行为模式图，探究道路行政等级因素对驾驶行为的影响[30]。

驾驶人的加速和减速行为会对他们驾驶的安全程度产生影响。如果驾驶人在驾驶过程中频繁采取过高的加速度，无论这种行为是加速还是减速，都会提高车辆的危险程度[31]。因此，探究影响不同道路行政等级下驾驶人加减速水平是否存在差异是十分有意义的。

首先，研究加速行为与道路行政等级的关系，将全体驾驶人加速度数据中大于 0 的加速部分筛选出，合并整理，得到数据集。将道路等级作为自变量，加速度作为因变量，采用 SPSS 中的非参数检验功能进行分析。

假设检验汇总如图 4-32 所示。

零假设	检验	显著性	决策者
在路况类别上，加速度的分布相同	独立样本 Kruskal-Wallis检验	0.000	拒绝零假设

图 4-32 假设检验汇总

Kruskal-Wallis 单因素 ANOVA(k 样本)检验的结果表示拒绝零假设，即在不同的道路等级上，加速度的分布不同。独立样本 Kruskal-Wallis 检验如图 4-33 所示。

如图 4-33～图 4-35，以及表 4-5 和表 4-6 所示，不同道路等级的各组正加速度分布不全相同，差异具有统计学意义（$H = 32224.733$，$p = 0.000$）。道路等级为县道及以下的平均秩次为 $1038402.84(n = 676387)$；道路等级为省道的平均秩次为 $973903.28(n = 512877)$；道路等级为国道及以上的平均秩次为 $884230.41(n = 735353)$。采用 Bonferroni 法校正显著性水平的事后两两比较发现，所有的组均不在同一列，说明正加速度的分布在不同的道路等级下均有统计学意义。另外，从描述性报告也可以看出，国道及以上等级的正加速度平均值为 0.49m/s^2，省道等级的正加速度平均值为 0.51m/s^2，县道及以下等级的正加速度平均值为 0.56m/s^2。所有组的正加速度中位数都集中在 0.28m/s^2。这说明，驾驶人在加速行为下的加速度水平随着道路等级的降低而提高，但是基本都保持在相对稳定的水平。这也表明，不同的道路等级对驾驶人的加速度有影响。我们推测，在道路等级较高的情况下，驾驶人的驾驶环境好，不容易出现加速行为，并且在面对加速行为的时候偏向于采取较为缓和的加速。在道路等级较低、路况较差，并且道路秩序较差的条件下，容易出现道路车流拥挤，以及一些不文明的驾驶行为。此时的驾驶人容易受到这些因素的影响，出现心态急躁的问题，在面对加速行为时，由于心理上的焦急，驾驶人偏向于采取一些较为激进的加速行为，使发生风险的概率提升。建议有关部门加强对道路的监管和流量的疏散，尤其是针对某些路况不好的道路，防止道路过于拥堵以及不文明道路行为的发生。另外，驾驶人要努力改善自己的驾驶心态，不急躁，沉着应对各种道路情况。

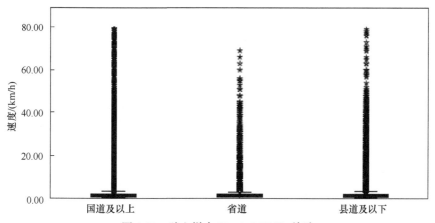

图 4-33　独立样本 Kruskal-Wallis 检验

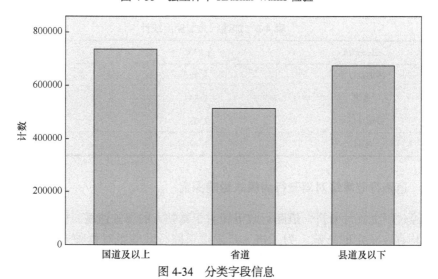

图 4-34　分类字段信息

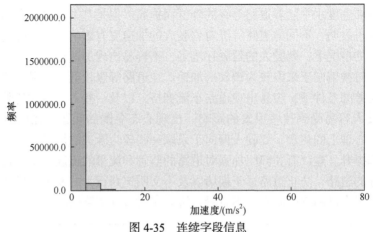

图 4-35　连续字段信息

表 4-5　基于加速度的均一子集

项目		子集 1	子集 2	子集 3
样本①	县道及以下	884230.413		
	省道		973903.277	
	国道及以上			1038402.842
检验统计		—②	—	—
显著性(2 侧检验)		—	—	—
调整后的显著性(2 侧检验)		—	—	—

① 每个单元格会显示速度(km/h)的样本平均秩。

② 由于子集仅包含一个样本，无法进行计算。

表 4-6　加速行为加速度统计

道路等级	平均值	中位数
国道及以上	1.78	1.00
省道	1.84	1.00
县道及以下	2.03	1.00
总计	1.89	1.00

4.6.5　道路行政等级对驾驶行为模式影响探究

经过以上统计分析，道路行政等级对于驾驶人的驾驶速度，以及加速和减速行为均存在一定的影响。为了进一步发掘道路行政等级对驾驶人驾驶行为的影响，本节利用传统的阈值法与驾驶行为模式图探究同一驾驶人在不同道路行政等级条件下驾驶行为的影响[32]。此研究选取一名在三种道路等级的路段都有过大致相等的行驶时间的驾驶人作为案例进行分析。

　　首先，使用 Fazeen 提出的加速度阈值±0.3g 来检测不同道路等级下驾驶人急加速和急减速行为的占比[33]。D46109 驾驶人急加速和急减速驾驶行为阈值划分如表 4-7 所示。

表 4-7　D46109 驾驶人急加速和急减速驾驶行为阈值划分

道路行政等级	急加速驾驶行为占比	急减速驾驶行为占比
国道及以上	0.000684032	0.001247353
省道	0.000663508	0.001557802
县道及以下	0.001052398	0.001440124

　　可以看出，该驾驶人在国道及以上的道路等级中，急加速和急减速的总体占比最低，并且随着道路等级的降低，急加速和急减速等危险的驾驶行为的比例会升高。其中，省道道路等级下的急减速驾驶行为占比最高，县道及以下道路等级下的急加速行为的比例远高于其他两种道路行政等级。

　　其次，将该驾驶人在三种不同道路行政等级路况下的驾驶行为模式图进行对比。

　　如图 4-36～图 4-38 所示，随着道路行政等级的提高，该驾驶人的驾驶行为变得更加平稳，即相对安全的驾驶模式排名更高，发生频次更多。相对具有更高潜在风险的驾驶行为模式发生的频次和排名都更加靠后。例如，驾驶模式 000，随着道路行政等级的降低，该驾驶模式的排名不断升高。驾驶模式 000 是具有一

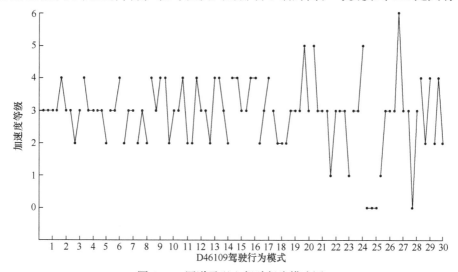

图 4-36　国道及以上驾驶行为模式图

定特色的典型驾驶行为模式，反映该驾驶人的驾驶偏好和习惯。另外，在三种不同道路行政等级的路况下，具有驾驶人个性化特色的驾驶模式都有出现，只是模式在各自路况下的排名不同。这也从侧面反映了该驾驶人的驾驶风格比较固定，在不同路况下能够保持自己的驾驶风格。驾驶行为模式图不仅能够表明驾驶行为的分布情况，还可以将不同道路等级下驾驶人的驾驶风格和驾驶风险清晰呈现出来。相较于传统固定阈值的方法，驾驶行为模式图可以避免固定阈值不适合不同情况驾驶人的问题，而且可以不受环境影响，展示驾驶人的特有驾驶习惯。

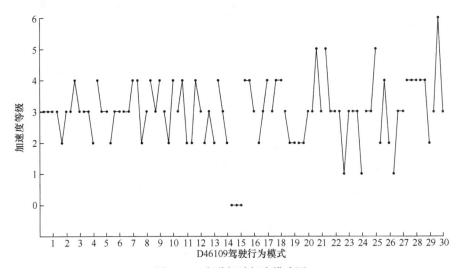

图 4-37 省道驾驶行为模式图

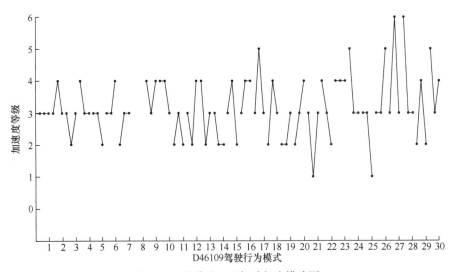

图 4-38 县道及以下驾驶行为模式图

4.7　本 章 小 结

本章基于车辆自然驾驶数据对驾驶行为进行研究分析，提取加速度、减速度、加速度瞬时变化率、速度波动率、转向角变化率等 5 个维度的特征指标，采用非监督性学习阈值分类方法，将驾驶员分为激进、一般、保守三类。利用临界加速度与速度的关系建立驾驶风险识别模型，将驾驶数据点划分为危险区域、潜在风险区域、安全区域三类，并根据驾驶风险识别模型，定义驾驶风险定量评价式对驾驶风险进行定量评价。同时，提出一种能够对驾驶人驾驶风险和驾驶风格进行非定义阈值的评价方法。基于车辆行驶数据和驾驶人驾驶行为时间序列变化，建立驾驶行为模式图。通过驾驶行为模式图，以及驾驶风险建模评价，对不同驾驶人的个性化驾驶行为风险进行量化评估，定性定量对比不同驾驶人的驾驶风格。最后，采用统计学方法，并结合驾驶行为模式图，探究道路行政等级因素对于驾驶行为的影响[34]。

参 考 文 献

[1] Chen S W, Fang C Y, Tien C T. Driving behaviour modelling system based on graph construction. Transportation Research Part C: Emerging Technologies, 2013, 26: 314-330.

[2] Dabiri S, Heaslip K. Inferring transportation modes from GPS trajectories using a convolutional neural network. Transportation Research Part C: Emerging Technologies, 2018, 86: 360-371.

[3] 侯海晶, 金立生, 关志伟, 等. 驾驶风格对驾驶行为的影响. 中国公路学报, 2018, 31(4): 18-27.

[4] Mohammadnazar A, Arvin R, Khattak A J. Classifying travelers' driving style using basic safety messages generated by connected vehicles: Application of unsupervised machine learning. Transportation Research Part C: Emerging Technologies, 2021, 122: 102917.

[5] 王海星, 王翔宇, 王招贤, 等. 基于数据挖掘的危险货物运输风险驾驶行为聚类分析. 交通运输系统工程与信息, 2020, 20(1): 183-189.

[6] 李经纬, 赵治国, 沈沛鸿, 等. 驾驶风格 K-means 聚类与识别方法研究. 汽车技术, 2018, (12): 8-12.

[7] 张磊, 王建强, 杨馥瑞, 等. 驾驶员行为模式的因子分析和模糊聚类. 交通运输工程学报, 2009, 9(5): 121-126.

[8] Eboli L, Mazzulla G, Pungillo G. How to define the accident risk level of car drivers by combining objective and subjective measures of driving style. Transportation Research Part F: Traffic Psychology and Behaviour, 2017, 49: 29-38.

[9] Lattanzi E, Castellucci G, Freschi V. Improving machine learning identification of unsafe driver behavior by means of sensor fusion. Applied Sciences, 2020, 10(18): 6417.

[10] Wang W, Xi J, Chong A, et al. Driving style classification using a semisupervised support vector

machine. IEEE Transactions on Human-Machine Systems, 2017, 47(5): 650-660.

[11] Abdennour N, Ouni T, Amor N. Driver identification using only the CAN-Bus vehicle data through an RCN deep learning approach. Robotics and Autonomous Systems, 2021, 8: 136-142.

[12] 李明俊, 张正豪, 宋晓琳, 等. 基于一种多分类半监督学习算法的驾驶风格分类模型. 湖南大学学报(自然科学版), 2020, 47(4): 10-15.

[13] Qi G, Wu J, Zhou Y, et al. Recognizing driving styles based on topic models. Transportation Research Part D-Transport and Environment, 2019, 66(SI): 13-22.

[14] Chu D, Deng Z, He Y, et al. Curve speed model for driver assistance based on driving style classification. IET Intelligent Transport Systems, 2017, 11(8): 501-510.

[15] Joubert J W, De Beer D, De Koker N. Combining accelerometer data and contextual variables to evaluate the risk of driver behaviour. Transportation Research Part F: Traffic Psychology and Behaviour, 2016, 41: 80-96.

[16] Eboli L, Mazzulla G, Pungillo G. Combining speed and acceleration to define car users' safe or unsafe driving behaviour. Transportation Research Part C: Emerging Technologies, 2016, 68: 113-125.

[17] Lin J, Keogh E J, Lonardi S, et al. A symbolic representation of time series, with implications for streaming algorithms//Proceedings of the 8th ACM SIGMOD Workshop on Research Issues in Data Mining and Knowledge Discovery, 2003: 637-649.

[18] 杨曼, 吴超仲, 张晖, 等. 行车安全事件的驾驶风险影响因素研究. 交通信息与安全, 2018, 36(5): 34-39.

[19] 张泽星. 基于驾驶风格的个性化全线控电动汽车控制策略研究. 长春: 吉林大学, 2020.

[20] Eboli L, Guido G, Mazzulla G, et al. Investigating car users' driving behavior through speed analysis. Promet-Traffic & Transportation, 2017, 29(2): 193-202.

[21] Hong J H, Margines B, Dey A. A smartphone-based sensing platform to model aggressive driving behaviors//Proceedings of the 32nd Annual ACM Conference on Human Factors in Computing Systems, 2014: 4047-4056.

[22] 陈镜任, 吴业福, 吴冰. 基于车辆行驶数据的驾驶人行为谱分析方法. 计算机应用, 2018, 38(7): 1916-1922.

[23] Zhu B, Jiang Y, Zhao J, et al. Typical-driving-style-oriented personalized adaptive cruise control design based on human driving data. Transportation Research Part C-Emerging Technologies, 2019, 100: 274-288.

[24] Arvin R, Khattak A J, Qi H. Safety critical event prediotin through unified analysis of driver and vehicle volatilities. Accident Analysis and Prevention, 2021, 151: 105949.

[25] Bridie S P, Weston L. Sensitivity to reward and risky driving, risky decision making, and risky health behaviour. Transportation Research Part F: Traffic Psychology and Behaviour, 2017, 49: 93-109.

[26] Baldwin K C, Duncan D D, West S K. The driver monitor system: A means of assessing driver performance. Johns Hopkins Apl Technical Digest, 2004, 25(3): 269-277.

[27] Rakha H, Ahn K, Trani A. Development of VT-Micro model for estimating hot stabilized light duty vehicle and truck emissions. Transportation Research Part D-Transport & Environment,

2004, 9(1): 49-74.

[28] Fazeen M, Gozick B, Dantu R, et al. Safe driving using mobile phones. IEEE Transactions on Intelligent Transportation Systems, 2012, 13(3SI): 1462-1468.

[29] Rosolino V, Teresa I, Vittorio A, et al. Driving behavior and traffic safety: An acceleration-based safety evaluation procedure for smartphones. Modern Applied Science, 2014, 8(1): 88.

[30] Ellison A B, Greaves S P, Bliemer M C J. Driver behaviour profiles for road safety analysis[J]. Accident Analysis and Prevention, 2015, 76: 118-132.

[31] Bejani M M, Ghatee M. A context aware system for driving style evaluation by an ensemble learning on smartphone sensors data. Transportation Research Part C-Emerging Technologies, 2018, 89: 303-320.

[32] Jachimczyk B, Dziak D, Czapla J, et al. IoT on-board system for driving style assessment. Sensors, 2018, 18: 12334.

[33] Meseguer J E, Calafate C T, Carlos C J. On the correlation between heart rate and driving style in real driving scenarios. Mobile Networks & Applications, 2018, 23(1SI): 128-135.

[34] 张文彤, 董伟. SPSS 统计分析高级教程. 北京: 高等教育出版社, 2013.

第5章 重载车辆横向稳定性控制方法

重载车辆引起的重特大侧翻事故频发，造成严重的人员伤亡和财产损失，因此提高我国重载车辆防侧翻技术水平显得尤为重要。重载车辆具有质量大、体积大、重心位置高，以及轮距相对窄等特点，相比小型车辆而言，更容易发生侧翻事故。当车辆处于侧翻危险状态时，驾驶员仅凭主观判断很难察觉。研究表明，重载车辆侧翻造成的人员死亡数是小型车辆的 2.4 倍。车辆横向稳定性控制方法是有效防止重载车辆发生侧翻、侧滑等横向失稳的重要技术手段。本章将深入探讨重载车辆侧翻状态预测和防侧翻控制方法。

5.1 基于横向载荷转移率的非绊倒型侧翻指标

要对车辆的侧翻状态进行辨识，需要建立车辆侧倾动力学模型，如图 5-1 所示。建立的 4 自由度车辆模型用于分析车辆簧上和簧下的侧倾和垂直动力学特征。

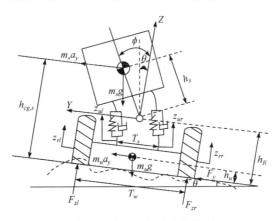

图 5-1　车辆侧倾动力学模型

假设车辆的悬架近似于一个线性系统，车辆任何一侧车轮都不离地，那么车辆簧上质心侧倾力矩平衡方程可表示为

$$I_{xx\_o}\ddot{\phi} = m_s a_y h_s \cos\phi + m_s g h_s \sin\phi\cos\theta - m_s g h_s \cos\phi\sin\theta - \frac{T_s}{2}(F_{sl} - F_{sr}) \quad (5\text{-}1)$$

其中，a_y 为横向加速度；ϕ 为簧上质心侧倾角；$\ddot{\phi}$ 为簧上质心侧倾角加速度；

F_{sl} 和 F_{sr} 分别为左右两侧悬架沿 z 轴的力；I_{xx_o} 为簧载质心处绕 x 轴的转动惯量；m_s 为簧上质量；h_s 为簧上质心至侧倾中心的距离；θ 为路面横坡角；T_s 为左右两侧悬架的间距。

同理，车辆簧下质心力矩平衡方程为

$$I_{xx\_u}\ddot{\phi}_u = \frac{T_w}{2}(F_{zr} - F_{zl}) + \frac{T_s}{2}(F_{sl} - F_{sr}) + F_y h_u$$
$$+ m_u a_y \cos\theta(h_R - h_u) + m_u g \sin\theta(h_R - h_u) \tag{5-2}$$

其中，T_w 为轮胎轴距；m_u 为簧下质量；I_{xx_u} 为簧下质心处绕 x 轴的转动惯量；h_u 为簧下质心高度；h_R 为侧倾中心高度；$\ddot{\phi}_u$ 为簧下质心侧倾角加速度；F_{zl} 和 F_{zr} 分别为车辆左右两侧车轮沿 z 轴的垂向力；车辆质心处横向力之和 $F_y = ma_y - mg\sin\theta$；车辆的总质量 m 为簧上质量和簧下质量之和，即 $m = m_s + m_u$；由于车辆车轮离地前簧上质心的侧倾角一般较小，因此可做近似处理 $\cos\phi \approx 1$、$\sin\phi \approx \phi$。

通过式(5-1)和式(5-2)可以得到车辆左右两侧车轮的垂直力差值，即

$$F_{zl} - F_{zr} = \frac{2}{T_w}(m_s a_y h_s + m_s g h_s \phi\cos\theta - m_s g h_s \sin\theta + m_s a_y h_u + m_u a_y h_u$$
$$- m_u g h_u \sin\theta - m_s g h_R \sin\theta - I_{xx}\ddot{\phi} - I_{xx\_u}\ddot{\phi}_u) \tag{5-3}$$

整车的质心高度 H 可表示为

$$H = \frac{m_s(h_s + h_R) + m_u h_u}{m} \tag{5-4}$$

其中，m 为整车质量。

因此，式(5-3)中的 $m_s(h_s + h_R) + m_u h_u$ 可以替换为 mH，同时式(5-3)可改写为

$$F_{zl} - F_{zr} = \frac{2}{T_w}(mHa_y - mHg\sin\theta + m_s g h_s \phi\cos\theta - I_{xx\_o}\ddot{\phi} - I_{xx\_u}\ddot{\phi}_u) \tag{5-5}$$

车辆整车质心处的垂直力平衡方程为

$$m\ddot{z}_s = m(\dot{\phi}^2 h_{cg,s}\cos\phi + \ddot{\phi}h_{cg,s}\sin\phi) = (F_{zl} + F_{zr}) - mg\cos\theta \tag{5-6}$$

其中，$\ddot{z}_s$ 为簧上质心沿 z 轴的垂直加速度；$h_{cg,s}$ 为簧上质心高度；$\dot{\phi}$ 为侧倾角速率。

由此可得

$$F_{zl} + F_{zr} = m\ddot{z}_s + mg\cos\theta \tag{5-7}$$

横向载荷转移率为一种类型的车辆侧翻指标，其基本表达式为

$$\text{LTR} = \frac{F_{zl} - F_{zr}}{F_{zl} + F_{zr}}, \quad -1 \leqslant \text{LTR} \leqslant 1 \tag{5-8}$$

将式(5-5)和式(5-7)代入式(5-8)可得

$$\mathrm{LTR}_{\_i} = \frac{2}{T_w} \frac{mHa_y - mHg\sin\theta + m_s g h_s \phi\cos\theta - I_{xx}\ddot{\phi} - I_{xx\_u}\ddot{\phi}_u}{m\ddot{z}_s + mg\cos\theta} \tag{5-9}$$

在车辆实际转向过程中，质心高度会随转向输入而产生位置偏移，因此车辆侧翻指标可表示为

$$\mathrm{LTR}^*_{\_i} = \frac{2}{T_w} \frac{mH^*a_y - mH^*g\sin\theta + m_s g h_s^* \phi\cos\theta - I_{xx}\ddot{\phi} - I_{xx\_u}\ddot{\phi}_u}{m\ddot{z}_s + mg\cos\theta} \tag{5-10}$$

其中，H^* 为时变的质心高度；h_s^* 为时变的簧上质量至侧倾中心的高度。

仿真实验通过 MATLAB/Simulink 软件与 TruckSim 车辆动力学软件联调。车辆参数如表 5-1 所示。

表 5-1 车辆参数

符号	参数	参数值	单位
m_s	簧上质量	6500	kg
m	总质量	6900	kg
$h_{cg,s}$	车辆质心至侧倾中心距离	0.975	m
h_R	侧倾中心高度	0.425	m
T_w	轮胎轴距	1.975	m
I_{xx_o}	簧上质心绕 x 轴的转动惯量	846.5	kg·m²

研究对比分析所提改进型侧翻指标与其他侧翻指标的精度，其中 $\mathrm{LTR}_{\_i}$ 为改进型车辆侧翻指标，$\mathrm{LTR}^*_{\_i}$ 为可变侧倾高度估计下的车辆侧翻指标，$\mathrm{LTR}_{\_estimation}$ 为 Larish[1]提出的稳态侧翻指标，$\mathrm{LTR}_{\_TruckSim}$ 为 TruckSim 软件中输出的四个车轮垂向力所计算的横向载荷转移率，我们将 4 个车轮载荷计算的 LTR 作为标准的衡量指标。

工况 1，鱼钩转向，车辆的方向盘转角输入如图 5-2 所示，最大转向角为 ±294°，车速保持在 50km/h。

车辆状态变量如图 5-3 所示。在此基础上，对比分析 4 种车辆侧翻指标，如图 5-4 所示。可以看出，4 种指标都未超出[1，-1]，表明车辆处于一侧车轮不离地，不发生侧翻的状态。在这种稳态工况下，4 种车辆侧翻指标值相趋近，都能准确估计车辆的侧翻状态。此外，$\mathrm{LTR}^*_{\_i}$ 的值与 $\mathrm{LTR}_{\_TruckSim}$ 最为接近，说明基于可变质心高度估计的侧翻指标的精度更接近实际的指标。

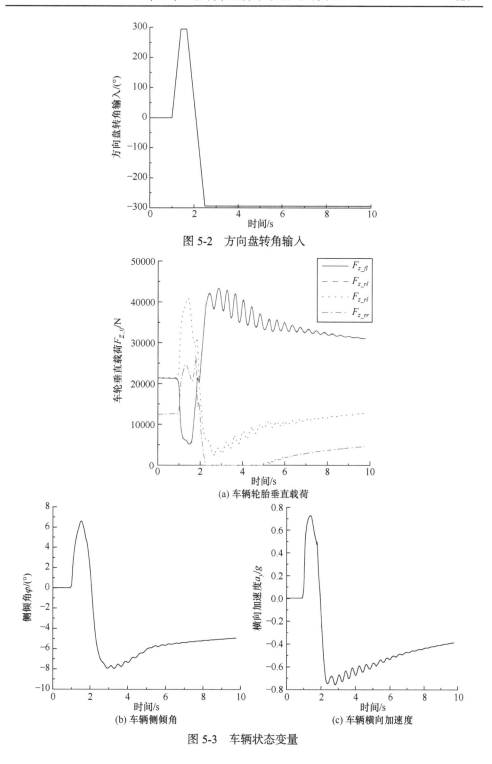

图 5-2　方向盘转角输入

(a) 车辆轮胎垂直载荷

(b) 车辆侧倾角

(c) 车辆横向加速度

图 5-3　车辆状态变量

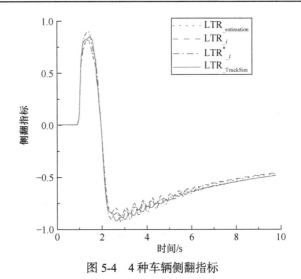

图 5-4　4 种车辆侧翻指标

　　工况 2，双移线工况，车辆的方向盘转角输入如图 5-5 所示，最大转向角为 ±294°，车速保持在 60km/h。

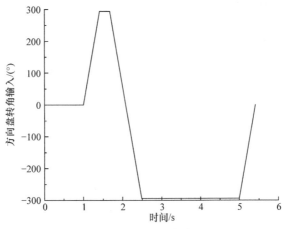

图 5-5　方向盘转角输入

　　车辆侧倾状态变量如图 5-6 所示。图 5-6(a) 为此工况下的车辆 4 个车轮的垂直载荷，可以观察到，车辆的右侧车轮垂直载荷 F_{z_fr} 和 F_{z_rr} 在 2s 后骤减至 0，说明车辆的一侧车轮已经离地，车辆进入失稳状态。车辆的侧倾角和横向加速度状态估计如图 5-6(b) 和图 5-6(c) 所示，结果表明车辆的侧倾角在 2.5s 左右超出 10°，发生了较大程度的车身侧倾，同时横向加速度也超过 0.8g，表明车辆处于失稳状态。

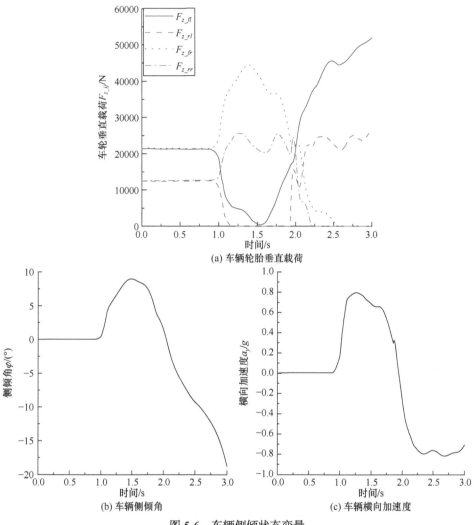

(a) 车辆轮胎垂直载荷

(b) 车辆侧倾角

(c) 车辆横向加速度

图 5-6　车辆侧倾状态变量

在此基础上，为了综合佐证上述的车辆侧翻状态，对比分析 4 种车辆侧翻指标，如图 5-7 所示。结果表明，$\mathrm{LTR}_{\_\mathrm{TruckSim}}$ 值在 2.5s 时到达了 -1，同时 $\mathrm{LTR}^{*}_{\ i}$ 也同步达到 -1，表明车辆发生侧翻事故。其他两个指标未能准确监测到侧翻状态，对应值始终处于[-1, 1]，说明这两类侧翻指标更适用于车辆质心高度变化小的稳态车辆侧倾状态估计场景。而当车辆发生侧翻时，车辆的质心高度不可避免地急剧增加，同时侧翻风险也随之提高，因此基于车辆质心高度估计的侧翻指标能更精确地监测车辆侧翻状态。

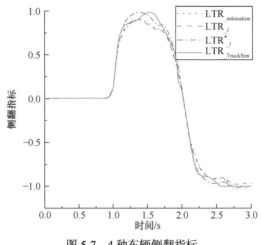

图 5-7　4 种车辆侧翻指标

5.2　基于横向载荷转移率的绊倒-非绊倒型侧翻指标

在上述非绊倒型侧翻动力学模型的基础上，继续探讨车辆侧翻的另一种形式，即有外部不确定性输入的绊倒型侧翻指标。

车辆的绊倒型侧翻通常由轮胎撞击地面的障碍物再通过悬架传递给车辆的质心所引起，因此需要结合车辆的轮胎动力学模型，以及车辆的悬架动力学模型进行分析。

在有外部道路输入的场景下，绊倒型侧翻道路工况如图 5-8 所示。

图 5-8　绊倒型侧翻道路工况

在这种场景下，每侧车轮和悬架的动态及静态垂直载荷可表示为

$$\begin{cases} F_{zi} = -k_{ti}(z_{ui} - z_{ri}) + \dfrac{1}{2}mg\cos\theta \\ F_{si} = -k_{ti}(z_{ui} - z_{ri}) - m_u\ddot{z}_{ui} \end{cases} \tag{5-11}$$

其中，k_{ti} 为轮胎等效刚度；z_{ui} 为车辆簧下质量的垂直位移；z_{ri} 为轮胎的垂直位移；$\ddot{z}_{ui}$ 簧下质量沿 z 轴的加速度

车辆每侧车轮和悬架之间的力学关系可表示为

$$F_{zi} = m_u\ddot{z}_{ui} + F_{si} + \frac{1}{2}mg\cos\theta \tag{5-12}$$

因此，两侧车轮的总载荷为

$$F_{zl} + F_{zr} = m_u(\ddot{z}_{ul} + \ddot{z}_{ur}) + F_{sl} + F_{sr} + mg\cos\theta \tag{5-13}$$

悬架系统和簧载质量之间的垂直力平衡方程为

$$m_s\ddot{z}_s = F_{sl} + F_{sr} - m_s g\cos\theta \tag{5-14}$$

其中，$\ddot{z}_s$ 为车辆质心沿 z 轴的加速度。

两侧悬架间总的垂直力为

$$F_{sl} + F_{sr} = m_s(\ddot{z}_s + g\cos\theta) \tag{5-15}$$

将式(5-15)代入式(5-13)可得两侧车轮的垂直载荷之和，即

$$F_{zl} + F_{zr} = m_u(\ddot{z}_{ul} + \ddot{z}_{ur}) + m_s(\ddot{z}_s + g\cos\theta) + mg\cos\theta \tag{5-16}$$

在实际测量过程中，因为车辆簧载质心和簧下质心的侧倾角加速度无法被传感器测量，所以只能根据垂直加速度进行估计，即

$$\begin{aligned} \hat{\ddot{\phi}} &= \frac{1}{T_w}(a_{zl} - a_{zr}) \\ \hat{\ddot{\phi}}_u &= \frac{1}{T_s}(\ddot{z}_{ul} - \ddot{z}_{ur}) \end{aligned} \tag{5-17}$$

其中，a_{zl} 和 a_{zr} 为左侧和右侧车轮沿 z 轴加速度；$\ddot{z}_{ul}$ 和 $\ddot{z}_{ur}$ 为左侧和右侧悬架沿 z 轴加速度。

将式(5-16)、式(5-17)、式(5-5)代入式(5-8)可得改进型的车辆侧翻指标，即

$$\mathrm{LTR}_{\_i} = \frac{2}{T_w}\left[\frac{mHa_y - mHg\sin\theta + m_s g h_s\phi\cos\theta - \dfrac{I_{xx\_o}}{T_w}(a_{zl} - a_{zr}) - \dfrac{I_{xx\_u}}{T_s}(\ddot{z}_{ul} - \ddot{z}_{ur})}{m_u(\ddot{z}_{ul} + \ddot{z}_{ur}) + m_s(\ddot{z}_s + g\cos\theta) + mg\cos\theta}\right]$$

$$\tag{5-18}$$

同理，改进型的车辆侧翻指标可进一步表述为

$$\text{LTR}^*_{-i} = \frac{2}{T_w}\left[\frac{m\hat{H}a_y - m\hat{H}g\sin\theta + m_s g\hat{h}_s\phi\cos\theta - \dfrac{I_{xx\_o}}{T_w}(a_{zl} - a_{zr}) - \dfrac{I_{xx\_u}}{T_s}(\ddot{z}_{ul} - \ddot{z}_{ur})}{m_u(\ddot{z}_{ul} + \ddot{z}_{ur}) + m_s(\ddot{z}_s + g\cos\theta) + mg\cos\theta}\right]$$

$$(5\text{-}19)$$

这一指标既能对车辆的非绊倒型侧翻进行状态估计，也能对外部输入下的绊倒型侧翻状态进行估计。

实验设车辆行驶过程中发生阶跃转向的最大转角为 180°，方向盘转角输入如图 5-9 所示，车速保持在 60km/h，且车辆在崎岖路面行驶，如图 5-8 所示。

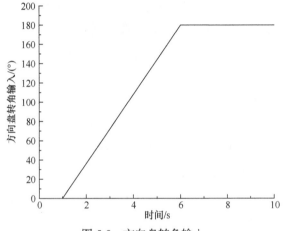

图 5-9　方向盘转角输入

如图 5-10(a)所示，在绊倒型工况下，可以观察到车辆右侧两个车轮垂直载荷 F_{z_fr} 和 F_{z_rr} 在 2.3~2.5s 内发生剧烈波动，先是骤增至 80000N 以上，然后减至 0(一侧车轮离地，瞬时侧翻)，反映车辆撞击到路面障碍物，车身沿 z 轴方向受到未知的外部输入。车辆的侧倾角和横向角速度状态估计如图 5-10(b)和图 5-10(c)所示，在 2.5s 左右的时间区间内车辆状态发生瞬时波动，表明车辆处在瞬时失稳状态，只要有外部的较小扰动即可使车辆发生侧翻。

在绊倒工况下，4 种车辆侧翻指标如图 5-11 所示。这 4 种车辆侧翻指标都能检测到车辆在不确定性外部输入下的瞬时状态，结果表明车辆在 2.3~2.5s 内受到外部冲击而发生瞬时车轮离地，即侧翻指标值超出 1，而后逐渐回到稳态转向。

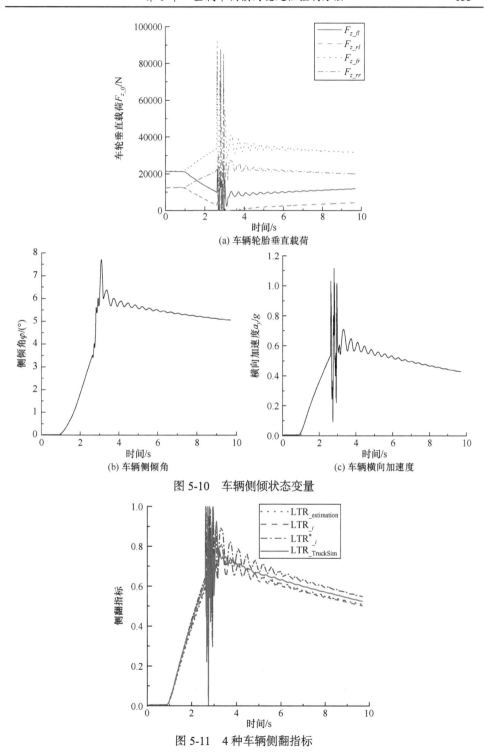

(a) 车辆轮胎垂直载荷

(b) 车辆侧倾角

(c) 车辆横向加速度

图 5-10　车辆侧倾状态变量

图 5-11　4 种车辆侧翻指标

5.3　车路耦合环境下的侧翻/侧滑动力学模型可靠性估计

5.3.1　车路环境耦合动力学模型

1. 空气动力学模型

车辆行驶时会受到空气的作用力。不同于轮胎的作用力，空气阻力会随着车速的加快而急剧增加，对车辆行驶时的侧向动力学性能产生显著影响。这主要体现在，空气阻力使轮胎纵向切力发生变化，空气升力和俯仰力矩使轮胎负荷发生变化，降低轮胎处的可控制力；空气侧向力、横摆和侧倾力矩直接作用于车身，使车辆的受力状态发生变化，从而改变车辆运动状态。

空气动力学模型如图 5-12 所示。为了研究空气动力学对行车安全性的影响，我们建立了车辆的空间坐标系，并且标定了车辆的行驶方向和风激励载荷作用。

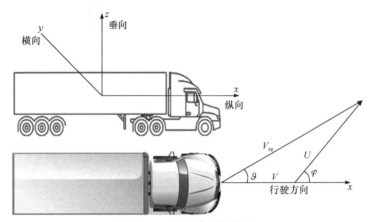

图 5-12　空气动力学模型

假设车辆沿着 x 方向行驶，与固定在车身上的坐标系相适应的三个方向风激励载荷作用力和力矩方程为

$$\begin{cases} F_{w,i} = 0.5\rho C_{F_{w,i}} A V_{re}^2 \\ M_{w,i} = 0.5\rho C_{M_{w,i}} A V_{re}^2 h_{cg,s} \end{cases}, \quad i = x, y, z \tag{5-20}$$

其中，$F_{w,x}$、$F_{w,y}$、$F_{w,z}$ 为风激励载荷在纵向、侧向、垂向三个方向对车辆产生的力；$C_{F_{w,x}}$、$C_{F_{w,y}}$、$C_{F_{w,z}}$ 为沿 x、y、z 轴的风激励载荷的风力系数；A 为车辆迎风面积；V_{re} 为车辆与侧向风的相对速度；$h_{cg,s}$ 为车辆簧上质心高度；ρ 为空

气密度；$M_{w,x}$、$M_{w,y}$、$M_{w,z}$ 为沿 x、y、z 轴的力矩；$C_{M_{w,x}}$、$C_{M_{w,y}}$、$C_{M_{w,z}}$ 为风激励载荷的力矩系数。

风激励载荷在 x、y 轴方向的速度合成相对速度，即

$$V_{re}^2 = V_{x,re}^2 + V_{y,re}^2 = (V + V_w\cos\varphi)^2 + (V\sin\varphi)^2 , \quad \vartheta = \arctan\frac{V_{y,re}}{V_{x,re}} \tag{5-21}$$

其中，V 为车速；V_w 为风速；φ 为风速与车速的夹角；　ϑ 为夹角。

2. 车路环境耦合模型

我们考虑了道路环境激励载荷对动力学的影响，并建立了车路环境耦合动力学模型。如图 5-13 所示，我们考虑了道路线性、路面摩擦系数、横坡角和风激励载荷共同作用，并建立了车辆侧倾、横摆和侧向动力学模型。同时，做如下假设。

① 不考虑车辆的俯仰运动和垂直振动。

② 忽略左右车轮载荷的变化引起的轮胎特性变化。

③ 重载车辆的非簧载质量相对于簧载质量而言比重较小，简化悬架刚度和阻尼的影响。

④ 忽略车轮沿行驶方向的空气动力学阻力特性。

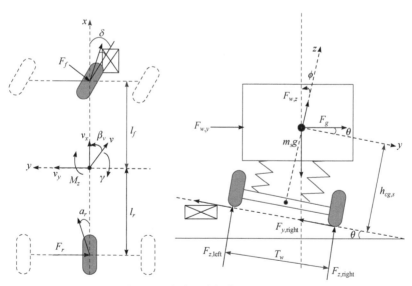

图 5-13　车路环境耦合动力学模型

在车辆行驶过程中，当驾驶员做转向操作时，转向系统会根据指令调整前轮转角，造成前轮的侧偏角增大，从而前轮与地面作用产生侧向力 F_f。前轮的侧向力导致车辆重心产生相应的横摆力矩，车辆因此产生横摆运动。后轮与地面产

生的侧向力 F_r 能够调整车辆姿态，平衡前轮横摆作用。沿 x、y、z 轴方向的力学分析方程如下。

沿 y 轴的侧向动力学平衡方程为

$$\sum F_y = ma_y = F_r + F_f \cos\delta + mh_{cg,s}\ddot{\phi} \tag{5-22}$$

绕 z 轴的横摆平衡方程为

$$\sum M_y = I_z\dot{\gamma} = l_r F_r - l_r F_r \cos\delta \tag{5-23}$$

绕 x 轴的侧倾平衡方程为

$$\sum M_x = I_{xx}\ddot{\phi} = ma_y h_{cg,s} + (mgh_{cg,s} - k_\phi)\phi - c_\phi\dot{\phi} \tag{5-24}$$

其中，I_z 为质心绕 z 轴的转动惯量；k_ϕ 为悬架等效侧倾刚度；c_ϕ 为悬架等效阻尼系数；$\dot{\gamma}$ 为横摆角速度。

车辆侧向失稳易导致侧翻或侧滑事故，并且常伴随耦合效应，是影响车辆安全的重要因数。为此，建立侧翻和侧滑动力学方程，分析车辆侧向动力学特性。

当车辆受激励发生侧翻时，一侧轮胎离地，由力矩平衡方程可得

$$\sum M_o = 0.5T_w(m_s g - F_{w,z})\cos\theta + h_{cg,s}(m_s g - F_{w,z})\sin\theta \\ - h_{cg,s}(F_g + F_{w,y})\cos\theta + 0.5T_w(F_g + F_{w,y})\sin\theta = 0 \tag{5-25}$$

其中，F_g 为车辆过弯时的离心力。

由式(5-25)的力矩平衡方程，可得

$$F_g = (mg - F_{w,z})\frac{0.5T_w + h_{cg,s}\tan\theta}{h_{cg,s} - 0.5T_w\tan\theta} - F_{w,y} \tag{5-26}$$

同时，车辆作转向运动时受到的离心力为

$$F_g = m_s V^2 / R \tag{5-27}$$

其中，$1/R$ 为道路曲率。

联合式(5-20)~式(5-27)，可得车辆发生侧翻的临界速度 V_r，即

$$V_r = \left(\frac{R}{m_s} \left\{ \frac{[m_s g + 0.375(1.5 - 0.9\cos(4\vartheta) - \cos(2\vartheta))] \times (0.5T_w + h_{cg,s}\tan\theta)}{h_{cg,s} - 0.5T_w\tan\theta} \right. \right.$$

$$\left. \left. - 2.75\rho\sin\vartheta A V_{re}^2 \right\} \right)^{\frac{1}{2}} \tag{5-28}$$

车辆行驶过程中受向心力或受风激励载荷的侧向力超过轮胎侧向附着力极限时，车辆将发生侧滑。

为简化推导过程，假设轮胎为刚体，车轮在垂向和侧向的力学方程为

$$\sum z = F_{z,\text{left}} + F_{z,\text{right}} + F_{w,z} - mg\cos\beta - F_g\sin\beta = 0$$

$$\sum y = F_{z,\text{left}} + F_{y,\text{right}} - (F_g + F_{w,z})\cos\beta - mg\sin\beta = 0$$

$$\sum F_y = \mu\sum F_z \tag{5-29}$$

其中，μ 为道路摩擦系数。

联合式(5-20)~式(5-27)和式(5-29)，贺宜等提出侧滑的临界速度[2]，即

$$V_r = \left(\frac{R}{m}\frac{\mu mg\cos\beta - 0.5\rho C_{F_{w,z}}AV_{re}^2 - 0.5\rho C_{F_{w,y}}AV_{re}^2\cos\beta + mg\sin\beta}{\cos\beta - \mu\sin\beta}\right)^{\frac{1}{2}} \tag{5-30}$$

联立式(5-28)和式(5-30)，确定侧向稳定性极限车速，即

$$V_{\text{safe}} = \min\{V_r, V_s\} \tag{5-31}$$

5.3.2　车辆极限状态方程

根据车路环境耦合动力学模型，定义影响车辆侧向稳定性参数，即侧向车速 V、车辆与侧向风的相对速度 V_{re}、车辆与侧向风的速度夹角 ϑ、弯道半径 R、道路横坡角 θ、重心高度 $h_{cg,s}$、簧载质量 m_s、轮距 T_w、空气密度 ρ、侧向迎风面积 A，建立车辆极限状态方程，即

$$Z_r = f(X) = V - V_{th} \tag{5-32}$$

其中，状态空间 $X = (X_1, X_2, \cdots, X_{10})$；$T = (V, V_{re}, \vartheta, R, \theta, h_{cg,s}, m_s, T_w, \rho, A)$。

因此，极限状态方程存在如下三种情况。

① $Z_r > 0$ 表明，车辆的极限车速高于实际车速，处于安全状态。

② $Z_r < 0$ 表明，车辆的极限车速低于实际车速，处于危险状态。

③ $Z_r = 0$ 表明，车辆处于极限状态。

极限状态是判断行车安全与否的边界条件，也称临界状态。极限状态空间如图 5-14 所示。

随后将车辆整个系统定义为一个总测度为 1 的概率空间 (Ω, F, P)，即

$$R(\Omega) = 1 \tag{5-33}$$

其中，Ω 为非空集合，即样本空间；F 为 Ω 的一个非空子集，F 的集合称为事件 Σ，事件 Σ 为 Ω 的子集；P 为概率测度，每个事件都被函数赋予 0 和 1 之间的概率值。

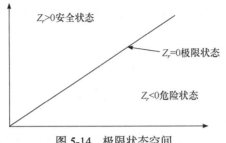

图 5-14　极限状态空间

11 个连续性随机参数组成概率空间的 11 维空间向量 $\mathbf{R}^{11}$，将极限状态方程在 11 维状态空间划分为安全域和事故域，即

$$D_{\text{safe}} = \{x \in \mathbf{R}^{11} : G(x) > 0\} \tag{5-34}$$

$$D_{\text{failure}} = \{x \in \mathbf{R}^{11} : G(x) \leqslant 0\} \tag{5-35}$$

安全域与事故域分别包含两个事件类型，即安全事件 $E_{\text{safe}} \in F$ 和事故事件 $E_{\text{failure}} \in F$，即

$$E_{\text{safe}} = \{\omega \in \varOmega : G(X(\omega) > 0)\}$$

$$E_{\text{failure}} = \{\omega \in \varOmega : G(X(\omega) \leqslant 0)\}$$

$$E_{\text{safe}} \bigcup E_{\text{failure}} = \varOmega, \quad E_{\text{safe}} \bigcap E_{\text{failure}} = \varnothing \tag{5-36}$$

5.4　侧翻概率预测模型

系统可靠性指在规定的时间和条件下系统能够完成预定功能的概率，可以用可靠度指标衡量。车辆可视为一个系统，受道路环境影响，车辆在规定的时间和工况条件下不发生侧翻和侧滑的概率，即行车安全的概率为 $P(E_{\text{safe}})$，反之发生侧翻或者侧滑的概率，即车辆事故的概率为 $P(E_{\text{failure}})$。安全和事故是两个互不相容的事件。因此，安全概率和事故概率是互补的，即

$$P(E_{\text{safe}}) + P(E_{\text{failure}}) = 1 \tag{5-37}$$

因此，随机可靠度求解的关键问题是计算事故概率，需要建立系统的极限状态方程，并根据随机变量的统计和分布特征来求解。

按照可靠性理论和概率论的基本原理，影响行车安全的 11 个随机变量 X_1，$X_2, \cdots, X_{11}$ 对应的概率密度函数为 $f_x(x_1, x_2, \cdots, x_{11})$ 这些随机变量表示的系统功能函数为 $g(X_1, X_2, \cdots, X_{11})$，车辆发生的事故概率为

$$P(E_{\text{failure}}) = P(Z < 0) = \iint_{Z < 0} \cdots \int f_X(x_1, x_2, \cdots, x_{11}) \mathrm{d}x_1 \mathrm{d}x_2 \cdots \mathrm{d}x_{11} \tag{5-38}$$

若随机变量 $X_1, X_2, \cdots, X_{11}$ 相互独立，可得

$$P(E_{\text{failure}}) = P(Z < 0) = \iint_{Z<0} \cdots \int f_{X_1}(x_1) f_{X_2}(x_2) \cdots f_{X_{11}}(x_{11}) \mathrm{d}x_1 \mathrm{d}x_2 \cdots \mathrm{d}x_{11} \quad (5\text{-}39)$$

5.4.1　Haofer-Lind 可靠度指标

如果随机变量间相互独立，便可通过多维随机变量及其分布式求出侧翻和侧滑极限状态方程的概率值。事实上，限于多维积分本身的复杂度，在车辆动态行驶过程中，对系统实时性要求高，这种方法求解的计算量巨大，不利于实际工程应用。考虑直接应用数值积分计算事故概率的困难性，Hasofer 等提出 Haofer-Lind 指标解决这一问题，即不变二阶矩可靠度指标法，一般符号用 β 表示[3]。

Haofer-Lind 可靠度指标如图 5-15 所示。多维随机变量函数生成的极限状态曲面将概率空间划分为安全域 D_{safe} 与事故域 D_{failure} 两部分。可靠度指标的标准定义是原点到极限状态曲面的最短距离(即 OP^*)，因此可靠度指标的求解问题可转化为极小值的优化问题。

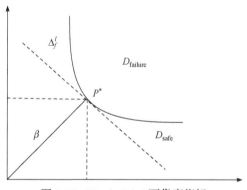

图 5-15　Haofer-Lind 可靠度指标

为了说明指标的计算过程，假设车速 V 与极限车速 $V_i(i=$侧翻，侧滑)均服从正态分布，其平均值和标准差分别为 μ_v、μ_i 和 σ_v、σ_i，则极限状态方程 $Z = V - V_i$ 也服从正态分布。平均值和标准差为 $\mu_Z = \mu_v - \mu_i$ 和 $\sigma_z = \sqrt{\sigma_v^2 + \sigma_i^2}$。正态分布和标准正态分布坐标系如图 5-16 所示，即

$$P(E_{\text{failure}}) = \int_{-\infty}^{0} \frac{1}{\sqrt{2\pi}\sigma_z} \exp\left(-\frac{Z - \mu_z}{2\sigma_z^2}\right) \mathrm{d}Z \quad (5\text{-}40)$$

然后，将 Z 的正态分布 $N(\mu_v, \sigma_v)$ 转换成标准正态分布 $N(0,1)$，引入标准化随机变量 $t(\mu_1 = 0, \sigma_1 = 1)$，$t = Z - \mu_v / \sigma_v, \mathrm{d}Z = \sigma_v \mathrm{d}t$。当 $Z \to \infty, t \to -\infty$ 时，$Z = 0$、$t = -\mu_v / \sigma_v$。

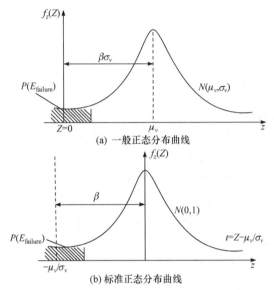

(a) 一般正态分布曲线

(b) 标准正态分布曲线

图 5-16　正态分布和标准正态分布坐标系

将结果代入式(5-40)，可得

$$P(E_{\text{failure}}) = \int_{-\infty}^{\frac{\mu_z}{\sigma_z}} \frac{1}{\sqrt{2\pi\sigma_z}} \exp\left(-\frac{t^2}{2}\right) \mathrm{d}t = 1 - \Phi\left(\frac{\mu_z}{\mu_z}\right) = \Phi\left(-\frac{\mu_z}{\mu_z}\right) \quad (5\text{-}41)$$

其中，$\Phi(\cdot)$ 为标准正态分布函数值。

引入 Haofer-Lind 指标 β，令

$$\beta = \min_{P \in \Delta f} \left\| \overrightarrow{OP}^* \right\|_n = \frac{\mu_v - \mu_1}{\sqrt{\sigma_v^2 + \sigma_1^2}} \quad (5\text{-}42)$$

由式(5-37)可知，$P(E_{\text{safe}})$ 和 $P(E_{\text{failure}})$ 的对应关系为

$$P(E_{\text{safe}}) = 1 - P(E_{\text{failure}}) \approx 1 - \Phi(-\beta) = \Phi(\beta) \quad (5\text{-}43)$$

式(5-42)与式(5-43)为代表车辆的危险概率和安全概率 Haofer-Lind 指标之间的关系。

由此可知，Haofer-Lind 指标 β 具有如下特性。

① β 与 $P(E_{\text{safe}})$ 和 $P(E_{\text{failure}})$ 之间存在一一对应的数量关系。车辆危险概率 $P(E_{\text{failure}})$ 随 β 变化的曲线如图 5-17 所示。Haofer-Lind 指标 β 与危险概率 $P(E_{\text{failure}})$ 的关系如表 5-2 所示。

表 5-2　Haofer-Lind 指标 β 与危险概率 $P(E_{\text{failure}})$ 的关系

β	1.0	1.64	2.00	3.00	3.71	4.00	4.50
$P(E_{\text{failure}})$	5.87×10^{-2}	5.05×10^{-2}	2.27×10^{-2}	1.35×10^{-2}	1.04×10^{-4}	3.17×10^{-5}	3.4×10^{-6}

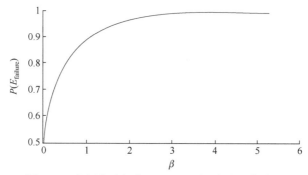

图 5-17　车辆危险概率 $P(E_{\text{failure}})$ 随 β 变化的曲线图

② 如图 5-16 所示，概率密度函数为 $f_z(Z)$ ，均值和标准差分别为 μ_v 和 σ_v 。在横坐标轴 Z 上，从坐标原点($Z = 0$，事故点)到密度函数曲线的均值 μ_v 处的距离为 $\beta\sigma_v$ 。若 $\beta\sigma_v$ 大，阴影部分的面积就小，事故概率 $P(E_{\text{failure}})$ 就小，相应的安全概率 $P(E_{\text{safe}})$ 就大，因此 β 的值可以直接用于衡量车辆的安全性。

5.4.2　基于 FORM 的概率预测模型

Maier 提出的 FORM 是根据线性功能函数和独立正态随机变量二阶矩提出的一种计算模型。模型求解步骤如下[4]。

首先，对极限状态方程进行线性化处理，通过在某一点 $X_0 = (X_1, X_2, \cdots, X_{10})^{\text{T}}$ 将极限状态方程进行 Taylor 展开，并取一次项作为功能函数 Z_r 的简化表达式，可得线性化后的功能函数 Z_L，即

$$Z_r \approx Z_L = f(x_0) + (X - x_0)^{\text{T}} \nabla f(x_0) = f(x_1, x_2, \cdots, x_{10}) + \sum_{i=0}^{10} \frac{\partial f(x_0)}{\partial X_i}(X_i - x_i) \qquad (5\text{-}44)$$

其中，$\nabla f(X) = \left(\dfrac{\partial f(X)}{\partial X_1}, \dfrac{\partial f(X)}{\partial X_2}, \cdots, \dfrac{\partial f(X)}{\partial X_{10}} \right)$ 为极限状态方程的梯度。

然后，采用验算点法建立车辆侧翻状态预测模型。设定初始验算点 x^*，计算侧翻安全指数 β_r，计算新的 x^*，并与前一步值进行比较，直至前后两步的 $\| x^* \|$ 之差在允许的范围之内。这样在不断求解后可以得到侧翻状态指数 β，即坐标原点到极限状态曲面的最短距离。假设随机变量均服从正态分布，各变量之间相互独立，则车辆侧翻状态指数为

$$\beta_r = \frac{\mu_{Z_L}}{\sigma_{Z_L}} = \frac{f(x^*) + \sum\limits_{i=1}^{10} \dfrac{\partial f(x^*)}{\partial X_i}(\mu X_i - x^*)}{\sqrt{\sum\limits_{i=1}^{10} \left(\dfrac{\partial f(x^*)}{\partial X_i} \right)^2 \sigma_{X_i}^2}} \qquad (5\text{-}45)$$

利用式(5-44)或式(5-45)，可得车辆行驶安全的概率 P_s，进而求出车辆的侧翻概率 P_r，即

$$P_s = \Phi(\beta_r)$$
$$P_r = 1 - \Phi(\beta_r) \tag{5-46}$$

其中，$\Phi(\cdot)$ 为标准正态分布函数。

5.4.3　基于 SORM 的概率预测模型

FORM 是利用极限状态方程曲面在设计验算点处的切平面求解可靠度指标 β，从而求解侧翻概率。因此，模型的计算精度取决于极限状态方程曲面的形状，当极限状态方程与设计验收点的切平面接近时，FORM 算法精度较高，反之则会产生较大的误差。为提高侧翻概率预测模型的精度，在极限状态曲面较为复杂的情况下，本节采用 SORM，采用极限状态方程曲面在设计验算点处的二次曲面来近似极限状态方程曲面[5,6]。SORM 要优于采用切平面方法的极限状态方程。因此，在极限状态曲面复杂的情况下，SORM 的精度要高于 FORM，但是由于计算量大，SORM 实时性较差。

具体算法如下，对于侧翻状态极限状态方程 $G(X)$，假设 X 为标准正态随机变量，并且各分量之间相互独立，在设计验算点 x^* 处将 $G(X)$ 展成 Taylor 级数，保留二次项，可得 $G(X)$ 二次近似方程，即

$$
\begin{cases}
G(X) = \beta_F - a^{\mathrm{T}} X + \dfrac{1}{2}(X - x^*)^{\mathrm{T}} B(X - x^*) \\[2mm]
a = \dfrac{\nabla G(x^*)}{\left|\nabla G(x^*)\right|}, \quad B = \dfrac{\nabla^2 G(x^*)}{\left|\nabla G(x^*)\right|}, \quad \beta_F = a^{\mathrm{T}} x^* \\[2mm]
\nabla G(x^*) = \left[\left.\dfrac{\partial F}{\partial X_1}\right|_{x^*}, \cdots, \left.\dfrac{\partial F}{\partial X_n}\right|_{x^*}\right]^{\mathrm{T}} \\[2mm]
\nabla G^2(x^*) = \begin{bmatrix} \left.\dfrac{\partial^2 F}{\partial X_1^2}\right|_{x^*} & , \cdots, & \left.\dfrac{\partial^2 F}{\partial X_1 \partial X_n}\right|_{x^*} \\ \vdots & & \vdots \\ \left.\dfrac{\partial^2 F}{\partial X_n \partial X_1}\right|_{x^*} & , \cdots, & \left.\dfrac{\partial^2 F}{\partial X_n^2}\right|_{x^*} \end{bmatrix} \\[2mm]
\nabla G(x^*) = \left[\sum_{i=1}^{n=1}\left(\left.\dfrac{\partial F}{\partial X_1}\right|_{x^*}\right)^2\right]^{\frac{1}{2}}
\end{cases}
\tag{5-47}
$$

其中，β_F 为 FORM 计算得到的侧翻状态指数。

令

$$X = HU \tag{5-48}$$

其中，X 为相互独立的标准正态变量；H 为转换矩阵，第 n 行为 a。

式(5-48)可转换为

$$\begin{cases} F'(X) = -(X_n - \beta_F) + \dfrac{1}{2}\begin{bmatrix} X' \\ X_n - \beta_F \end{bmatrix}^{\mathrm{T}} A \begin{bmatrix} X' \\ X_n - \beta_F \end{bmatrix} \\ X' = (X_1, \cdots, X_{n-1}), \quad A = HBH^{\mathrm{T}} \end{cases} \tag{5-49}$$

设计验算点 x^* 在 $X_n - X_j$ 构造一平面，该平面与二次曲面 $F'(X)$ 的曲线为

$$a_{jj}X_j^2 + 2a_{nj}X_j(X_n - \beta_F) + a_{nn}(X_n - \beta_F)^2 - 2(X_n - \beta_F) = 0 \tag{5-50}$$

则曲线的斜率为

$$K_j = a_{jj}, \quad j = 1, 2, \cdots, n-1 \tag{5-51}$$

其中，a_{jj} 矩阵 A 的对角线元素。

进一步，可得

$$K_s = \sum_{j=1}^{n-1} K_j = \sum_{j=1}^{n-1} K_j' = \sum_{j=1}^{n-1} a_{jj} - a_{nn} \tag{5-52}$$

其中，K_j 为极限状态方程在设计验算点 x^* 处的主曲率。

由式(5-49)可知，A 由 B 通过正交变换换取的，因此可得

$$\begin{cases} \displaystyle\sum_{j=1}^{n} a_{jj} = \sum_{j=1}^{n} b_{jj} \\ a_{nn} = a^{\mathrm{T}}Ba \end{cases} \tag{5-53}$$

其中，b_{jj} 为矩阵 B 的对角线元素。

联合式(5-52)与式(5-53)，可得

$$K_s = \sum_{j=1}^{n} b_{jj} - a^{\mathrm{T}}Ba \tag{5-54}$$

为简化计算，采用直径为 $2R$ 的旋转抛物面拟合极限状态曲面，在独立标准正态空间里，式(5-49)可变换为

$$F'(X) = -(X_n - \beta_F) + \dfrac{1}{2R}\sum_{j=1}^{n-1} X_j^2 \tag{5-55}$$

此时，曲率半径为

$$R = \frac{n-1}{K_s} \tag{5-56}$$

其中，n 为随机数目。

经反复试算，可得可靠度指标，即

$$\begin{cases} \beta_s = -\Phi^{-1}\left\{ \Phi(-\beta_F)\left(1 + \frac{\varphi(\beta_F)}{R\Phi(-\beta_F)}\right)^{-\frac{n-1}{2}\left[1 + \frac{2K_s}{10(1+2\beta_F)}\right]} \right\}, & K_s \geqslant 0 \\[4mm] \beta_s = \left[1 + \frac{2.5K_s}{2n - 5R + 25(23 - 5\beta_F)/R^2} + \frac{1}{2}K_s\left(1 + \frac{K_s}{40}\right)\right], & K_s < 0 \end{cases} \tag{5-57}$$

其中，β_s 为二次二阶矩计算的侧翻状态指数。

由此可得 SORM 计算的侧翻概率，即

$$P_f = \int_0^{\infty} \Phi\left(\frac{t}{2R} - \beta_F\right) f_{\chi_{n-1}}^2(t)\mathrm{d}t \tag{5-58}$$

$$f_{\chi_{n-1}}^2(t) = \frac{1}{\Gamma\left(\frac{n-1}{2}\right)2^{\frac{n-1}{2}}} t^{\frac{n-3}{2}\exp\left(-\frac{t}{2}\right)} \tag{5-59}$$

5.4.4　独立非正态随机变量侧翻概率计算方法

前面两节阐述了如何在独立正态分布的情况下求解车辆的侧翻概率问题，包括一次二阶矩法和二次二阶矩法，然而考虑实际工程环境的复杂多变性，并不是所有的变量都服从正态分布。为了解决这个问题，本书采用由 Rackwitz 和 Fiessler 提出的一种符合非正态分布的算法，称为 JC 法[7]。后来，JC 法被国际安全度联合委员会推荐采用。

JC 法的基本思想是把非正态随机变量 X 转换成正态随机变量 X'。其求解步骤如下。

① 在设计验算点 P^* 处，使正态随机变量 X' 的分布函数 $F_{X'}(P^*)$ 等于非正态随机变量 X 的分布函数 $F_X(P^*)$，即 $F_{X'}(P^*) = F_X(P^*)$；

② 在设计验算点 P^* 处，使正态随机变量 X' 的密度函数等于非正态随机变量 X 的密度函数 $f_X(P^*)$，即 $f_{X'}(P^*) = f_X(P^*)$。

经上述两个步骤后，可将非正态随机变量 X 变化成正态的随机变量 X'。JC 法变化原理如图 5-18 所示。

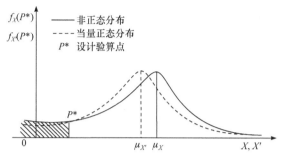

图 5-18　JC 法变化原理图

针对一般非正态分布，利用当量正态化条件①，可得

$$F_X(X^*) = \int_{-\infty}^{X^*} f_X(X)\mathrm{d}X = \int_{-\infty}^{X^*} f_X(X')\mathrm{d}X' = \Phi\left(\frac{X^* - \mu X'}{\sigma_{X'}}\right) \quad (5\text{-}60)$$

因此

$$\frac{X^* - \mu X'}{\sigma_{X'}} = \Phi^{-1}(F_X(X^*)) \quad (5\text{-}61)$$

进而可得当量正态变量均值，即

$$\mu_{X'} = X^* - \Phi^{-1}(F_X(X^*))\sigma_{X'} \quad (5\text{-}62)$$

其中，当量正态变量的标准差未知，需要根据当量正态化条件②获得，即

$$\begin{aligned} f_X(X^*) &= \frac{1}{\sqrt{2\pi}\sigma_{X'}}\exp\left[-\frac{(X^* - \mu_{X'})^2}{2\sigma_{X'}^2}\right]\frac{1}{\sigma_{X'}} \\ &= \frac{1}{\sqrt{2\pi}}\exp\left[-\frac{(X^* - \mu_{X'})^2}{2\sigma_{X'}^2}\right]\frac{1}{\sigma_{X'}} \\ &= \varphi\left(\frac{X^* - \mu_{X'}}{\sigma_{X'}}\right)\frac{1}{\sigma_{X'}} \end{aligned} \quad (5\text{-}63)$$

其中，$\varphi(\cdot)$ 为标准正态分布密度函数；$f_X(\cdot)$ 为非正态分布变量 X 的分布密度函数；$F_X(\cdot)$ 为非正态分布变量 X 的分布函数；$\mu_{X'}$ 为当量正态变量 X' 的均值；$\sigma_{X'}$ 为当量正态变量 X' 的方差。

根据式(5-61)，可得

$$f_X(X^*) = \frac{1}{\sigma_{X'}}\varphi(\Phi^{-1}(F_X(X^*))) \quad (5\text{-}64)$$

由此可得当量正态变量 X' 的标准方差 $\sigma_{X'}$ 的计算式，即

$$\sigma_{X'} = \frac{\varphi(\Phi^{-1}(F_X(X^*)))}{f_X(X^*)} \quad (5\text{-}65)$$

以上便完成非正态随机变量的当量正态化求解。

同理可得对数正态分布的求解过程，若 X 服从对数正态分布，则 $\ln X$ 服从正态分布 $N(a,\sigma^2)$。据此特性，式(5-62)和式(5-65)可简化为

$$
\begin{aligned}
\sigma_{X'} &= \frac{\varphi(\Phi^{-1}(F_X(X^*)))}{f_X(X^*)} = \frac{\varphi\left(\Phi^{-1}\left(\Phi\left(\dfrac{\ln X^* - a}{\sigma}\right)\right)\right)}{f_X(X^*)} \\
&= \frac{\varphi\left(\dfrac{\ln X^* - a}{\sigma}\right)}{f_X(X^*)} = \frac{\dfrac{1}{\sqrt{2\pi}}\exp\left[-\dfrac{(\ln X^* - a)^2}{2\sigma^2}\right]}{\dfrac{1}{\sqrt{2\pi}\sigma_{\ln X}X^*}\exp\left[-\dfrac{(\ln X^* - a)^2}{2\sigma^2}\right]} \\
&= X^*\sigma_{\ln X} = X^*\sqrt{\ln(1+V_X^2)}
\end{aligned}
\tag{5-66}
$$

$$
\begin{aligned}
\mu_{X'} &= X^* - \Phi^{-1}[F_X(X^*)]\sigma_{X'} \\
&= X^* - \Phi^{-1}\left[\Phi\left(\frac{\ln X^* - a}{\sigma}\right)\right]X^*\sigma_{\ln X} \\
&= X^* - \frac{\ln X^* - \mu_{\ln X}}{\sigma_{\ln X}}X^*\sigma_{\ln X} \\
&= X^* - (\ln X^* - \mu_{\ln X})X^* \\
&= X^*(1 - \ln X^* + \mu_{\ln X}) \\
&= X^*\left(1 + \ln\frac{\mu_X}{\sqrt{1+V_X^2}} - \ln X^*\right)
\end{aligned}
\tag{5-67}
$$

非正态随机变量经过变换之后再对 β 进行求解，求解过程如下。

① 根据 JC 法，求当量正态变量 X' 的均值 $\mu_{X'}$ 和标准差 $\sigma_{X'}$。

② 采用 FORM 或 SORM，计算 β 值和侧翻概率。

5.4.5　相关随机变量侧翻概率计算方法

JC 法的应用前提是极限状态方程中的随机变量相互独立，当考虑随机变量不相互独立时，需要先将有相关性的随机变量转换成相互独立的随机变量，然后进行侧翻概率计算。其具体计算方法如下。

极限状态方程如式(5-32)所示，状态空间 $X = (X_1, X_2, \cdots, X_{11})^{\mathrm{T}} = (V, V_{re}, \theta, R, \beta, \mu, h_{cg,s}, m_s, T_w, \rho, A)$ 是相关正态分布的随机变量。由概率论可推导出随机变量 X 的协方差矩阵，即

$$[C_X] = \begin{bmatrix} D(X_1) & \mathrm{cov}(X_1,X_2) & \cdots & \mathrm{cov}(X_1,X_n) \\ \mathrm{cov}(X_2,X_1) & D(X_2) & \cdots & \mathrm{cov}(X_2,X_n) \\ \vdots & \vdots & & \vdots \\ \mathrm{cov}(X_n,X_1) & \mathrm{cov}(X_n,X_2) & \cdots & D(X_n) \end{bmatrix} \qquad (5\text{-}68)$$

不相关随机变量 Y 的协方差矩阵为

$$[C_Y] = \begin{bmatrix} D(Y_1) & & & \\ & D(Y_2) & & \\ & & \ddots & \\ & & & D(Y_n) \end{bmatrix} \qquad (5\text{-}69)$$

然后，根据线性代数的正交变换理论，将 X 转换成 Y，令

$$Y = A^{\mathrm{T}} X \qquad (5\text{-}70)$$

其中，A 为正交矩阵。

Y 的均值和方差可表示为

$$\begin{cases} E_Y = A^{\mathrm{T}} E_X \\ D_Y = A^{\mathrm{T}} C_X A \end{cases} \qquad (5\text{-}71)$$

随后将式(5-70)代入式(5-32)，便可得独立正态随机变量 Y 构成的侧翻极限状态方程，即

$$Z = G(X_1, X_2, \cdots, X_{11}) = g(f_1(Y), \cdots, f_n(Y)) \qquad (5\text{-}72)$$

然后，根据 FORM 和 SORM 对侧翻概率进行求解。

以 FORM 和 SORM 为基础的可靠度计算方法对于非线性极限状态方程，特别是复杂的非线性问题是近似求解。为了寻找一种有效而更精确的可靠度计算方法，人们逐渐开始重视基于蒙特卡罗方法的可靠度数值计算方法，而且已经得到验证。蒙特卡罗方法是一种采用统计抽样原理近似求解数学问题的方法。在随机模拟法计算中，它被认为是一种相对精确法，是常用的一种概率验证方法。因为其模拟的收敛速度与随机变量的维数无关，也无须将状态函数线性化和随机变量当量正态化，同时极限状态函数的复杂性与该法的计算过程无关，计算过程中的误差也可以得到确定，所以知道模拟的次数和精度。其缺点在于运算量较大，运算时间长，需要足够的大样本才能给出准备估计，很难在实际工程试验中应用，但是可用于对 FORM 和 SORM 验证。我们采用蒙特卡罗方法对获得的结果进行对比分析。

不同于 FORM 与 SORM，蒙特卡罗方法的计算公式为

$$\hat{P}_t = \frac{1}{N}\sum_{i=1}^{N}I(G(\hat{X}_i)) \tag{5-73}$$

其中，N 为模拟的抽样数；$X = \{x_1, x_2, \cdots, x_N\}^{\mathrm{T}}$ 为具有 N 维随机变量的向量，其维数 $N=11$，由 5.3.2 节的 11 个状态参数构成；$G(\hat{X}_i)$ 为一组极限状态方程，当 $G(\hat{X}_i)<0$ 时，$I(G(\hat{X}_i))=1$，否则 $I(G(\hat{X}_i))=0$。

因此，抽样方差为

$$\hat{\sigma}^2 = \frac{1}{N}\hat{p}_i(1-\hat{p}_i) \tag{5-74}$$

选取 95%的置信度保证蒙特卡罗方法的抽样误差，即

$$\left|\hat{p}_i - p_i\right| \leqslant z_{a/2}, \quad \hat{\sigma} = 2\sqrt{\frac{\hat{p}_i(1-\hat{p}_i)}{N}} \tag{5-75}$$

相对误差 ε 可表示为

$$\varepsilon = \frac{\left|\hat{p}_i - p_i\right|}{p_i} < 2\sqrt{\frac{1-\hat{p}_i}{N\hat{p}_i}} \tag{5-76}$$

由于 $\hat{p}_i$ 是一个很小的量，式(5-76)可近似表示为

$$\varepsilon = \frac{2}{\sqrt{N\hat{p}_i}}, \quad N = \frac{4}{\hat{p}_i \varepsilon^2} \tag{5-77}$$

当 $\varepsilon = 0.2$ 时，抽样的数目 N 必须满足

$$N = 100/\hat{p}_i \tag{5-78}$$

当 $\hat{p}_i$ 是一个很小量，即 $\hat{p}_i = 10^{-3}$ 时，$N = 10^5$ 才能获得对 p_i 的可靠估计。因此，本节利用大样本抽样(抽样数为 10^6 次)，采用蒙特卡罗方法对侧翻概率预测模型进行验证。

蒙特卡罗方法验证如图 5-19 所示。由此可知，蒙特卡罗方法与侧翻概率预测模型计算得到的侧翻概率值具有较高的吻合度。同时，侧翻概率预测模型相比蒙特卡罗方法计算得到的侧翻概率值略高，这是由于在侧翻极限状态方程中对多维曲面进行线性化求解后，积分面积有所扩大。

车速与可靠性指数的关系曲线如图 5-20 所示。可以看出，随着车速的增加，由 FORM 计算的侧翻状态指数 β_r 和由 SORM 计算得出的侧翻状态指数 β_s 均随之减小。这与 5.4 节中的模型推导过程吻合。由图 5-18 和表 5-2 可知，侧翻状态指数越小，侧翻概率越大，反之亦然。由 SORM 计算的侧翻状态指数要略高于 FORM 计算的指数。车速对概率影响的关系曲线如图 5-21 所示。

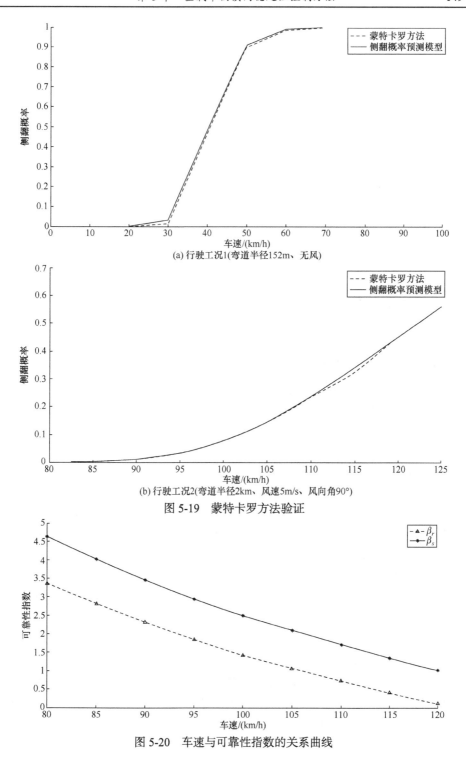

(a) 行驶工况1(弯道半径152m、无风)

(b) 行驶工况2(弯道半径2km、风速5m/s、风向角90°)

图 5-19　蒙特卡罗方法验证

图 5-20　车速与可靠性指数的关系曲线

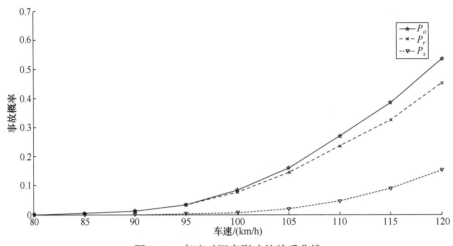

图 5-21　车速对概率影响的关系曲线

通过进一步的模型求解，可以知道由这两种方法分别计算的侧翻概率 P_s 和 P_r，因此车辆危险的概率可以通过全概率式求得，即

$$P_a = P_r(1-P_s) + P_s(1-P_r) + P_rP_s \tag{5-79}$$

P_a 为综合考虑车辆侧翻和侧滑危险的总的行车安全概率，可以明显知道随着车速的增加，侧翻和侧滑的概率均急剧加大，从而使行车安全总概率 P_a 也显著提高。在弯道半径为 2km、风速为 5m/s、风向角为 90° 的工况下，当车速达到 120km/h 时，车辆发生危险的概率超过 0.5，表明车辆以此车速将会有很高发生事故的风险。

为了进一步对 FORM 和 SORM 的结果进行分析，比较计算的精度，引入经典的蒙特卡罗方法来验证这两种方法。

FORM 和 SORM 模型结果如图 5-22 所示。其中，图 5-22(a)为采用 FORM、SORM 和蒙特卡罗方法计算的侧滑概率及其平均值；图 5-22(b)为侧翻概率及其平均值；图 5-22(c)为行车安全概率及其平均值。为了更完美地比较三种方法，采用均值计算的处理方法进一步比较，其基本思想是以蒙特卡罗获得的结果为基线，分别对 FORM 和 SORM 计算的每个点做均值计算，查找与基线相差最大的曲线。无论是侧滑概率、侧翻概率，还是行车安全概率，基于 SORM 的结果更趋近于基线，结果表明 SORM 的精度更高。当然，从纵坐标值可以看出，两种方法之间的精度差别较小，可见两种方法的精度都较高。

上述结果是建立的某些特定条件下的，即假设随机变量是相互独立的，虽然这些条件并不能代表所有工况，并没有对非独立随机变量的情况进行分析，但是却能比较精确地反映侧翻概率预测模型。

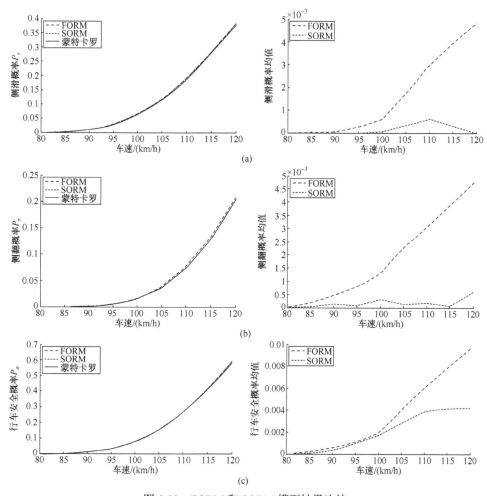

图 5-22　FORM 和 SORM 模型结果比较

　　为简化分析过程，假设状态空间 X 中的车辆质量 m_s、轮距 b、空气密度 ρ、车辆迎风面积 A 等恒定，其余 6 个变量为独立随机变量。表 5-3 所示为随机变量统计表，反映 6 个变量数据的统计情况。其中，风速、重心高度、风向角、路面横坡角和曲率半径服从正态分布，风速服从极值 I 型分布，通过 JC 法进行标准正态分布变换，然后采用 SORM 对车辆侧翻概率 P_r 和车辆侧滑概率 P_s 求解，采用式(5-79)计算车辆总的危险概率 P_a。理论上，只要知道 n 个独立随机变量的情况，便可以绘制出一个 n 维空间概率图。该图可以将各因素量化的值与危险概率进行一一对应，但是 n 维空间图很难绘制。本次实例分析为更直观地反映各因素对车辆危险概率的影响，在进行仿真实验时，通过任意选取两个变量(保持其余 4 个变量恒定)，如车速和重心高度、弯道半径与道路横坡角、风速与风向角等，分析各独立随机变量与侧翻概率之间的定量关系。

表 5-3　随机变量统计表

变量	符号	单位	分布函数	标准差	取值范围
车速	V	km/h	正态分布	$0.15\mu_v$	0~130
重心高度	$h_{cg,s}$	m	正态分布	$0.1\mu_h$	1.6~2.0
风速	V_w	km/h	极值 I 型分布	$0.2\mu_{V_w}$	0~100
风向角	ϑ	°	正态分布	$0.15\mu_\Theta$	0~180
路面横坡角	β	°	正态分布	$0.01\mu_\beta$	−0.05~0.05
曲率半径	R	m	正态分布	$0.06\mu_R$	100~150
道路附着系数	μ	—	截尾正态分布	0.05	0~1

弯道半径与车速对车辆危险概率的影响如图 5-23 所示。总体而言，车速的增加和弯道半径的减小会直接导致车辆危险概率随之增加，当车速高于 80km/h 时，车速对危险概率的影响从缓慢影响变为极具影响。此时，弯道半径无论是 500m 还是 1000m，车辆均处于高度危险之中。

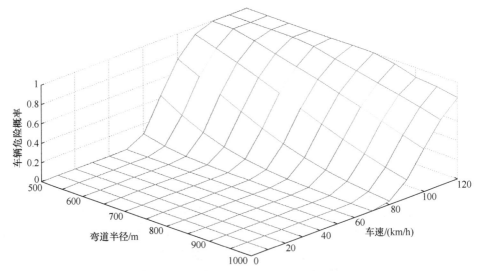

图 5-23　弯道半径与车速对车辆危险概率的影响
行驶工况：$R=800\mathrm{m}$、$V_w=5\mathrm{m/s}$、$\beta=0$、$\vartheta=30°$

如图 5-24 所示，道路附着系数对车辆危险概率的影响是及其显著的，在雨天或雪天路面(通常路面系数低于 0.5)，虽然车辆发生侧翻的概率极低，但是此时车辆侧滑的概率却非常高。当道路附着系数低于 0.3 时，车辆处于完全失控状态。因此，若单纯地以侧翻概率来计算，显然不能对车辆危险状态进行准确的评估。这也体现了综合考虑车辆侧翻和侧滑影响的必要性。

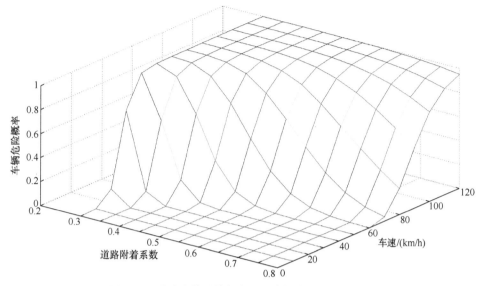

图 5-24　道路附着系数与车速对车辆危险概率的影响

行驶工况：$R=800\mathrm{m}$、$V_w=5\mathrm{m/s}$、$\beta=0$、$\vartheta=30°$

图 5-25 所示为风速与车速对车辆危险概率的影响。车辆迎风面积达到 $7.3\mathrm{m}^2$，远高于一般小型车辆，造成侧风对车辆横向稳定性的影响尤为明显，因此随着风速的增加，车辆危险概率显著提高。

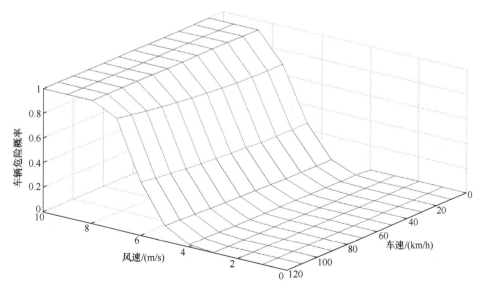

图 5-25　风速与车速对车辆危险概率的影响

$R=2000\mathrm{m}$、$V_w=5\mathrm{m/s}$、$\beta=0$、$\vartheta=30°$

　　车速和重心高度对车辆危险概率的影响如图 5-26 所示。在弯道半径为 800m、风速为 5km/h、风向角为 30°的平整路面上，随着重心高度和车速的增加，车辆危险概率也随之增大，但是并非线性关系。当车速低于 100km/h、重心高度小于 1.8m、车辆的危险概率低于 0.1 时，车辆行驶较为平稳安全；一旦车速升至 115km/h，或者重心高度超过 1.95m 时，车辆发生侧翻或侧滑的概率会急剧增大。

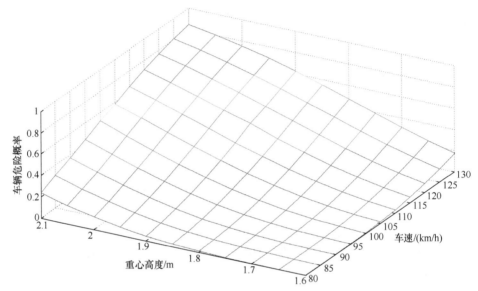

图 5-26　车速和重心高度对车辆危险概率的影响

$R = 800\text{m}$、$V_w = 5\text{m/s}$、$\beta = 0$、$\vartheta = 30°$

　　如图 5-27 所示，道路横坡角造成车辆在行驶过程中有一定程度的倾斜，当横坡角的方向能增加车辆过弯时的向心力时，会降低车辆侧翻的概率，从而使车辆发生危险的概率减少。然而，当横坡角的方向降低车辆弯时的向心力时，会增加车辆危险概率。可以看到，当横坡角从 0 增加到 0.05°时，车辆危险概率是逐渐降低的，表明此时方向是增加过弯向心力；当横坡角从 0 降低到–0.05°时，车辆危险概率是逐步增高的。整体而言，道路横坡角对车辆危险概率的影响不显著，当车速达到 120km/h 时，最大的概率也仅有 0.1。原因在于，在一般标准的道路设计和施工时，道路横坡角往往很小，约为 5%的坡度，因此对车辆横向稳定性的影响甚微。若特殊路段的道路横坡角很大，其影响也是不可忽视的，可以根据模型代入具体的数据评估其对车辆危险的影响。

　　弯道半径与道路横坡角对车辆危险概率的影响如图 5-28 所示。在车速为 120km/h、重心高度为 1.6m、风速为 5km/h、风向角为 30°的行驶工况下，当弯

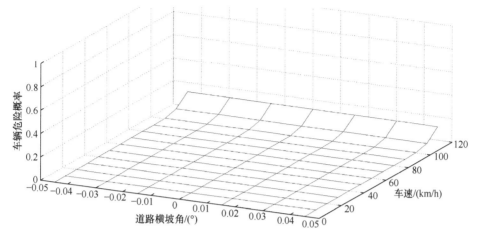

图 5-27　道路横坡角与车速对车辆危险概率的影响

$R = 800\text{m}$、$V_w = 5\text{m/s}$、$\beta = 0$、$\vartheta = 30°$

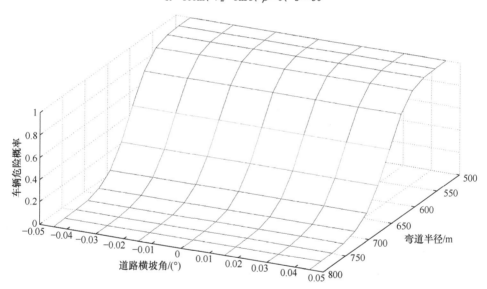

图 5-28　弯道半径与道路横坡角对车辆危险概率的影响

$V = 120\text{km/h}$、$h_{cg,s} = 1.6\text{m}$、$V_w = 5\text{km/h}$、$\vartheta = 30°$

道半径从 800m 降低至 500m 时，车辆危险概率会呈指数增大至 1，可见弯道半径对车辆危险有比较大的影响。一般地，实际环境中的道路横坡角度值较小，角度从 –0.045° 变化到 0.045°，发生危险概率的方差小于 0.01，对车辆危险的影响不显著。

　　风速与风向角对车辆危险概率的影响如图 5-29 所示。在车速为 120km/h、重心高度为 1.6m、弯道半径为 2km 的平整路面上，风速越大就越易造成车辆侧向失稳。当风速大于 100km/h 时，发生危险的概率会显著增大。同时，风向角从 0° 增加至 90°，危险概率也会随之增大，并在风向角为 90° 时达到峰值 0.62，此时车辆最容易发生危险事故。特别地，危险概率并非在 90° 风向角处对称，因为侧向风以 90°～180° 作用于车辆时，会使车速增加，从而增大危险概率。但是，这种非对称性特征并不明显。

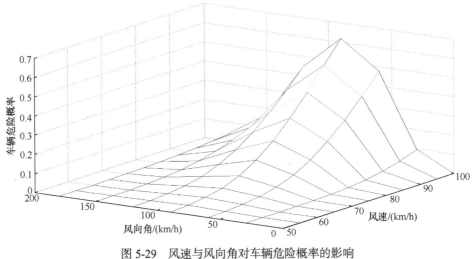

图 5-29　风速与风向角对车辆危险概率的影响
$V = 120km/h$、$h_{cg,s} = 1.6m$、$R = 2000m$、$\beta = 0$

5.5　基于 MPC 的车辆防侧翻控制方法

　　MPC 是一种基于模型的滚动时域控制方法，采用模型和系统的当前状态作为初始条件，利用动态预测模型计算操纵变量的未来动作，并保证所有的输入输出满足约束条件，求解最优化问题，然后将计算好的控制输入值作用于被控对象，由执行器完成控制作用。同时，在下一个采样周期，用新的状态输入量求解新的操纵变量，形成一个闭环的控制系统。其目的是实现系统预测未来的输出与理想输出之间的跟踪偏差最小，是一种带反馈的控制方法。因为可以在系统出现不稳定的情况下补偿误差，所以可以很好地处理多变量的问题。从众多文献来看，MPC 具有较高的稳定性和鲁棒性，而且能对执行器动作和系统响应等各种约束进行充分考虑。

　　需要强调的是，MPC 的优化只是一种有限时域的滚动优化，而不是全局优化。因为是在每一时刻计算一个性能指标，所以不同时刻计算的优化指标是不同的。其优化过程是反复在线进行，而不是一次离线进行的。因此，MPC 计算结果不是全局最优解，始终是当前状态的最优解。

　　模型预测空盒子在实现过程中包含 3 个关键步骤，即预测模型、滚动优化和反馈校正。传统的控制是根据当前与过去的输出测量值，以及给定的偏差来确定当前的控制输入。预测控制的优点在于，不仅利用当前与过去的偏差，同时还利用预测模型预测未来的偏差，从而以滚动优化确定当前的最优控制策略，使未来一段时间内的被控变量和期望值的偏差达到最小。因此，从基本思想来看，预测控制要优于传统的控制方法。

　　MPC 的基本原理如图 5-30 所示。其控制过程如下。

　　① 系统当前 k 时刻的参数测量。

　　② 以时刻 k 作为当前时刻，控制器结合当前的测量值和预测模型，预测系统在未来一段时域$[k, k + H_p]$内系统的输出。

　　③ 将得到的控制序列作为受控对象的实际控制量，直至下一个采样周期。

　　④ 在下一个时刻 $k + 1$，重复上述过程，完成一个带约束的优化问题，实现对被控对象的持续控制。

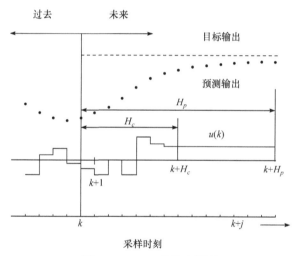

图 5-30　MPC 的基本原理

5.5.1　预测模型

　　预测模型是 MPC 算法的基础。MPC 算法常用的预测模型是状态空间模型。对于一般被控对象，其状态空间方程为

$$x(t) = \bar{A}x(t) + \bar{B}u(t)$$
$$y(t) = Cx(t) \tag{5-80}$$

其中，$x(t)$ 为状态变量；$y(t)$ 为被控输出；$u(t)$ 为系统控制输入。

　　采用近似差商法对联系的系统状态方程进行离散化处理，可得

$$x(k+1) = Ax(k) + Bu(k)$$
$$y(k) = Cx(k)$$

$$(5-81)$$

其中，$A = I + T_s \bar{A}$，$B = T_s \bar{B}$；T_s 为步长。

设定

$$\xi(k \mid t) = \begin{bmatrix} x(k \mid t) \\ u(k-1 \mid t) \end{bmatrix}$$

$$(5-82)$$

可以得到一个新的状态空间方程，即

$$\xi(k+1 \mid t) = \tilde{A}\xi(k \mid t) + \tilde{B}u\Delta u(k \mid t)$$
$$\eta(k \mid t) = \tilde{C}\xi(k \mid t)$$

$$(5-83)$$

其中

$$\tilde{A} = \begin{bmatrix} A & B \\ 0_{m \times n} & I_m \end{bmatrix}$$
$$\tilde{B} = \begin{bmatrix} B \\ I_m \end{bmatrix}$$
$$\tilde{C} = [C \quad 0]$$

$$(5-84)$$

假设系统预测时域为 N_p，控制时域 N_c，则预测时域状态量与系统输出量为

$$\xi(t+N_p \mid t) = \tilde{A}_t^{N_p}\xi(t \mid t) + \tilde{A}_t^{N_p}\tilde{B}\Delta u\xi(t \mid t) + \cdots + \tilde{A}_t^{N_p-N_c-1}\tilde{B}\Delta u\xi(t+N_c \mid t)$$

$$(5-85)$$

$$\eta(t+N_p \mid t) = \tilde{C}\tilde{A}_t^{N_p}\xi(t \mid t) + \tilde{C}\tilde{A}_t^{N_p}\tilde{B}\Delta u\xi(t \mid t) + \cdots + \tilde{C}\tilde{A}_t^{N_p-N_c-1}\tilde{B}\Delta u\xi(t+N_c \mid t)$$

$$(5-86)$$

未来时刻输出矩阵可表示为

$$Y(t) = \Psi\xi(t \mid t) + \Theta_t \Delta u(t)$$

$$(5-87)$$

其中

$$Y(t) = \begin{bmatrix} \eta(t+1 \mid t) \\ \eta(t+2 \mid t) \\ \vdots \\ \eta(t+N_c \mid t) \\ \vdots \\ \eta(t+N_p \mid t) \end{bmatrix}, \quad \Psi_t = \begin{bmatrix} \tilde{C}\tilde{A}_t \\ \tilde{C}\tilde{A}_t^2 \\ \vdots \\ \tilde{C}\tilde{A}_t^{N_c} \\ \vdots \\ \tilde{C}\tilde{A}_t^{N_p} \end{bmatrix}, \quad \Delta U(t) = \begin{bmatrix} \Delta u(t \mid t) \\ \Delta u(t+1 \mid t) \\ \vdots \\ \Delta u(t+N_c \mid t) \end{bmatrix}$$

$$\Theta_t = \begin{bmatrix} \tilde{C}\tilde{B}_t & 0 & \cdots & 0 \\ \tilde{C}\tilde{A}_t\tilde{B}_t & \tilde{C}\tilde{B}_t & \ddots & \vdots \\ \vdots & \vdots & & 0 \\ \tilde{C}\tilde{A}_t^{N_c-1}\tilde{B}_t & \tilde{C}\tilde{A}_t^{N_c-2}\tilde{B}_t & \cdots & \tilde{C}\tilde{B}_t \\ \tilde{C}\tilde{A}_t^{N_c}\tilde{B}_t & \tilde{C}\tilde{A}_t^{N_c-1}\tilde{B}_t & \cdots & \tilde{C}\tilde{A}_t\tilde{B}_t \\ \vdots & \vdots & & \vdots \\ \tilde{C}\tilde{A}_t^{N_p-1}\tilde{B}_t & \tilde{C}\tilde{A}_t^{N_p-2}\tilde{B}_t & \cdots & \tilde{C}\tilde{A}_t^{N_p-N_c-1}\tilde{B}_t \end{bmatrix} \tag{5-88}$$

可以看到，式(5-87)通过系统当前的状态量 $\xi(t|t)$ 和控制时域内的控制增量 $\Delta U(t)$ 计算预测时域内的状态量与输出量，从而通过 MPC 算法实现系统的预测。

5.5.2　约束优化求解

为了使 MPC 系统运行，需要设定合理的优化目标，并对其进行求解。一般的控制目标函数为

$$J(k) = \sum_{j=1}^{N} \tilde{\chi}^{\mathrm{T}}(k+j|k)Q\tilde{\chi}(k+j) + \tilde{u}^{\mathrm{T}}(k+j-1)R\tilde{u}(k+j-1) \tag{5-89}$$

式(5-89)可以转换为求解二次规划问题。二次规划是典型的数学优化方法，其优化目标是二次实函数、带有线性或非线性约束，常用的解法有内点法与有效集法等。内点法对任何形式的二次规划问题都适用，有效集法对解决不等式约束的二次规划问题适用。

式(5-89)将控制量作为目标函数的状态量，结构相对简单且易实现，但是存在一定的缺点，一旦系统对控制量要求严格时，目标函数求解将变得非常困难，甚至出现无解的情况。因此，一般将控制增量作为状态量，将优化目标函数转换为

$$J(\xi(t),u(t-1),\Delta U(t)) = \sum_{i=1}^{N^P} \eta(t+i|t) - \eta_{\mathrm{ref}}(t+i|t)_Q^2 + \sum_{i=1}^{N^P-1} \Delta u(t+i|t)_R^2 \tag{5-90}$$

其中，等号右侧第一项表明系统对于参考轨迹的跟随能力，第二项表明对于控制量平稳变化的要求；Q 与 R 为权重矩阵。

在实际控制系统中，系统状态量与控制量需要满足以下约束条件。

(1) 控制量约束，即

$$u_{\min}(t+k) \leqslant u(t+k) \leqslant u_{\max}(t+k), \quad k = 0,1,\cdots,N_c-1 \tag{5-91}$$

(2) 控制增量约束，即

$$\Delta u_{\min}(t+k) \leqslant \Delta u(t+k) \leqslant \Delta u_{\max}(t+k), \quad k = 0,1,\cdots,N_c-1 \tag{5-92}$$

(3) 输出约束，即

$$y_{\min}(t+k) \leqslant y(t+k) \leqslant y_{\max}(t+k), \quad k=0,1,\cdots,N_c-1 \tag{5-93}$$

式(5-90)～式(5-93)描述了一个完整的优化控制目标表达式。通过求解带有约束条件的优化问题，可以得到未来时刻的控制输入。

5.5.3　差速制动控制策略

车辆动力学模型获得的车辆坐标系的运动微分方程为

$$
\begin{cases}
m_s V_x(\dot{\beta}_v + \gamma) = -\dfrac{(k_f + k_r)I_{xeq}}{I_x}\beta_v - \dfrac{(l_f k_f + l_r k_r)I_{xeq}}{I_x V_x}\gamma + \dfrac{m_s h_{cg,s}(m_s g h_{cg,s} - k_s)}{I_x}\phi \\
\qquad\qquad\quad - \dfrac{m_s h_{cg,s} c_s}{I_x}\dot{\phi} + \dfrac{k_f I_{xeq}}{I_x}\delta \\[2mm]
I_z\dot{\gamma} = -(l_f k_f + l_r k_r)\beta_v - \dfrac{(l_f^2 k_f + l_r^2 k_r)}{V_x}\gamma + l_f k_f \delta \\[2mm]
I_{xx}\ddot{\phi} = -(k_f + k_r)h_{cg,s}\beta_v - \dfrac{(l_f k_f + l_r k_r)h_{cg,s}}{V_x}\gamma + (m_s g h_{cg,s} - k_s)\phi - c_s\dot{\phi} + h_{cg,s}k_f\delta
\end{cases}
\tag{5-94}
$$

基于 MPC 方法以质心侧偏角和横摆角速度作为状态变量，输入为车辆方向盘转角和横摆力矩，可以得出控制系统的状态空间模型，即

$$
\begin{bmatrix} \dot{\beta}_v \\ \dot{\gamma} \\ \dot{\phi} \\ \ddot{\phi} \end{bmatrix} = A \begin{bmatrix} \beta_v \\ \gamma \\ \phi \\ \dot{\phi} \end{bmatrix} + B\delta \tag{5-95}
$$

其中

$$
A = \begin{bmatrix}
\dfrac{(k_f + k_r)I_{xeq}}{m_s v_x I_{xx}} & \dfrac{(l_f k_f + l_r k_r)I_{xeq}}{m_s v_x^2 I_{xx}} - 1 & \dfrac{h_{cg,s}(m_s g h_{cg,s} - k_s)}{v_x I_{xx}} & -\dfrac{m_s h_{cg,s} c_s}{v_x I_{xx}} \\[3mm]
\dfrac{l_f k_f + l_r k_r}{I_z} & -\dfrac{l_f^2 k_f + l_r^2 k_r}{I_z v_x} & 0 & 0 \\[3mm]
0 & 0 & 0 & 1 \\[3mm]
-\dfrac{(k_f + k_r)h_{cg,s}}{I_{xx}} & -\dfrac{(l_f k_f + l_r k_r)h_{cg,s}}{v_x I_{xx}} & \dfrac{m_s g h_{cg,s} - k_s}{I_{xx}} & -\dfrac{c_s}{I_{xx}}
\end{bmatrix}
\tag{5-96}
$$

$$B = \begin{bmatrix} \dfrac{k_f I_{xeq}}{m_s I_{xx} V_x} \\ \dfrac{l_f k_f}{I_z} \\ 0 \\ \dfrac{h_{cg,s} k_f}{I_{xx}} \end{bmatrix} \tag{5-97}$$

由于受车辆非线性与外界干扰的影响，理想的横摆角速度和质心侧偏角一般与实际的有所偏差，此时需要一个附加的车辆横摆力矩 M 实现对误差的补偿和调整，从而使实际质心侧偏角与横摆角速度趋近理想值。因此，可以通过外加一个横摆力矩对车辆侧翻稳定性进行优化控制，即

$$\begin{bmatrix} \dot{\beta}_v \\ \dot{\gamma} \\ \dot{\phi} \\ \ddot{\phi} \end{bmatrix} = A \begin{bmatrix} \beta_v \\ \gamma \\ \phi \\ \dot{\phi} \end{bmatrix} + B\delta + B_e M \tag{5-98}$$

其中

$$B_e = \begin{bmatrix} 0 \\ 0 \\ 0 \\ \dfrac{1}{I_z} \end{bmatrix} \tag{5-99}$$

由此可以得到离散化的状态空间方程，即

$$\begin{bmatrix} \beta(k+1) \\ \gamma(k+1) \\ \phi(k+1) \\ \dot{\phi}(k+1) \end{bmatrix}$$

$$= \begin{bmatrix} \dfrac{(k_f + k_r) I_{xeq}}{m_s v_x I_{xx}} & \dfrac{(l_f k_f + l_r k_r) I_{xeq}}{m_s v_x^2 I_{xx}} - 1 & \dfrac{h_{cg,s}(m_s g h_{cg,s} - k_s)}{v_x I_{xx}} & -\dfrac{m_s h_{cg,s} c_s}{v_x I_{xx}} \\ \dfrac{l_f k_f + l_r k_r}{I_z} & -\dfrac{l_f^2 k_f + l_r^2 k_r}{I_z v_x} & 0 & 0 \\ 0 & 0 & 0 & 1 \\ -\dfrac{(k_f + k_r) h_{cg,s}}{I_{xx}} & -\dfrac{(l_f k_f + l_r k_r) h_{cg,s}}{v_x I_{xx}} & \dfrac{m_s g h_{cg,s} - k_s}{I_{xx}} & -\dfrac{c_s}{I_{xx}} \end{bmatrix} \begin{bmatrix} \beta_v \\ \gamma \\ \phi \\ \dot{\phi} \end{bmatrix}$$

$$+\begin{bmatrix} \dfrac{k_f I_{xeq}}{m_s I_{xx} V_x} \\[2mm] \dfrac{l_f k_f}{I_z} \\[2mm] 0 \\[2mm] \dfrac{h_{cg,s} k_f}{I_{xx}} \end{bmatrix} \delta + \begin{bmatrix} 0 \\ 0 \\ 0 \\ \dfrac{1}{I_z} \end{bmatrix} M \qquad\qquad (5\text{-}100)$$

5.5.4 差速制动控制策略

差速制动的原理是控制系统在车辆不稳定时对相应的车辆进行制动,使车辆产生附加的横摆力矩,纠正车辆姿态,以此抑制车辆的不稳定性。当车辆行驶过程处于过度转向时,车辆的名义横摆角速度小于实际横摆角速度,控制系统对车辆外前轮施加制动压力,得到与车辆转向方向相反的横摆力矩,抑制车辆的过度转向。同理,在车辆不足转向时,其名义横摆角速度值大于实际横摆角速度值。这时控制系统对内后轮施加制动压力,抑制车辆的不足转向,保持车辆的行驶稳定性。

如图 5-31 所示,后内轮与前外轮制动方式获得的额外横摆力矩效率最高。采用差速制动的方法可以使车轮产生外加的横摆力矩,但是对不同的车轮制动能够产生不同的效果,从而影响侧翻控制效果。

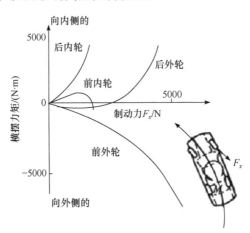

图 5-31 车轮制动力对横摆力矩的作用效果

车轮制动力学模型如图 5-32 所示。为了分析车轮差速制动的效果,确定最优侧翻控制策略,以顺时针方向为正,建立车轮制动的力学模型,并做如下假设。

(1) 忽略车辆轮胎侧偏的影响，仅考虑车轮制动力的影响。

(2) 忽略道路不平整度对车轮受力的影响。

由此可得，前后单个车轮制动产生的横摆力矩方程。

左前轮，即

$$M_{fl} = -l_f F_{fl}\sin\delta - \frac{b}{2}F_{fl}\cos\delta \tag{5-101}$$

右前轮，即

$$M_{fr} = \frac{b}{2}F_{fr}\cos\delta - l_f F_{fr}\sin\delta \tag{5-102}$$

左后轮，即

$$M_{rl} = -\frac{b}{2}F_{rl} \tag{5-103}$$

右后轮，即

$$M_{rr} = \frac{b}{2}F_{rr} \tag{5-104}$$

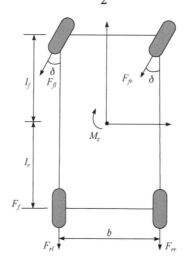

图 5-32　车轮制动力学模型

通过以上分析，我们将车辆的前外轮和后内轮作为控制系统的输入对象。差速制动控制策略如表 5-4 所示。

表 5-4　差速制动控制策略

策略	左转	右转
转向不足	左后轮	右后轮
过度转向	右前轮	左前轮

　　当车辆即将发生侧翻危险时，车辆处于过度转向阶段。车辆因左转向过度产生侧翻危险时，对车辆右前轮进行制动。当车辆由于右转向过度引起侧翻时，对车辆左前轮进行制动，产生附加的横摆力矩，从而提高车辆的稳定性，降低横摆角速度。

　　对车轮制动进行分配后，需要求解防止车辆发生侧翻附加车轮的制动力。根据车辆动力学原理，可以建立横摆力矩与制动力的方程，即

$$\Delta M = \Delta F \left(\cos\delta \cdot \frac{T_w}{2} + \sin\delta \cdot l_f \right) \tag{5-105}$$

式中，ΔF 为外前轮制动力增量；T_w 为轮距；l_f 为质心到前轴的距离。

1. 差速制动控制仿真验证

1) 验证工况设计

　　为了研究如何衡量车辆的侧翻稳定性，许多国内外政府机构与汽车制造商研究制定了相关标准和政策。目前国际上并没有形成一种统一的评价标准，只有美国制定了以联邦法规强制实施的评价标准。静态侧翻试验以 SSF 为评价指标；动态侧翻测试主要包括鱼钩转向(Fishhook)和阶跃转向测试(J-Turn)[8]。

　　鱼钩试验要求车辆做两次大幅度回转运动，模拟车辆紧急避障或过度转向的行为，这种工况很容易导致侧翻事故，是侧翻事故中最典型的一种，尤其是重心较高的重载车辆。如图 5-33 所示，车辆首先沿直线行驶，初始速度达到 56～80km/h 时，方向盘以 720°/s 的频率输入转向角，1s 后反方向输入转向角，同时保持 8km/h 车速递增，直至一侧车轮离地。

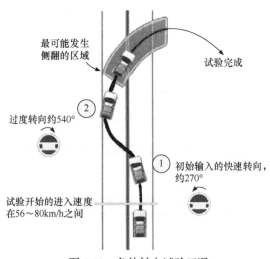

图 5-33　鱼钩转向试验工况

　　阶跃转向测试是模拟驾驶员紧急规避障碍物的情形。入线车速通常设定在 56～96km/h，在直线行驶一段距离后，将方向盘以 1000°/s 频率转动 250°～350°，然后判断车辆内侧车轮是否已经离地发生侧翻，试验过程采集车辆瞬态特征用于后期分析评测。

　　美国高速公路交通安全部门发布的调查数据显示，车辆在道路上直接发生侧翻的概率只有 4%，绝大部分车辆发生侧翻事故是绊倒引起的，主要是因为车辆首先产生侧滑，车辆碰到障碍物导致侧翻。因此，美国政府颁布了一套法案，要求所有车辆强制安装防侧滑稳定系统，即汽车电子稳定控制系统。为了进一步检测车辆的侧滑稳定性，本书选取高附着路面和低附着路面两种情况，分析车辆在不同路面条件下的安全性。

　　基于以上分析，选取鱼钩转向试验与阶跃转向工况评估差速制动控制策略的有效性。

　　2) 侧翻稳定性衡量参数

　　通过查阅相关标准，我国虽然没有建立针对侧翻测试的标准，但是有 3 个用于横向稳定性试验的 ISO 标准，侧翻属于横向稳定性范畴。因此，可以以此为借鉴。《客车拖车组合横向稳定试验》(ISO 9815—2010)横向稳定性衡量参数为方向盘转角、侧向加速度、横摆角速度和纵向车速。在《道路车辆　横向瞬时灵敏度的试验方法》(ISO 7401—2011)中补充方向盘转矩、侧倾角和质心侧偏角 3 个测量参数。《重型商用车辆和公共汽车制动　开环试验方法》中的参数与前两个标准基本一致。

　　因为测试工况是在设定的方向盘转角和车速下进行的，所以忽略方向盘转角、方向盘转矩与纵向车速三个参数的影响。以此为依据，最终选取横摆角速度、侧倾角、质心侧偏角、侧向加速度作为衡量车辆侧翻稳定性的参数。

　　2. 鱼钩转向试验

　　设定试验入线车速为 80km/h、最大方向盘转角为 250°、仿真时长为 6s，鱼钩转向方向盘转角输入如图 5-34 所示。

　　图 5-34～图 5-40 为车辆无侧翻控制系统，以及加载侧翻控制系统后的数据分析图。有研究通过衡量侧向加速度的阈值来判断侧翻危险程度，其侧翻阈值为 $b/2h$，其中 b 为轮距，h 为重心高度，将车辆参数代入计算结果为 $0.5g$。可见，当车辆侧向加速度超过 $0.5g$ 时，侧翻风险将增大。由于侧翻试验工况为极限工况，设定的转向角幅度大，因此侧向加速度值有所偏大。由此可知，没有侧翻控制时，车辆最大横向加速度达到 $0.9g$，并在纵向距离 80m 处为零，显示车辆此时发生了侧翻。加入侧翻控制之后，横向加速度在短暂波动之后最终趋于稳定状态，显示控制策略保持了车辆的侧翻稳定性。如图 5-36 所示，横摆角速度的控

制效果与侧向加速度效果类似，进行侧翻控制后的横摆角速度相比无控制状态时更稳定。

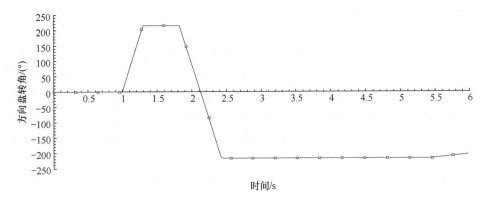

图 5-34　鱼钩转向方向盘转角输入

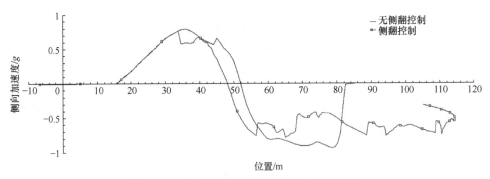

图 5-35　有/无侧翻控制下的侧向加速度对比

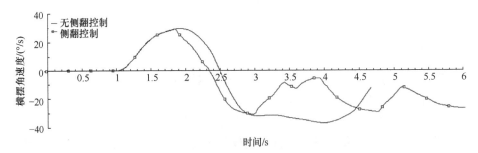

图 5-36　有/无侧翻控制下的横摆角速度对比

相对于车辆侧向加速度和横摆加速度，质心侧偏角对车辆侧翻稳定性的影响较为复杂，不能简单定义超过一定的阈值便会发生侧翻。有文献通过相平面法分析质心侧偏角对于车辆稳定性的影响，并给出衡量稳定性的边界条件，即

$$E_3 \leqslant \beta + E_1 \dot{\beta} \leqslant E_2$$
$$E_1 = 1 / (e_1 \mu + e_2)$$
$$E_2 = g(\mu)(1 + e_3 \delta)$$
$$E_3 = -g(\mu)(1 - e_3 \delta)$$

(5-106)

其中，μ 为道路附着系数；δ 为方向盘转角。

确定质心侧偏角的边界与道路附着系数与方向盘转角相关，质心侧偏角越平稳，则车辆稳定性越高。如图 5-37 所示，无控制下的车辆质心侧偏角从 2.3s 开始线性急剧增加，在 4.5s 左右达到最高峰 30°，车辆状态极其不稳定；加载侧翻控制下的质心侧偏角波形较为平稳，车辆保持在一定的稳定状态下。

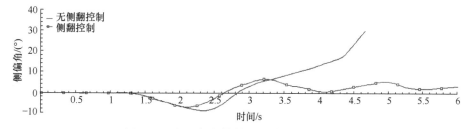

图 5-37　有/无侧翻控制下的质心侧偏角对比

侧倾角作为衡量车辆侧翻稳定性的重要参数，其大小与车辆操纵稳定性和行驶的平顺性相关。侧倾角过大会造成驾驶员和乘客的不舒适性，并缺乏安全感。有研究分析了车辆参数对侧倾角的影响，以及侧倾角对车辆横向稳定性的影响。如图 5-38 所示，无侧翻控制下的侧倾角峰值接近 150°，且波形极不稳定；侧翻控制下的侧倾角显示了很好的稳定性。由此可见，侧翻控制策略对侧倾角控制的效果异常明显。

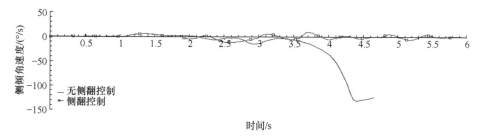

图 5-38　有/无侧翻控制下的侧倾角速度对比

侧翻控制系统通过附加的横摆力矩防止侧翻事故的发生，而后差动控制系统通过对四个车轮的制动压力来调节横摆力矩，因此通过控制四个车轮的制动压力来保持车辆侧翻稳定性。做鱼钩转向动作时，车辆会在短时间内经历两个紧急转向，在第 1~2s 时做急速左转动作，在 3s 左右做急速右转动作。有/无侧翻控制下的制动压力分配对比如图 5-39 所示。在 2s 左右(即急速左转动作)，控制系统根据设定的控制策略增加右前轮的制动压力 8MPa，产生附加的横摆力矩，以降低侧翻危险；在 3s 左右(即急速右转弯动作)时，系统增加左前轮的制动压力9MPa 以降低侧翻危险。同时，为了保持车辆的稳定性，控制系统在第 3.6s 和4.8s 对左前轮增加制动压力，使车辆处于稳定状态。

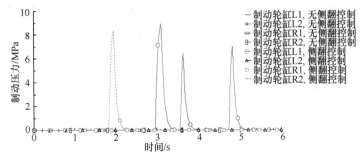

图 5-39　有/无侧翻控制下的制动压力分配对比

3. 阶跃转向试验

与鱼钩转向类似，在阶跃转向试验中设定试验入线车速为 80km/h，最大方向盘转角为 270°，仿真时长为 6s。阶跃转向方向盘转角输入如图 5-40 所示。

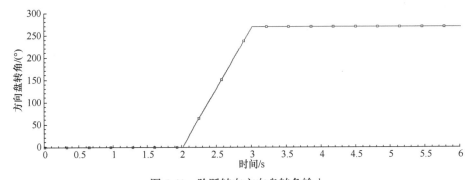

图 5-40　阶跃转向方向盘转角输入

有/无侧翻控制下的侧向加速度对比如图 5-41 所示。无侧翻控制条件下的车辆侧向加速度波峰处达到 0.9g 后发生侧翻，当侧翻控制后在侧向加速度达到0.6g 左右时采取控制措施，使侧向加速度逐渐降低，车辆最终保持稳定，未发生侧翻。同样，从图 5-42 中也可以看出防侧翻控制策略的有效性。

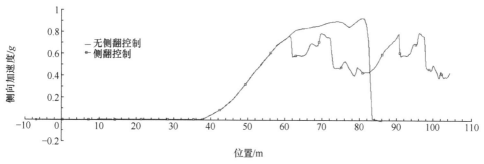

图 5-41　有/无侧翻控制下的侧向加速度对比

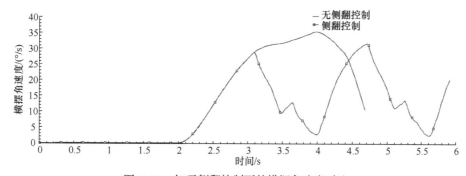

图 5-42　有/无侧翻控制下的横摆角速度对比

有/无侧翻控制下的质心侧偏角对比如图 5-43 所示。无控制下的车辆质心侧偏角从 3.5s 开始呈线性急剧增加，在 4.5s 左右达到最高峰−30°，比加载侧翻控制下的质心侧偏角波形平缓。如图 5-44 所示，与质心侧偏角的控制效果类似，但是加载控制下的侧偏角效果尤为显著。从控制波形看，车辆侧偏角基本都趋于 0。

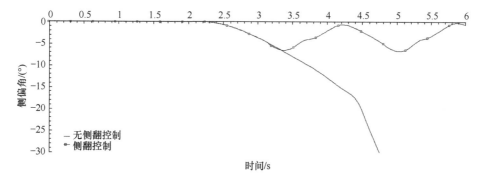

图 5-43　有/无侧翻控制下的质心侧偏角对比

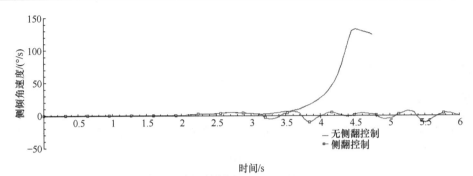

图 5-44　有/无侧翻控制下的侧倾角速度对比

不同于鱼钩转向工况经历的两个紧急转向，车辆在阶跃转向工况只有一个紧急的左转向(发生 2s 左右)。有/无侧翻控制下的制动压力分配对比如图 5-45 所示。为了在急转弯时保持车辆侧翻稳定性，系统对右前轮做了制动控制(其余车轮无制动压力)，加载 4 次 8MPa 的制动压力，使车辆处于稳定状态。

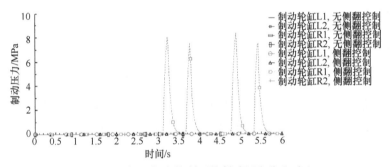

图 5-45　有/无侧翻控制下的制动压力分配对比

5.6　本 章 小 结

针对目前车辆侧翻/侧滑状态估计的局限性，本书提出基于车辆侧倾高度变化估计的侧翻状态估计方法，在车辆垂直载荷转移的基础上，构建外部不确定性输入影响下的绊倒-非绊倒型车辆侧翻模型。结果显示，与传统稳态侧翻估计指标相比，改进型侧翻状态估计指标有更为精确的估计，以及较强的鲁棒性。

考虑道路环境因素对侧翻状态的影响，提出联合车辆侧滑问题全面剖析车辆的侧翻稳定性。紧密衔接车辆的侧翻和侧滑问题，将车辆的侧翻安全问题提升至车辆横向稳定性考虑的范畴，并全面考虑道路环境因素对侧翻和侧滑的影响。在此基础上，建立综合考虑侧翻和侧滑的空气动力学模型和车辆动力学模型，从而得出侧翻极限模型和侧滑极限模型，并通过仿真验证模型的准确性。同时，分析道路附着条件与侧风这两大因素对侧翻稳定性的影响,结果显示,建立侧翻动力学模型的精度高于未考虑道路环境的模型,可以为车辆侧翻状态的预测和控制奠定基础。

我们将行车安全问题转换为系统工程安全问题进行研究,通过可靠度理论量化车辆系统的安全,以此对车辆安全进行评估和预测。运用车路协同思想,将侧向风、弯道线形、道路横坡角等道路环境因素引入车辆侧翻状态分析中,利用侧翻概率定量地描述侧翻风险。首先,建立车辆侧翻概率预测模型。该模型全面考虑车辆自身状态参数、道路环境信息等多种因素对重载车辆侧翻产生的影响。然后,针对车辆侧翻概率预测模型,引入 FORM 和 SORM 对概率模型进行求解,并通过蒙特卡罗方法对该预测模型求解的概率值进行验证,结果显示,该模型具有良好的准确度。最后,实例分析道路环境各因素对车辆侧翻状态的影响。

针对动力学模型的误差和复杂环境下参数随机不确定性带来的问题,提出一种基于 MPC 的局部最优侧翻控制算法,通过建立控制系统的状态空间方程,以质心侧偏角和横摆角速度作为状态变量,通过调整车轮的制动压力,增加附加横摆力矩使车辆在即将发生侧翻时保持稳定。通过 TruckSim 与 MATLAB/Simulink 进行仿真分析,试验表明防侧翻控制模型能提高车辆的稳定性。

参 考 文 献

[1] Larish C, Piyabongkarn D, Tsourapas V, et al. A new predictive lateral load transfer ratio for rollover prevention systems. IEEE Transactions on Vehicular Technology, 2013, 62(7): 2928-2936.

[2] 贺宜, Lu X Y, 褚端峰, 等. 车路环境耦合作用下侧向动力学模型可靠性估计. 汽车工程, 2019, (7): 26-35.

[3] Hasofer A M, Lind N C. Exact and invariant second moment code format. Journal of Engineering Mechanics, 1974, 100(1): 111-121.

[4] Maier H R, Lence B J, Tolson B A, et al. First order reliability method for estimating reliability, vulnerability, and resilience. Water Resources Rescarch, 2001, 37(3): 779-790.

[5] Zhao Y G, Ono T. New approximations for SORM: Part 1. Journal of Engineering Mechanics, 1999, 125(1): 79-85.

[6] Zhao Y G, Ono T. New approximations for SORM: Part 2. Journal of Engineering Mechanics, 1999, 125(1): 86-93.

[7] Rackwitz R, Fiessler B. Structural reliability under random load sequences. Computers and Structures, 1978, 9: 67-75.

[8] NHTSA. Testing the dynamic rollover resistance of two 15-passenger vans with multiple load configuration. Washington D.C., US Department of Transportation, 2004.

第6章　重载车辆纵向列队控制方法

车辆编队行驶可以显著提高车辆安全性、减少交通拥堵、提高通行效率和降低能耗。特别是，在重大灾难或战时条件下，车辆智能编队控制技术可以最大限度地降低人员伤亡风险。重载车辆作为道路运输重要的运输工具，其编队行驶研究具有重大战略需求和现实意义，研究编队协同控制方法是保障重载车辆安全行驶的关键技术之一。

6.1　自适应巡航控制系统

ACC 系统是在传统巡航控制系统的基础上进行的延伸，带有 ACC 系统的车辆装配有雷达或其他传感器，用于测量与道路上前方车辆的距离[1]。在车载传感器检测前方没有车辆的情况下，ACC 车辆按照用户设定的速度行驶，类似于巡航控制系统车辆。如果车载传感器检测到前方道路上存在其他车辆，ACC 系统判断车辆是否能够以期望的速度继续安全行驶。如果前面的车辆靠得太近或行驶太慢，ACC 系统会从速度控制切换到间距控制。在间距控制中，ACC 系统控制油门和刹车来保持与前车的期望间距，如图 6-1 所示。ACC 系统在传统巡航控制的基础上进行扩展，即使道路前方存在其他车辆，也能自适应调节车辆速度，提高驾驶员的舒适性、便利性和安全性。美国交通部对高速公路事故统计数据表明，90%以上的事故是由人为失误造成的，只有很小一部分事故是由设备故障、环境条件(如湿滑的道路)造成的。ACC 系统在一定程度上能部分取代驾驶员操作减轻驾驶员的负担，因此采用 ACC 系统有望减少事故。

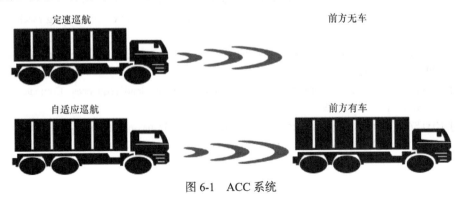

图 6-1　ACC 系统

6.1.1　ACC 系统车辆跟随特性

ACC 系统通过雷达传感器测量自车与前车的距离和相对速度，判别使用哪种稳态操作，即车辆应该使用速度控制还是车辆跟随。传感器检测前方无车辆时，ACC 车辆按照用户设定的速度进行定速巡航驾驶，此时车辆处于速度控制。传感器检测前方存在车辆时，速度控制转换为车辆跟随，车辆与前车保持期望的间距。由于车辆跟随情况更加普遍，也更能体现 ACC 系统的控制特性，本节主要介绍 ACC 车辆的跟随特性。

车辆跟随控制系统必须满足的两个重要指标，即车辆的单车稳定性和队列稳定性。单车稳定性是指当前方车辆以恒定速度运行时，如果 ACC 车辆的间距误差收敛到零，则车辆跟随控制称为提供了单车的稳定性。如果前方车辆正在加速或减速，则间距误差预计不为零。定义中的间距误差是指与前车的实际间距与期望的车间距之间的差异。如图 6-2 所示，ACC 车辆队列中的间距误差为

$$\delta_i = x_{i+1} - x_i - L_{\text{des}} \tag{6-1}$$

其中，δ_i 为车辆间距误差；x_{i+1} 为起始点到车辆 $i+1$ 的距离；x_i 为起始点到车辆 i 的距离；L_{des} 为车辆 i 与车辆 $i+1$ 之间的期望间距，该期望间距包括车辆 $i+1$ 的车身长度 l_{i+1}，即单车稳定性指，当 $\ddot{x}_{i+1}$ 趋于 0 时，δ_i 也趋于 0。

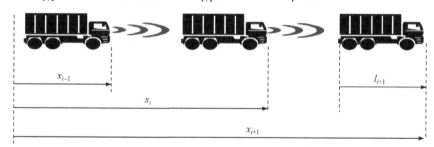

图 6-2　ACC 车辆队列

车辆跟随控制器保证单车的稳定性，当前车匀速行驶时，间距误差应该收敛到零。然而，在前方车辆加速或减速期间，间距误差预计不为零。因此，在使用相同间距策略和控制器的 ACC 车辆队列中，描述间距误差如何在车辆之间传播是很重要的。ACC 车辆的队列稳定性指的是，ACC 队列的间距误差向队列尾部传播时，间距误差可以保证不会放大。例如，队列稳定性确保 ACC 车辆队列中第二辆车和第三辆车之间的间距误差不会放大到 ACC 车辆队列中更远的第五辆车和第六辆车之间。

6.1.2　ACC 系统控制架构

ACC 系统车辆的纵向控制系统多采用分层控制结构，主要分为上层控制器

和下层控制器[2]。ACC 系统控制架构如图 6-3 所示。上层控制器根据当前的驾驶环境和驾驶员跟车模型，确定 ACC 系统中车辆的期望加速度。下层控制器根据上层控制器得到的期望加速度或期望车速，计算车辆所需的油门或节气门开度进行控制，使车辆加速度接近，甚至达到期望的加速度。

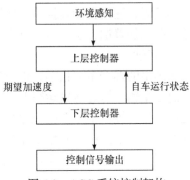

图 6-3　ACC 系统控制架构

6.1.3　车辆安全距离模型

安全距离是指，在当前环境下，主车与目标车/障碍物之间不发生碰撞需要保持的最小行驶距离。如图 6-4 所示，v_1 和 a_1 分别代表 ACC 车辆的速度和加速度，v_2 和 a_2 分别代表前方车辆的速度和加速度，d_1 即 ACC 车辆的最小安全距离。常见的安全距离算法有固定车距算法、恒定车头时距算法和可变车头时距算法[3,4]。在选择理想安全距离模型时，根据研究内容的侧重点不同而采用不同的安全距离模型。

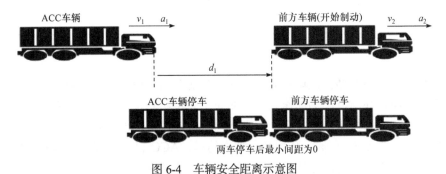

图 6-4　车辆安全距离示意图

固定车距算法是考虑在极端情况下车辆也不发生碰撞事故，由运动学式可以直接推导得出

$$d_{\mathrm{des}} = \lambda(v_i^2 - v_{i+1}^2) + d_{\min} \tag{6-2}$$

其中，d_{des} 为期望安全距离；v_i 和 v_{i+1} 为 ACC 车辆和前车的速度；λ 为车辆最大制动能力决定的参数。

恒定车头时距算法起源于根据微观驾驶员行为提出的安全距离模型，即

$$d_{des} = \lambda(v_i^2 - v_{i+1}^2) + t_h v_i + d_{min} \tag{6-3}$$

其中，t_h 为恒定车头时距，一般取值为 1.5～2.8s；d_{min} 包括一个车身长度及车间最小距离。

与恒定车头时距不同，在可变车头时距算法中，车头时距不再保持恒定，而是随着周围环境进行相应的变化，即

$$t_h = \lambda + \gamma v_i \tag{6-4}$$

其中，λ 和 γ 为参数，恒定车头时距仅与自车车速相关，且与自车车速成正比。

考虑相对车速的可变车头时距，可得

$$t_h = t_0 - c_v v_{rel} \tag{6-5}$$

其中，t_0、c_v 为大于 0 的参数。

6.2 协同式自适应巡航控制系统的架构

CACC 系统是在 ACC 系统的基础上，通过车联网等通信技术，获取整个车辆队列的运动状态信息，根据获取的车辆信息对整个车队进行协同控制，实现车辆队列行驶[5]。CACC 系统通过车车协同控制，能够在保证安全的基础上缩短跟驰距离，降低车辆队列的速度波动，以及车辆列队行驶的风阻，对改善交通安全、提高交通效率和降低交通能耗起到重要的作用[6]。

一般搭载 CACC 系统的车辆可称为 CAV。CAV 构成的车辆队列的整体架构(图 6-5)可分为通信层、定位层、感知层、规划层、控制层。本节介绍车辆队列协同控制是如何在五类子模块的结合下实现的。

其中需要满足两项工程需求，即系统架构中的每个功能都应该是一个独立的单元。除了接收其输入外，不依赖其他相同层次的功能，系统架构应最大限度地减少对现有车辆系统架构的干扰。我们通过查阅现有项目提出车辆队列的设计架构，总结得出整体的协同控制架构。

6.2.1 感知层

每辆 CAV 装备感知传感器，如摄像头、毫米波雷达、激光雷达等，这些传感器是感知周围车辆和道路环境的主要信息源。该传感器信息通常被集成，然后提

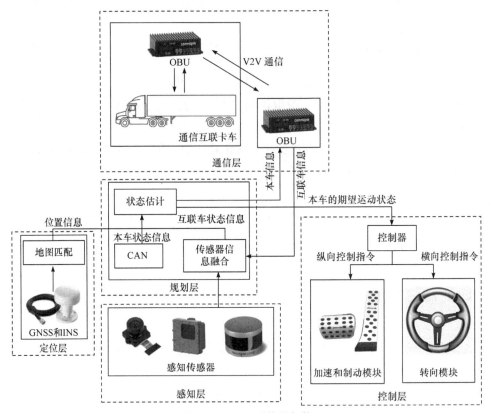

图 6-5　CACC 系统的架构

供给规划层。当本车通过 V2V 获取周围车辆的驾驶信息因无线通信中断或信道堵塞而受阻时，感知层中的传感器可以作为备用辅助设备，协助车辆获取周围的驾驶环境信息。

6.2.2　通信层

　　CACC 系统的通信层可实现可靠的无线 V2V 通信。如图 6-5 所示，安装在本车的通信层硬件设备接收其他 CAV 车辆的信息，同时也将自身的状态信息以 V2V 通信传递给其他车。CACC 系统的通信层能提供感知传感器不易检测的额外状态信息，并且相比传感器模块，能更快地提供并处理信息。其检测的信息通常包括以下内容。

　　① 来自其他车辆的信息超出感知传感器的测量范围；被其他车辆遮挡或者其他车辆处于传感器检测的盲点。

② 其他车辆的状态信息无法被传感器感知(车轮转速、故障状态等)。

③ 一旦给另一辆车的执行器发送变速或转向的指令,甚至在车辆运动状态变化前,这些信息需要短时内被传递。

④ 协同车辆间对于期望的驾驶操纵(汇流或换道)进行信息交互协商,以实现高效安全的驾驶操纵。

通信流拓扑结构定义了车辆间信息传递的起始点和终点,这个表征方法在信息交互中起到了关键性的作用。

6.2.3　定位层

CAV 系统的定位层包含两个典型的硬件,即全球导航卫星系统(global navigation satellite system,GNSS)、惯性导航系统(inertial navigation system,INS),并且耦合地图匹配模块。GNSS 和 INS 是一个组合的卫星和惯性导航系统,可以选择地面参考站进行扩充。该组件可以提供精确的位置、运动和姿态测量,以便通过差分校正实现 CAV 的自定位和姿态确定。需要注意的是,本车和其他的目标通信车之间的位置精度不但取决于 GNSS 的更新频率,同样会被 GNSS 位置测量的精度及通信延时影响。考虑上述因素,10Hz 的 GNSS 更新频率对于一般的协同驾驶是足够的,而基于 GNSS 和 INS 综合测量的更快采样频率可以减小较高车速下的定位误差。

对于 CACC 系统,地图匹配也是一个关键的环节,尤其是车辆队列和其他车道的外部车辆在匝道或交叉口汇流时,调整车辆队列的速度,在车辆重新分配时,需要参考相对纵向位置间距。因此,需要首先构建实施环境的地图,与从 GNSS、INS 组件接收到的车辆坐标(即经度、纬度、航向)匹配。为了计算当前车和其他车辆、汇流点之间的距离,需要通过检索最近的 GNSS 轨道顶点将这些目标车调整到最近的车道。然后,将每个物体的坐标匹配到相应的车道上,得到其投影点。最后,将同一 GNSS 轨道上的投影点(如果它们在同一车道上)之间的线段长度相加,得出两个物体之间的相对纵向距离,或者通过计算得到两条 GNSS 轨道合并点的距离差。

6.2.4　规划层

规划层接收并处理来自通信层、定位层、感知层的数据,发送本车的运动指令给控制层。CAV 系统的规划层通常包括传感器融合、控制局域网(controller area network,CAN)总线、状态估计。

传感器融合组件接收并处理所有来自感知传感器和通信层的数据,同时发送给状态估计模块。不同于完全自动化车辆系统需要配备多感知传感器精确测量完整的周围驾驶环境信息,CACC 系统只需要少量的驾驶环境信息,因此只有少量的数据进行融合。

然而,传感器融合组件对于车辆传感器和通信系统的互补性有至关重要的作用。我们主要考虑以下常见问题。

① 当 CACC 车队行驶至隧道或者桥梁路段时,GNSS 数据将缺失且不可靠。因此,除了 INS 数据,车辆如果能够与参考地图相关联,利用感知传感器测量的感知数据也能获取更高精度的车辆位置信息。

② 当 V2V 通信受阻时,感知传感器测得的数据仍可用于实时估计前方车辆的相对位置、速度、加速度。

虽然 GNSS 和 INS 组件能提供每辆车的车速,但是其测量精度会受 GNSS 的连接和精度的影响。例如,CACC 队列行驶于隧道中,车速信息无法从 GNSS 系统获取,更高精度和实时性的车速测量需要依赖集成在 ABS 和 TCS 内部车轮转速传感器测量。因此,CAN 总线上的 ABS 测量得到的车轮转速数据是十分可靠的。CAN 总线还允许 CAV 系统的规划层访问其他车辆传感器和状态信息。

状态估计组件接收来自传感器融合、CAN 总线,以及地图匹配的信息,并进行数据的滤波处理。随后计算车辆的期望运动状态,传递给控制层。本章聚焦车辆队列的纵向运动控制,因此状态估计中的规划过程将简化为车辆简单地选择何时以某一值加速或减速行驶,或保持匀速行驶。CAV 系统状态估计的精度在很大程度上取决于两个方面,即所能获取数据的质量(GNSS 测量或 V2V 通信的精度、延时,以及现有环境条件下感知传感器的性能),以及状态估计模型的质量。

6.2.5 控制层

CACC 系统的控制层包括软件和硬件两部分。一个控制器组件集成了车辆运动控制算法。物理执行机构用于执行控制器提供的纵向运动指令或横向运动指令。控制器构件接收来自运动规划层的期望运动信息,如参考轨迹或期望路径、加入和驶离车辆队列的决策、到达某一特定位置的期望时间(汇流点等)。后续的研究介绍车辆的协同纵向控制中控制器组件是如何在每个采样时间内计算参考加速度或车速。这个参考值会转化成加速或制动踏板的纵向指令,使车辆实现规划层提供的期望运动形式。

6.3 通信拓扑结构

从系统与控制理论角度出发,CACC 系统可视为由多个单一车辆节点,通过节点间的通信拓扑结构对车辆个体进行控制,进而相互耦合组成的一种动态系统[7]。系统中的每个节点都具有一定的自主能力,包括信息感知、传递和运动控制等。通信拓扑结构描述可以用于节点局部控制器设计的信息传递方式，对系统的整体行为有重要的影响。在 CACC 系统中，通信拓扑结构与车辆获取周围车辆信息的方式有密切的关系。早期车辆队列主要基于雷达进行信息获取。这意味着，队列中的单个车辆只能获取与其相邻的两辆车信息，即前车与后车。在这种信息获取框架下，常见的通信拓扑结构形式为前后跟随式(predecessor following，PF)和双向跟随式(bidirectional，BD)。目前，随着 V2V 的迅速发展，队列中已涌现出各式各样的信息流拓扑结构，如前车-领航者跟随式(predecessor-leader following，PLF)、双向-领航者跟随式(bidirectional-leader，BDL)等。典型的车辆通信拓扑结构如图 6-6 所示。

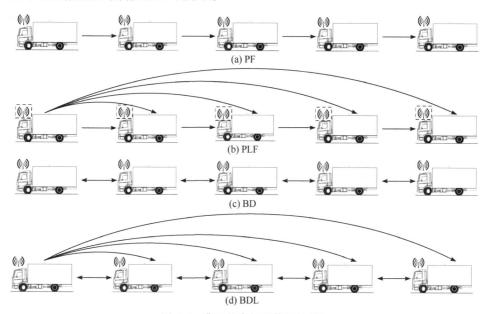

图 6-6　典型的车辆通信拓扑结构

6.3.1　通信拓扑结构的图论描述

　　CACC 系统由多个单一车辆节点通过节点间的通信拓扑结构对车辆个体进行控制，形成一种网络化系统。在数学上，可以用图论方法进行描述和研究。一个 CACC 系统可用图 $G = \{V, E, A\}$ 表示，其中 V 表示节点集，是系统中所有个体的集合；E 表示边集，表示任意两个节点之间的连接关系，边相连的两个个体表示两者之间能够进行通信；A 为邻接矩阵，用来描述图中所有节点之间的连接关系和方式，刻画群体系统的关联拓扑结构(耦合关系和强度)。

　　按照节点间通信方式的不同，有些节点之间能够进行双向通信，但是有些节点只能进行单向通信，因此 CACC 系统对应的图可分为有向图和无向图。在有向图中，连接节点的边是有方向的，若第 i 个节点信息可传递至第 j 个节点，但是第 j 个节点的信息不能传递至第 i 个节点上，此时存在一条由 i 指向 j 的边，我们称节点 j 是节点 i 的父节点，节点 i 是节点 j 的子节点。在无向图中，节点之间的通信是相互的，因此连接节点的边是无方向的。这意味着，边相连的两个节点之间的信息可以互相传递。

各节点之间通信拓扑结构的性质可以用邻接矩阵 A_N、拉普拉斯矩阵 L、牵引矩阵 P 表征。

邻接矩阵 $A_N = [a_{ij}] \in R^{N \times N}$，定义为

$$a_{ij} = \begin{cases} 1, & (j,i) \in G, \\ 0, & (j,i) \in G, \end{cases} \quad i,j = 1,2,\cdots,N \tag{6-6}$$

其中，$a_{ij} = 1$ 表示车辆 i 能够获取车辆 j 的状态信息；$a_{ij} = 0$ 表示车辆 i 不能获取车辆 j 的状态信息。

假设图中没有自环，即 $a_{ii} = 0$，点 i 的邻域集定义为 $N_i = \{j \,|\, a_{ij} = 1\}$，集合 N_i 表示在跟随车辆中，节点 i 通过 V2V 通信或者雷达检测获取信息的车辆集。节点 i 的入度定义为

$$\deg_i = \sum_{j=1}^{N} a_{ij} \tag{6-7}$$

因此，入度矩阵定义为

$$D_N = \begin{bmatrix} \deg_1 & & 0 \\ & \ddots & \\ 0 & & \deg_n \end{bmatrix} \tag{6-8}$$

对应的拉普拉斯矩阵 L 定义为

$$L = D_N - A_N \tag{6-9}$$

对应的牵引矩阵 p 可以描述跟随车辆获取领航车辆信息的情况，即

$$P = \begin{bmatrix} P_1 & & 0 \\ & \ddots & \\ 0 & & P_n \end{bmatrix} \tag{6-10}$$

其中，若 $\{0,1\} \in \varepsilon_{N+1}$，则 $P_i = 1$，表示车辆 i 能够获取领航车辆的状态信息，否则 $P_i = 0$。

此时，车辆 i 也称为被领航车辆直接牵引。同时，定义车辆 i 的领航车辆可达性集合为

$$P_i = \begin{cases} \{0\}, & p_i = 1 \\ \varnothing, & p_i = 0 \end{cases} \tag{6-11}$$

6.3.2　四种典型通信拓扑结构的图论描述

在前车跟随式拓扑结构下，车辆只能获取其前面一辆车的状态信息。在前车-领航者跟随式拓扑结构下，每个跟随车辆还能获取领航车辆的信息。因此，在这两种结构下，节点 i 的邻域集均为

$$N_{i\text{-PForPLF}} = \begin{cases} \varnothing, & i = 1 \\ \{i-1\}, & i \neq 1 \end{cases} \tag{6-12}$$

因此，这两种拓扑结构的邻接矩阵与拉普拉斯矩阵均为

$$A_{N\text{-PForPLF}} = \begin{bmatrix} 0 & & & \\ 1 & 0 & & \\ & \ddots & \ddots & \\ & & 1 & 0 \end{bmatrix}, \quad L_{\text{PForPLF}} = \begin{bmatrix} 0 & & & \\ -1 & 1 & & \\ & \ddots & \ddots & \\ & & -1 & 1 \end{bmatrix} \tag{6-13}$$

在 PF 与 PLF 拓扑结构中，节点 i 的领航车辆可达集为

$$P_{i\text{-PF}} = \begin{cases} \{0\}, & i = 1 \\ \varnothing, & i \neq 1 \end{cases}, \quad P_{i\text{-PLF}} = \{0\} \tag{6-14}$$

因此，这两种拓扑结构的牵引矩阵分别为

$$P_{\text{PF}} = \begin{bmatrix} 1 & & & \\ & 0 & & \\ & & \ddots & \\ & & & 0 \end{bmatrix}, \quad P_{\text{PLF}} = \begin{bmatrix} 1 & & & \\ & 1 & & \\ & & \ddots & \\ & & & 1 \end{bmatrix} \tag{6-15}$$

在 BD 拓扑结构下，车辆能获取其前后车的状态信息。在 BDL 拓扑结构下，跟随车辆还能获取领航车辆的信息。因此，在这两种结构下，节点 i 的邻域集均为

$$N_{i\text{-PForPLF}} = \begin{cases} 2, & i = 1 \\ i-1, \ i+1 \\ N-1, & i = N \end{cases} \tag{6-16}$$

这两种拓扑结构的邻接矩阵与拉普拉斯矩阵为

$$A_{N\text{-BDorBDL}} = \begin{bmatrix} 0 & 1 & & \\ 1 & 0 & \ddots & \\ & \ddots & \ddots & 1 \\ & & 1 & 0 \end{bmatrix}, \quad L_{\text{BDorBDL}} = \begin{bmatrix} 1 & -1 & & \\ -1 & 2 & \ddots & \\ & \ddots & \ddots & -1 \\ & & -1 & 1 \end{bmatrix} \tag{6-17}$$

在 BD 与 BDL 拓扑结构中，节点 i 的领航车辆可达集为

$$P_i = \begin{cases} \{0\}, & i=1, \\ \varnothing, & i \neq 1, \end{cases} \quad P_{i\text{-BDL}} = 0 \tag{6-18}$$

因此，这两种拓扑结构的牵引矩阵为

$$P_{\text{BD}} = \begin{bmatrix} 1 & & & \\ & 0 & & \\ & & \ddots & \\ & & & 0 \end{bmatrix}, \quad P_{\text{BDL}} = \begin{bmatrix} 1 & & & \\ & 1 & & \\ & & \ddots & \\ & & & 1 \end{bmatrix} \tag{6-19}$$

6.4　延时环境下 CACC 协同控制器设计

本研究将单一车道上行驶的 N 辆车视为一个队列，车辆——跟随，并且以 V2V 通信方式共享车辆间的位置、速度、加速度等状态信息。每辆车装载有车载单元，用于接收和处理车辆信息。虽然 CACC 的整体跟随模式都是按照领航-跟随的形式，但是根据通信技术及其特定的传输范围，可能出现不同的通信拓扑。

6.4.1　基于一致性的车辆队列模型

车辆队列可以通过输入-输出反馈线性化来简化非线模型，从而将其描述为一种简单的纵向线性模型。不考虑车辆通信延时和滞后，纵向车辆动力学模型可表示为

$$\begin{cases} \dot{x}_i(t) = v_i(t) \\ \dot{v}_i(t) = \dfrac{1}{m_i} u_i(t) \end{cases} \tag{6-20}$$

其中，$x_i(t)$、$v_i(t)$ 为当前第 i 辆车的位置、车速；m_i 为车辆的质量(假设为恒定值)；$u_i(t)$ 为车辆的控制输出。

令第 i 辆车的状态向量为 $\lambda_i = [x_i, v_i]^T \in R^2$，在领航-跟随式的拓扑结构下，通常当车辆队列以恒定参考车速行驶，如 v_0，动力学可描述为

$$\begin{cases} \dot{x}_0(t) = v_0 \\ \dot{v}_0(t) = 0 \end{cases} \tag{6-21}$$

其中，v_0 为期望的恒定车速。

由于存在通信局限，第 i 辆车的控制输入取决于选择一个合适的分散耦合协议，即

$$u_i = u_i(\lambda_i(t), \lambda_j(t, \tau_{ij}(t)), \lambda_0(t, \tau_{i0}(t))) \tag{6-22}$$

其中，$\tau_{ij}(t)$ 和 $\tau_{i0}(t)$ 为不可避免的时变通信延时，受到相邻车辆 j 及领航车的影响；车辆通信延时 $\tau_{ij}(t) \neq \tau_{ji}(t)$。

考虑式(6-20)和式(6-21)，采用将车辆队列保持在期望的内部间距策略，并以恒定的车速行驶，目标是使所有车辆的位置及车速趋近于期望的稳态值，可以表示为

$$x_i(t) \rightarrow \frac{1}{d_i}\left(\sum_{j=0}^{N} a_{ij}(r_j(t) + d_{ij})\right), \quad v_i(t) \rightarrow v_0 \tag{6-23}$$

其中，$d_i = \sum_{j=0}^{N} a_{ij}$ 为 i 车的度；d_{ij} 为 i 车与 j 车间期望距离误差 ($i = 1, 2, \cdots, N; j = 0, 1, \cdots, N$)；$a_{ij}$ 为邻接矩阵的时不变元素。

在队列中，假设所有车辆都与领航车直接通信 $a_{i0} = 1$，领航车不接收其他任何车辆的信息 $a_{0j} = 0$。同时，假设 $d_{ij} = t_h v_0$，t_h 为车辆恒定时距，为避免前后车辆的碰撞，参考车速保持 $v_0 > 0$，因此一致性目标可表示为

$$x_i(t) \rightarrow x_0(t) + d_{i0}, \quad v_i(t) \rightarrow v_0 \tag{6-24}$$

其中，$x_0(t)$ 为期望的位置轨迹。

式(6-24)可通过合适的分布式控制策略求解，研究采用一种耦合协议，将车辆的间距策略代入协议中求解车辆队列安全间距。特别地，假设所有相邻车辆传递它们的状态参数(位置和车速)、车辆 ID 和采样时间 $\bar{t}$ (通过 GPS 确保时间同步)，第 i 辆车车载端通过以下分布式耦合协议计算来调整车辆动力学，即

$$u_i = -b(v_i(t) - v_0) + \frac{1}{d_i}\sum_{j=0}^{N} k_{ij}a_{ij}(\tau_i(t)v_0) - \frac{1}{d_i}\sum_{j=0}^{N} k_{ij}a_{ij}(r_i(t) - r_j(t - \tau_i(t)) - t_h v_0)$$

$$\tag{6-25}$$

其中，$k_{ij} > 0$ 和 $b > 0$ 为刚度和阻尼系数，用于调节相邻智能体之间的交互行为；$\tau_i(t)$ 为节点 i 使用相邻车辆发送的采样时间的总延时。

也就是说，通过车载策略可以获得总延时。该策略使用车辆 i 从所有相邻节点接收的采样时间估计的延时 $\tau_{ij}(t)$。需要指出的是，延时存在最大的恒定上界和最小的恒定下界 ($\tau_{\min} \leq \tau_i(t) \leq \tau_{\max}$)。

6.4.2 通信延时下的弦稳定性分析

在通信延时扰动传递下保证队列的弦稳定性，可以有效避免距离误差从上游自下游扩散。我们探究 V2V 场景下的车辆在 Laplace 域内的弦稳定性。假设车辆队列处于同质交通流中，以跟随-领航式跟驰，领航车受到外部周期性的扰动影响，为了简化分析，假设车辆时变延时为恒定值。

第 i 辆车的动力学在 s 域中重新计算，即

$$X_i(s) = H_i(s)U_i(s) + \frac{x_i(0)}{s} \tag{6-26}$$

其中，$X_i = X_i(s) = L(x_i)$；$U_i(s) = L(u_i)$；$H_i(s) = 1/(Ms^2)$；$x_i(0)$ 为每辆车的初始状态。

扰动耦合协议在领航-跟随式拓扑结构下的 Laplace 变换为

$$U_1(s) = k_{10}E_1(s) + b(X_0s - X_1s) \tag{6-27}$$

对于 $i = 2,3,\cdots,N$，可得

$$U_i(s) = \frac{k_{i0}}{d_i}\left(X_0e^{-\tau s} - X_i + \tau X_0 s + t_h X_0 s + \frac{d_{i0}}{s} \right) + \frac{k_{i,i-1}}{d_i}E_i(s) + b(X_0 s - X_i s) \tag{6-28}$$

其中，第 i 辆车与前车 $i-1$ 间的距离误差 $(i=1,2,\cdots,N)$ 为

$$E_i(s) = X_{i-1}e^{-\tau s} - X_i + \tau X_0 s + t_h X_0 s + \frac{d_{i,i-1}}{s} \tag{6-29}$$

由式(6-28)和式(6-26)可得

$$X_i(s) = \frac{k_{i0}H(s)}{d_i}\left(X_0e^{-\tau s} - X_i + \tau X_0 s + t_h X_0 s + \frac{d_{i0}}{s} \right)$$
$$+ \frac{k_{i,i-1}H(s)}{d_i}E_i(s) + bH(X_0 - X_i)s + \frac{x_i(s)}{s} \tag{6-30}$$

间距误差能以敏感函数 $T_i(s)$ 和 $S_i(s)$ 表示为

$$E_i(s) = T_i(s)E_{i-1}(s) + S_i(s)\frac{d_{i,i-1}}{s} \tag{6-31}$$

其中

$$T_i(s) = \frac{1}{-1-D_i}[C_i + (C_i - e^{-\tau s})k_{i-1,0}\hat{H}] + \frac{1}{-1-D_i}\left[W_1^{-1}F_i s + W_1^{-1}(C_i - e^{-\tau s})b\hat{H}s \right]$$
$$\tag{6-32}$$

$$S_i(s) = \frac{1}{-1-D_i}\left(\frac{C_i - e^{-\tau s}}{1+bHs} - 1 + C_i + \frac{2}{B_i}\right)$$
$$+ \frac{1}{-1-D_i}\{-W_1^{-1}[F_i s + (C_i - e^{-\tau s})b\hat{H}s]S_{i-1}\} \tag{6-33}$$

$$D_i = \frac{k_{i,j-1}H}{d_i B_i}, \quad B_i = 1 + \frac{k_{i0}H}{d_i} + bHs \tag{6-34}$$

$$F_i = -\tau - h_{i,i-1} + C_i h_{i,i-1} + \frac{bH}{B_i}, \quad \hat{H}(s) = \frac{H(s)}{1+bH(s)s} \tag{6-35}$$

沿着队列的传递误差，若要保证递减，必须满足频域内 $|T_i(j\omega)| < 1$。因此，按照控制器设计中的典型方法，可以根据经验从所有容许值中选择控制参数。

6.4.3　实验分析

研究以 5 辆车构成的车辆队列，典型车辆通信拓扑结构如图 6-6 所示。领航车与其后所有跟随车进行信息通信，其余的车辆仅与相邻车辆进行无线通信。仿真场景为单车道，领航车保持恒定的车速 20m/s。车间距策略为恒定时距，所有车辆保持一致（$t_h = 0.8$s）。所有车辆保持同构性。同构的时变延时是具有标准正态离散分布的随机变量，如 $\tau_i(t) \leqslant \tau^*$、$\tau_i(t) \in [\tau_{min}, \tau_{max}]$、$\tau_{min} = 0$s、$\tau_{max} \leqslant \tau^*$ $= 10.9 \times 10^{-2}$s。需要指出的是，τ^* 的取值在 IEEE 802.11p 车载网络的通信延时均值范围内。

此外，为了测试队列协议对可变通信延时 $\tau_i(t)$ 的抗扰能力，选择 $\tau_i(t)$ 为分段常函数，其值在 $0 \sim \tau^*$，遵循正态概率分布。

工况 1，假设领航车不受外部噪声的扰动，系统仅存在时变的同质延时。

时变延时下，车辆队列与领航车间的距离误差及速度误差图如图 6-7 所示。为了验证本书提出的通信协议下的控制器能保证系统的渐进稳定，假设相邻车辆间距离误差、车速误差在时变延时下能收敛至 0。

实验结果表明，PLF 形式的队列策略能保证在时变延时下，车辆的状态收敛。

工况 2，假设队列领航车受到外部的正弦扰动，并且存在时变的同质延时。

为了分析系统的弦稳定性，我们分析队列从上游至下游的传递误差，其中对领航车输入一个正弦的扰动$\left(\delta(t) = A\sin(\omega t), A = 4, \omega = \frac{\pi}{5}\right)$。如图 6-8 所示，系统能保证良好的弦稳定性。

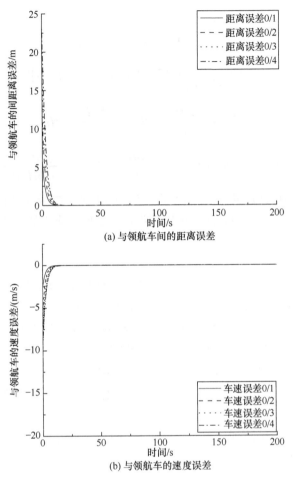

(a) 与领航车间的距离误差

(b) 与领航车的速度误差

图 6-7　时变延时下车辆队列与领航车间的距离误差及速度误差(领航车无外部扰动)

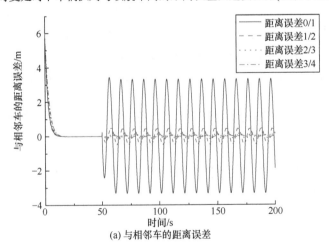

(a) 与相邻车的距离误差

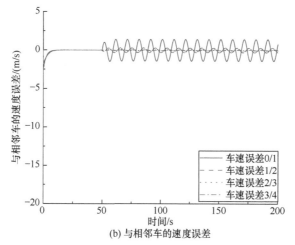

(b) 与相邻车的速度误差

图 6-8　时变延时下车辆队列与领航车间的距离误差及速度误差(领航车存在外部扰动)

综上分析，当车辆队列在 PLF 拓扑结构下存在时变的同质延时时，通信协议控制器能有效降低车辆的误差传递，且逐渐收敛至 0，因此可以保证系统的弦稳定性。

6.5　异构动力学 CACC 协同控制器设计

6.5.1　前馈多源信息的异构动力学列队闭环耦合系统设计

针对异构动力学车辆构成的列队，我们提出一种前馈多源信息的异构动力学控制系统，消除每辆车的发动机动力学差异和车身结构参数差异。设定 CACC 系统是基于跟随-领航式通信结构的列队闭环耦合系统。

带有一阶时滞环的车辆动力学模型为

$$\begin{cases} \dot{x}_i(t) = v_i(t) \\ \dot{v}_i(t) = a_i(t) & , \quad i \in S_M \\ \tau_i \dot{a}_i(t) + a_i(t) = \Lambda_i u_i(t) \end{cases} \tag{6-36}$$

其中，$x_i(t)$、$v_i(t)$、$a_i(t)$ 为当前第 i 辆车的位置、车速、加速度；τ_i 为车辆的发动机输出时滞参数；Λ_i 为车辆发动机的变速箱传动效率($0 < \Lambda_i < 1$)；$u_i(t)$ 为车辆控制器输出的期望加速度；$S_M \in \{i \in N \mid 1 \leqslant i \leqslant M\}$，$M$ 为车辆的总数，$i = 0$ 代表领航车的编号。

如图 6-9 所示，我们采用固定时距和 PLF 的跟驰策略，前车 i 与前向相邻车的安全距离模型，以及与领航车的安全距离模型分别为

$$d_{s,f,i}(t) = r_i + t_h v_i(t)$$

$$d_{s,l,i}(t) = i(r_i + t_h v_i(t)) + (i-1)L_i \qquad (6\text{-}37)$$

其中，$d_{s,f,i}(t)$ 和 $d_{s,l,i}(t)$ 为当前车 i 与相邻前车的安全距离，当前车 i 与领航车的安全距离；r_i、t_h、L_i 为第 i 辆车的初始最小间距、车头时距、车身长度。

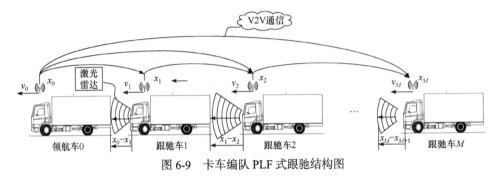

图 6-9　卡车编队 PLF 式跟驰结构图

因此，相邻两车间的距离误差与领航车的距离误差分别为

$$e_{f,i}(t) = d_{i-1,i}(t) - d_{s,f,i}(t) = (x_{i-1}(t) - x_i(t) - L_i) - (r_i + t_h v_i(t)) \qquad (6\text{-}38)$$

$$e_{l,i}(t) = d_{0,i}(t) - d_{s,l,i}(t) = (x_0(t) - x_i(t) - iL_i) - i(r_i + t_h v_i(t)) \qquad (6\text{-}39)$$

其中，$e_{f,i}(t)$ 和 $e_{l,i}(t)$ 为相邻车辆的距离误差和当前车与领航车的距离误差；$d_{i-1,i}(t)$ 和 $d_{0,i}(t)$ 为两辆车之间的实际距离。

总的车辆间距误差可表征为一种凸函数的形式，即

$$e_i(t) = c_1 e_{f,i}(t) + c_2 e_{l,i}(t), \quad 1 \leqslant i \leqslant M \qquad (6\text{-}40)$$

其中，$e_i(t)$ 为第 i 辆车的总距离误差；c_1 和 c_2 为 $e_{f,i}(t)$ 和 $e_{l,i}(t)$ 距离误差的系数，$c_1 \in [0,1]$，$c_2 = 1 - c_1$。

当 $c_1 = 1$、$c_2 = 0$ 时，CACC 系统为 PF；当 $c_1 = 0$、$c_2 = 1$ 时，CACC 系统为领航跟随式(predecessor following，LF)；当 $c_1 \neq 0$、$c_2 \neq 0$ 时，CACC 系统为 PLF。

领航车后方第 1 辆车 ($i=1$) 仅接收领航车的状态信息，因此 $c_1 = 1$、$c_2 = 0$，车辆间距误差可以表示为

$$e_1(t) = e_{f,1}(t) = (x_0(t) - x_1(t) - L_1) - (r_1 + t_h v_1(t)) \qquad (6\text{-}41)$$

CACC 系统的控制目标为 $\lim\limits_{t \to 0} e_i(t) = 0, i \in S_M$。定义车辆的状态变量和输出向量，分别为状态变量 $z_i(t) = [e_i(t), v_i(t), a_i(t)]$，输出向量 $y_i(t) = [e_i(t), \dot{e}_i(t), \ddot{e}_i(t)]$。

根据式(6-42)，将车辆列队的状态变量以状态空间表示为

$$\dot{z}(t) = A_M z(t) + B_M u(t) \tag{6-42}$$

其中，$\xi_i = c_1 + t_h i c_2$；$A_M = \begin{bmatrix} A_1 & 0 & L & L & 0 \\ A_2 & A_1 & L & L & 0 \\ A_0 & A_2 & A_1 & L & 0 \\ M & M & O & O & M \\ A_0 & 0 & L & A_2 & A_1 \end{bmatrix}$；$B_M = \begin{bmatrix} B_1 & 0 & L & 0 \\ 0 & B_1 & L & 0 \\ M & 0 & 0 & M \\ 0 & L & 0 & B_1 \end{bmatrix}$；$A_0 =$

$\begin{bmatrix} 0 & c_2 & 0 \\ 0 & 0 & 0 \\ 0 & 0 & 0 \end{bmatrix}$；$A_1 = \begin{bmatrix} 0 & -1 & -h\xi \\ 0 & 0 & 1 \\ 0 & 0 & -1/\tau_i \end{bmatrix}$；$A_2 = \begin{bmatrix} 0 & c_1 & 0 \\ 0 & 0 & 0 \\ 0 & 0 & 0 \end{bmatrix}$；$B_1 = \begin{bmatrix} 0 \\ 0 \\ \Lambda_i/\tau_i \end{bmatrix}$。

输出的状态空间表示为

$$y(t) = C_M z(t) + D_M u(t) \tag{6-43}$$

其中

$$C_M = \begin{bmatrix} 0 & 0 & L & L & 0 \\ C_0 & C_3 & L & L & 0 \\ C_1 & C_2 & C_3 & L & 0 \\ M & M & O & O & M \\ C_1 & 0 & L & C_2 & C_3 \end{bmatrix}, \quad D_M = \begin{bmatrix} 0 & 0 & L & 0 \\ 0 & D_1 & L & 0 \\ M & 0 & 0 & M \\ 0 & L & 0 & D_1 \end{bmatrix}, \quad C_0 = \begin{bmatrix} 0 & 0 & 0 \\ 0 & 1 & 0 \\ 0 & 0 & 1 \end{bmatrix}$$

$$C_1 = \begin{bmatrix} 0 & 0 & 0 \\ 0 & c_2 & 0 \\ 0 & 0 & c_2 \end{bmatrix}, \quad C_2 = \begin{bmatrix} 0 & 0 & 0 \\ 0 & c_1 & 0 \\ 0 & 0 & c_1 \end{bmatrix}, \quad C_3 = \begin{bmatrix} 1 & 0 & 0 \\ 0 & -1 & -\xi \\ 0 & 0 & \dfrac{\xi_i}{\tau_i - 1} \end{bmatrix}, \quad D_1 = \begin{bmatrix} 0 \\ 0 \\ \dfrac{-\xi_i \Lambda_i}{\tau_i} \end{bmatrix} \tag{6-44}$$

每一辆车的控制器可设计为

$$u_i(t) = K_i y_i(t) \tag{6-45}$$

其中，$K_i = [K_p \quad K_d \quad K_{dd}]$ 为控制器的控制增益。

CACC 系统架构如图 6-10 所示。CACC 系统的控制器与每辆车的输出 $y_i(t) = [e_i(t), \dot{e}_i(t), \ddot{e}_i(t)]$ 相关，其中输出向量可以细分为两种类型，即车载激光雷达测量状态和 V2V 通信交互状态。

6.5.2 异构动力学 CACC 系统弦稳定性分析

由于车辆的前馈加速度信号对车辆列队的弦稳定性没有影响，此时 $K_{d,i} = 0$，将式(6-45)代入式(6-36)，可得车速与间距误差的动力学模型，即

$$\frac{\tau_i}{\Lambda_i}\dot{a}_i(t) + \frac{1}{\Lambda_i}a_i(t)$$

$$= K_p\{c_1[(x_{i-1}(t) - x_i(t) - L_i) - (r_i + t_h v_i(t)) + c_2((x_0(t) - x_i(t) - iL_i) - i(r_i + t_h v_i(t)))]\}$$

$$+ K_d\{c_1(v_{i-1}(t) - v_i(t) - ha_i(t)) + c_2[v_0(t) - v_i(t) - iha_i(t)]\}$$

$$(6\text{-}46)$$

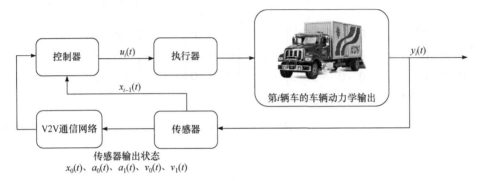

图 6-10　CACC 系统架构

对等式(6-46) 两侧微分，可得

$$\frac{\tau_i}{\Lambda_i}\dot{a}_i(t) + \frac{1}{\Lambda_i}\ddot{a}_i(t) = K_p\{c_1[(v_{i-1}(t) - v_i(t)) - t_h a_i(t)]$$

$$+ c_2(v_0(t) - v_i(t) - it_h a_i(t))\}$$

$$+ K_d[c_1(a_{i-1}(t) - a_i(t) - h\dot{a}_i(t))$$

$$+ c_2(a_0(t) - a_i(t) - ih\ddot{a}_i(t))]$$

$$(6\text{-}47)$$

对式(6-47)两侧进行 Laplace 变换，整理可得

$$\left\{\frac{\tau_i}{\Lambda_i}s^3 + \left[\frac{1}{\Lambda_i} + K_d t_h(c_1 + ic_2)\right]s^2 + [K_d + K_p t_h(c_1 + ic_2)]s + K_p\right\}V_i(s)$$

$$= (K_p c_1 + K_d c_1 s)V_{i-1}(s) + (K_p c_2 + K_d c_2 s)V_0(s)$$

$$(6\text{-}48)$$

式(6-48)可简化为

$$V_i(s) = \Gamma_i^f(s)V_{i-1}(s) + \Gamma_i^0(s)V_0(s) \qquad (6\text{-}49)$$

其中

$$\Gamma_i^f(s) = \frac{K_p c_1 + K_d c_1 s}{\dfrac{\tau_i}{\Lambda_i}s^3 + \left(\dfrac{1}{\Lambda_i} + K_d \xi_i\right)s^2 + (K_d + K_p \xi_i)s + K_p} \qquad (6\text{-}50)$$

$$\Gamma_i^0(s) = \frac{K_p c_2 + K_d c_2 s}{\dfrac{\tau_i}{\Lambda_i}s^3 + \left(\dfrac{1}{\Lambda_i} + K_d \xi_i\right)s^2 + (K_d + K_p \xi_i)s + K_p} \qquad (6\text{-}51)$$

为保证异构车辆列队系统的状态误差从上游向下游传播小于或等于下游向上游传播，避免系统误差扩大，造成不必要的追尾和堵塞问题，系统弦稳定需满足

$$\left\|\frac{V_i(\mathrm{j}\omega)}{V_{i-1}(\mathrm{j}\omega)}\right\|_{\infty} < 1, \quad \omega > 0 \tag{6-52}$$

式(6-52)可以表示为

$$\frac{V_i(s)}{V_{i-1}(s)} = \Gamma_i^f(s) + \Gamma_i^0(s)\frac{V_0(s)}{V_i(s)}\frac{V_i(s)}{V_{i-1}(s)} \Rightarrow \frac{V_i(s)}{V_{i-1}(s)} = \frac{\Gamma_i^f(s)}{1 - \Gamma_i^0(s)\dfrac{V_0(s)}{V_i(s)}} \tag{6-53}$$

因此，满足如下条件才能保证系统弦稳定，即

$$\left\|\Gamma_i^f(\mathrm{j}\omega)\right\|_{\infty} < \left\|1 - \Gamma_i^0(s)\frac{V_0(s)}{V_i(s)}\right\|_{\infty} \tag{6-54}$$

式(6-54)成立的充分条件为

$$\left\|\Gamma_i^f(\mathrm{j}\omega)\right\|_{\infty} < 0.5, \quad \left\|\Gamma_i^0(\mathrm{j}\omega)\right\|_{\infty} < 0.5 \tag{6-55}$$

定理 6-1　当系统控制增益及误差系数满足 $K_d^2 > \dfrac{1}{4\xi_i^2 \Lambda_i^2(1-2c_1^2)}$、$K_p < \dfrac{2\xi_i - \tau_i}{2\Lambda_i \xi_i^3}$、$0 < c_1 < \sqrt{0.5}$ 时，系统能保证弦稳定。

证明　$\Gamma_i^f(\mathrm{j}\omega)$ 可以表示为 $\Gamma_i^f(\mathrm{j}\omega) = \sqrt{\dfrac{b^f}{c^f}}$ 的形式，其中

$$b^f = (K_p c_1)^2 + (K_d c_1)^2 \omega^2 \tag{6-56}$$

$$c^f = K_p^2 + \left[(K_d + K_p\xi)^2 - 2K_p\left(K_d\xi_i + \frac{1}{\Lambda_i}\right)\right]\omega^2$$
$$+ \left[\left(K_d\xi_i + \frac{1}{\Lambda_i}\right)^2 - \frac{2\tau_i(K_d + K_p\xi_i)}{\Lambda_i}\right]\omega^4 + \frac{\tau_i^2}{\Lambda_i^2}\omega^6 \tag{6-57}$$

将其代入式(6-55)，可得

$$(K_p^2 - 2K_p^2 c_1^2) + \left[(K_d + K_p\xi_i)^2 - 2K_p\left(K_d\xi_i + \frac{1}{\Lambda_i}\right) - 2K_d^2 c_1^2\right]\omega^2$$
$$+ \left[\left(K_d\xi_i + \frac{1}{\Lambda_i}\right)^2 - \frac{2\tau_i(K_d + K_p\xi_i)}{\Lambda_i}\right]\omega^4 + \frac{\tau_i^2}{\Lambda_i^2}\omega^6 > 0 \tag{6-58}$$

因此，当 ω 各项的系数都大于零，才能满足此不等式，即

$$\begin{cases} K_p^2 - 2K_p^2 c_1^2 > 0 \\ (K_d + K_p \xi_i)^2 - 2K_p \left(K_d \xi_i + \dfrac{1}{\Lambda_i} \right) - 2K_d^2 c_1^2 > 0 \\ \left(K_d \xi_i + \dfrac{1}{\Lambda_i} \right)^2 - \dfrac{2\tau_i (K_d + K_p \xi_i)}{\Lambda_i} > 0 \end{cases} \tag{6-59}$$

求解不等式组(6-59)可得

$$\begin{cases} 0 < c_1 < \sqrt{0.5} \\ K_d^2 > \dfrac{1}{4\xi_i^2 \Lambda_i^2 (1 - 2c_1^2)} \\ K_p < \dfrac{2\xi_i - \tau_i}{2\Lambda_i \xi_i^3} \end{cases} \tag{6-60}$$

当车辆的控制增益和误差比例系数满足上述关系时就能保证 $\Gamma_i^f (j\omega)_\infty < 0.5$ 恒成立，即系统为弦稳定性。

定理 6-2 当 $i=1$、$c_1=1$、$c_2=0$ 时，当前车仅受到领航车的影响，为保证 $\left\| \dfrac{V_i(j\omega)}{V_0(j\omega)} \right\|_\infty < 1$，$\omega > 0$，需要满足 $\dfrac{2}{t_h^2} < K_p < 1 - \dfrac{\tau_i}{2t_h}$ 条件。

证明 因为 $\dfrac{V_1}{V_0}(j\omega)_\infty = \sqrt{\dfrac{K_p^2 + (K_d \omega)^2}{[-\tau_i \omega^3 + (K_d + K_p t_h)\omega]^2 + [K_p - (K_d t_h + 1)\omega^2]^2}}$，为了使当前车保持弦稳定性，需要满足

$$\dfrac{V_1(j\omega)}{V_0(j\omega)_\infty} = \sqrt{\dfrac{K_p^2 + (K_d \omega)^2}{[-\tau_i \omega^3 + (K_d + K_p t_h)\omega]^2 + [K_p - (K_d t_h + 1)\omega^2]^2}} < 1, \quad \forall \omega > 0 \tag{6-61}$$

展开可得

$$\begin{aligned} & \tau_i^2 \omega^6 + [-2\tau_i (K_d + K_p t_h) + (K_d t_h + 1)^2]\omega^4 \\ & + [(K_d + K_p t_h)^2 - 2K_p (K_d t_h + 1) - K_d^2]\omega^2 > 0 \end{aligned} \tag{6-62}$$

因此，当各项的系数都大于零，才能满足此不等式，即

$$\begin{cases} -2\tau_i (K_d + K_p t_h) + (K_d t_h + 1)^2 > 0 \\ (K_d + K_p t_h)^2 - 2K_p (K_d t_h + 1) - K_d^2 > 0 \end{cases} \tag{6-63}$$

求解不等式组(6-63)，可得 $\frac{2}{t_h^2} < K_p < 1 - \frac{\tau_i}{2t_h}$，所以 $i=1$ 的控制增益满足此不等式，能保证系统弦稳定。

6.5.3 实验分析

研究采用 5 辆车编队构成一个纵向的异构行驶车队，其中领航车($i=0$)为自由行驶，是整个队列系统的参考输入。车辆参数选取 TruskSim 中标准货运车辆模型的参数。货运车辆模型如图 6-11 所示。每辆车的仿真参数设定如表 6-1 所示，车辆的轮胎半径为 $r_{w,i} = 0.51\text{m}$。实验分为两组控制器进行比较分析，即同构的控制器和异构控制器。实验工况为车头时距 $t_h = 0.8\text{s}$，初始车速为 0，假设通信延时低，即不存在通信延时。

图 6-11 货运车辆模型

表 6-1 仿真参数设定

车辆编号 i	车身长度/m	质量/kg	空气动力学系数 $C_{A,i}$	发动机时滞 τ_i /s	发动机传动效能 A_i	$K_{p,i}$	$K_{d,i}$
0	5.0	6600	0.4	0.1	1.00	1.5	1.0
1	4.5	7740	0.3	0.1	1.00	1.5	1.5
2	4.5	7000	0.3	0.3	0.90	2.0	0.5
3	5.0	6900	0.6	0.4	0.88	5.0	6.0
4	5.0	6800	0.4	0.5	0.85	4.0	5.0

领航车输入参数如图 6-12 所示。

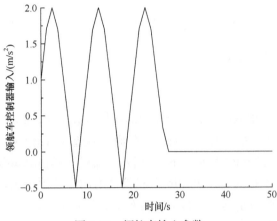

图 6-12　领航车输入参数

ACC 和 CACC 系统车辆输出状态如图 6-13 和图 6-14 所示。

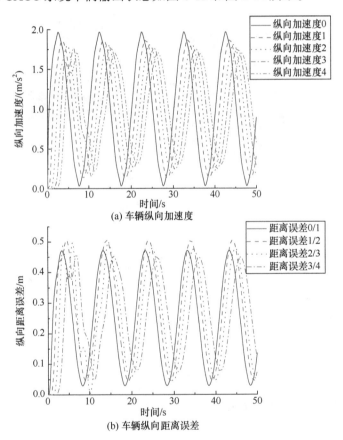

(a) 车辆纵向加速度

(b) 车辆纵向距离误差

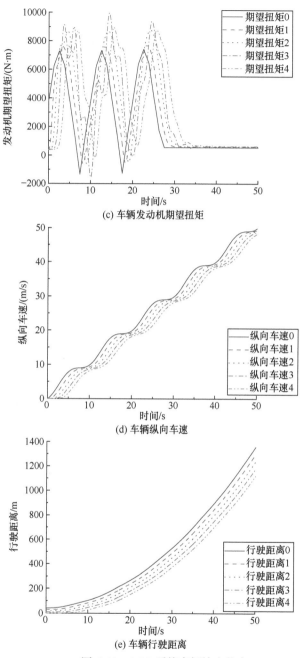

(c) 车辆发动机期望扭矩

(d) 车辆纵向车速

(e) 车辆行驶距离

图 6-13　ACC 系统车辆输出状态

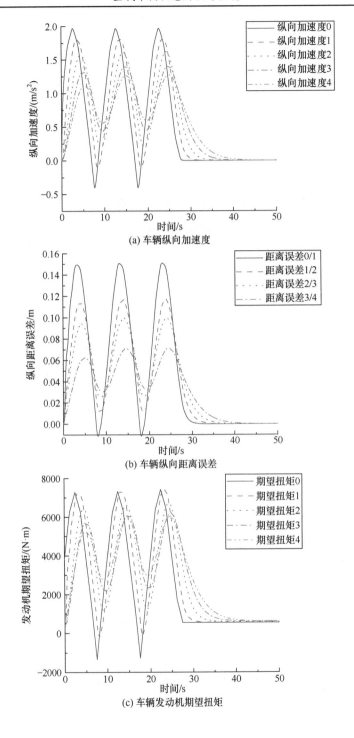

(a) 车辆纵向加速度

(b) 车辆纵向距离误差

(c) 车辆发动机期望扭矩

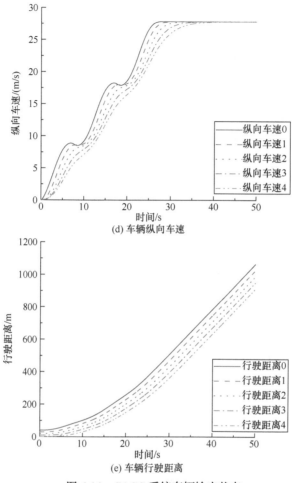

(d) 车辆纵向车速

(e) 车辆行驶距离

图 6-14 CACC 系统车辆输出状态

在相同的参考输入 u_0 的作用下，ACC 系统和 CACC 系统的车辆纵向加速度 a_i、距离误差 $e_{i,i-1}$、车辆发动机期望扭矩 $T_{i,des}$、车速 v_i、车辆行驶距离 x_i 响应分别如图 6-13 和图 6-14 所示。实验结果表明，比对图 6-13(a)和图 6-14(a)车辆纵向加速度，ACC 系统在同构控制器的作用下，车辆的纵向加速度虽然呈现出自上而下的递减趋势，但是当领航车的控制器加速度输出在 28s 时收敛至 0。ACC 队列中其余几辆车的加速度始终无法收敛，这会导致持续的加速和减速，与领航车的输出协同性差。这种不规律的递增或递减传递，也会导致乘坐舒适性大大降低。与之相对，CACC 异构列队控制系统能实现加速度状态自上而下的逐一递减，在 40s 时系统所有跟随车的加速度完全收敛于领航车的输入，具有良好的协同控制效果。对比图 6-13(b)和图 6-14(b)车辆纵向距离误差，ACC 系统的车间距误差呈现不规律的变化，并且难以收敛至 0，从上游至下游既有递减也有递增，这会导致车辆追尾。相反，异构协同控制器作用下车辆的距离误差有明显的从上游向下游递减的趋势，并且在 40s 时完全收敛到零值，振荡幅值在–0.01～0.15m，能更好地保证车辆列队系统的安全性，有效避免距离误差的扩大传播导致的追尾事故。同理，对比两个系统的发动机输出扭矩，ACC 系统内车辆的输出扭矩也无法协同，导致车辆的节能效能大大降低，而 CACC 系统在异构动力学的影响下，还是能实现协同式的扭矩变化，提升系统的燃油经济性。与上述结论类似，比较图 6-13(d)和图 6-14(d)，ACC 系统虽然能保证车速的协同变化，但是实际上领航车在 28s 时已经进入匀速行驶状态，而 ACC 系统的跟随车还是保持着加速的状态，极易导致追尾事故和交通流的堵塞。与此相对，CACC 系统车速变化可以显现出良好的协同和收敛性。

6.6　本章小结

本章介绍列队纵向控制中的 ACC 和 CACC 的架构，基于代数图论描述CACC 系统的几种典型的通信拓扑结构，包括 PF、PLF、BD、BDL。考虑通信时延环境，进行一致性和稳定性分析，并设计两种仿真工况进行对比验证。仿真结果表明，车辆队列在 PLF 通信拓扑结构下存在时变的同质延时，通信协议控制器能有效降低车辆的误差传递，并且逐渐收敛至 0，保证系统的弦稳定。最后，基于多源前馈信息设计异构动力学 CACC 系统控制器，并进行弦稳定性分析，选取 5 辆车编队构成一个纵向的异构行驶车队进行仿真实验。实验结果表明，CACC 异构协同控制器作用下车辆的距离误差有明显从上游向下游递减的趋势，能更好地保证车辆列队系统的安全性，有效避免距离误差的扩大传播导致的追尾事故，同时 CACC 系统车速变化显现出良好的协同和收敛性。

参 考 文 献

[1] 吴光强, 张亮修, 刘兆勇, 等. 汽车自适应巡航控制系统研究现状与发展趋势. 同济大学学报(自然科学版), 2017, 45(4): 544-553.

[2] 张亮修, 吴光强, 郭晓晓. 车辆自适应巡航控制系统的建模与分层控制. 汽车工程, 2018, 40(5): 547-553.

[3] Mohtavipour S M, Mollajafari M, Naseri A. A guaranteed-comfort and safe adaptive cruise control by considering driver's acceptance level. International Journal of Dynamics and Control, 2019, 7(3): 966-980.

[4] Guo L, Ge P, Qiao Y, et al. Multi-objective adaptive cruise control strategy based on variable time headway//IEEE Intelligent Vehicles Symposium, 2018: 667-673.

[5] 杨澜, 赵祥模, 吴国垣, 等. 智能网联汽车协同生态驾驶策略综述. 交通运输工程学报, 2020, 20(5): 58-72.

[6] Liu H, Lu X, Shladover S E. Traffic signal control by leveraging cooperative adaptive cruise control (CACC) vehicle platooning capabilities. Transportation Research Part C: Emerging Technologies, 2019, 104: 390-407.

[7] 郑洋. 基于四元素构架的车辆队列动力学建模与分布式控制. 北京: 清华大学, 2015.